法官说法丛书

全国“八五”普法推荐读物

CASE

继承纠纷典型案例解析

ANALYSIS

李艳红 / 主编

中国法制出版社
CHINA LEGAL PUBLISHING HOUSE

《法官说法丛书》（第二辑）

总编委会

本书编委会

作　者

张　慧　北京市平谷区人民法院大华山法庭法官助理

张树波　北京市平谷区人民法院民事审判二庭法官

孙世香　北京市平谷区人民法院民事审判二庭法官助理

田子扬　北京市平谷区人民法院立案庭（诉讼服务中心）法官助理

郑　坤　北京市平谷区人民法院民事审判二庭法官助理

迟婧函　北京市平谷区人民法院王辛庄法庭法官助理

宋君杰　北京市平谷区人民法院立案庭（诉讼服务中心）法官助理

孙媛苹　北京市平谷区人民法院东高村法庭法官助理

韩　静　北京市平谷区人民法院民事审判一庭法官助理

杨张林　北京市平谷区人民法院民事审判一庭法官

夏碧婷　北京市平谷区人民法院执行局法官助理

陈可心　北京市平谷区人民法院执行局法官助理

毛　蕾　北京市平谷区人民法院大华山法庭法官

代海会　北京市平谷区人民法院执行局法官助理

刘　洁　北京市平谷区人民法院金海湖法庭法官助理

贾曾翔　北京市平谷区人民法院民事审判一庭法官助理

张琳琳　撰写案例时任北京市平谷区人民法院民事审判二庭法官助理，现任北京市第一中级人民法院法官助理

董小明　北京市平谷区人民法院立案庭（诉讼服务中心）副庭长、法官

谢颖霞　北京市平谷区人民法院立案庭（诉讼服务中心）法官

何雨亭　北京市平谷区人民法院审判管理办公室（研究室）工作组组长、法官

唐丽珺　北京市平谷区人民法院刑事审判庭（未成年人案件审判庭）副庭长、法官
信小静　北京市平谷区人民法院立案庭（诉讼服务中心）工作组组长、法官
史磊鑫　北京市平谷区人民法院立案庭（诉讼服务中心）法官助理
刘东遥　北京市平谷区人民法院大华山法庭法官助理
孙　瑜　北京市平谷区人民法院执行局副局长、法官
李晓彤　北京市平谷区人民法院政治部司法行政人员
王成功　北京市平谷区人民法院审判管理办公室（研究室）司法行政人员
乌云嘎　北京市平谷区人民法院审判管理办公室（研究室）法官助理
雷明华　北京市平谷区人民法院综合审判庭法官助理
晁岳宁　北京市平谷区人民法院执行局法官助理
张　欢　北京市平谷区人民法院立案庭（诉讼服务中心）法官
张　敏　北京市平谷区人民法院综合审判庭法官助理

序言

PREFACE

随着人民生活水平的日益提高，公民个人的合法财产也日益增多，而有关继承的纠纷也随之增加。继承问题，既涉及每个家庭，又关系到每个公民的切身利益，是现代社会无法忽视、无法回避的一个问题。而且现在越来越多的人倾向于生前立下遗嘱，对自己所有的财产进行预先安排与分配，继承纠纷的类型与内容也呈现新颖化与多元化的特点。

我国现有的继承法律制度涉及继承的开始、遗产范围、继承人的范围及其顺序、继承权的享有与丧失、法定继承、遗嘱继承等各个方面的问题，为财产所有权人在其生前预先安排其财产处理或者在其死后处理财产提供了具体的规则。如果我们公民个人能够知法、懂法、守法、用法，那么就可以有效地避免家庭成员之间在遗产处理上发生不必要的纷争，从而有利于家庭成员之间的互谅互让、和睦相处，进而促进整个社会的和谐发展。

为进一步增强社会主义核心价值观引领作用，最大限度地满足广大群众对继承相关法律问题的需求，有效提升公民法治意识与法治理念，让公民了解如何在现有的法律制度框架内合法合理地办理继承相关问题，北京市平谷区人民法院组织干警，以常见的继承纠纷与相关法律问题为主线，通过生动具体的案例呈现基本的法律规定与法院处理案件的具体规则，同时拓展知识点普及更多的法律常识，最终通过全体写作干警的辛勤付出完成了《继承纠纷典型案例解析》一书，希望能够为所有读到本书的人提供有效的法律信息，解答读者的疑惑。

全书共分为六章，分别为一般规定、法定继承、遗嘱继承和遗赠、遗产的处理、新形式遗嘱、继承与其他法律关系，几乎覆盖了日常生活中常见的继承纠纷绝大部分类型，按照案情回顾、法理分析、知识拓展、普法提示四个层面，由生活现象的具象到法律关系的抽离、再到相关法律规定的剖析，最后进行法律提示，全方位、多角度地呈现继承相关法律问题。

受时间和能力的限制，本书还有很多不足与欠缺，恳请大家批评指正。

本书编委会

2021 年 8 月

目录

CONTENTS

第三章 遗嘱继承和遗赠

第五章　新形式遗嘱

第一章

一般规定

案例一

农村土地承包经营权继承

——解析家庭承包方式的农村土地承包经营权继承问题

张慧　张树波[①]

农村土地承包经营权是农民的重要财产性权利。随着我国现代化建设步伐的加快，党和国家对农村土地的重视程度日益提高。为稳定农村基本经营制度，维护农村集体土地所有权和广大农民的承包土地经营权，促进农业农村经济的健康发展和农村社会和谐稳定，党和国家对农村土地的管理规制实施了一系列重要举措。继承制度作为与人们的生活息息相关的法律制度，其追求的价值是平等、秩序、效率和自由，以实现国家、家庭和个人之间的利益平衡。[②]由于我国农村土地承包经营权法律规制的特殊性与复杂性，人们在实践中对于农村土地承包经营权的继承问题易发生争议。土地承包经营权作为农民的一项重要权利，其继承问题，对于健全和稳定我国农村的利益分配格局与土地制度有着重要意义。

案情回顾

（一）喜获土地，悲痛失母

王宝明与张淑云是夫妻，婚后生有三子，分别是王林、王庆、王军。后王林、王军分别结婚并另组家庭独立生活。王庆始终未婚，一直与父母共同生活。1956 年，王宝明去世。

1999 年春，大庙村委会组织发包本村土地，以户为单位，按每人 0.6 亩进行发包。张淑云、王林、王庆均系大庙村村民。王庆与张淑云为一户，王

① 北京市平谷区人民法院大华山法庭法官助理，北京市平谷区人民法院民事审判二庭法官。

② 罗冠男:《我国继承制度中的价值取向和利益平衡》，载《法学杂志》2019 年第 10 期。

林为另一户。王军进城工作后，将户口迁出该村，并转为非农业。同年 3 月 26 日，王林、王庆分别以自己所代表的“户”与大庙村经济合作社签订《承包合同书》，王庆与张淑云所属的“户”承包了 1.2 亩口粮田，承包期限三十年。王庆与张淑云相依为命，共同经营承包的口粮田。然而，好景不长。同年秋，张淑云因病去世。此后，王庆独自生活并经营管理 1.2 亩承包地。

（二）年迈无依，签订协议

2012 年 11 月 26 日，王庆考虑到自己年迈体衰，无可依靠，而邻居王小菊在日常生活中经常帮助自己，遂与邻居王小菊签订《遗赠扶养协议》，约定由王小菊承担王庆有生之年全部生活费用，王庆自愿将自己的“房屋”及“其他所有财产”遗赠给王小菊。该协议签订后，王小菊开始照料王庆的日常生活。

（三）土地归谁，众说纷纭

2013 年 7 月，王庆去世。王庆去世后，王林和王小菊均认为自己应当继承相应土地的承包经营权，为此发生纠纷。王林就张淑云分得的 0.6 亩承包地继承问题，将王军、王小菊诉至法院，要求继承张淑云分得的 0.6 亩承包地的承包经营权。

本案当事人关系图如下：

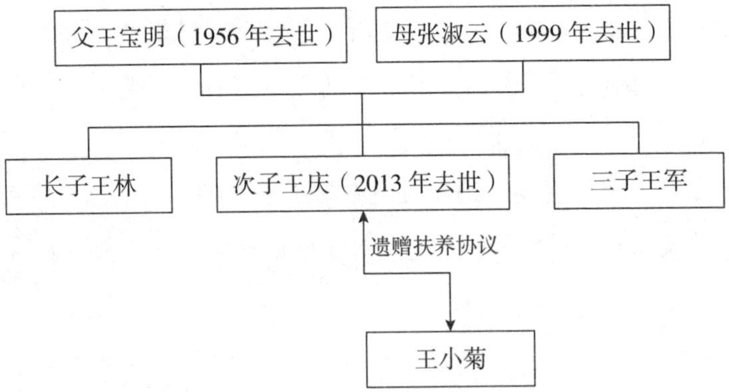

本案当事人关系如上图所示，张淑云、王庆各自去世后，均发生继承法

律关系。张淑云去世后，张淑云的继承人能否继承她生前享有的土地承包经营权？王庆去世后，王庆的继承人能否继承他生前享有的土地承包经营权？因此，我们需要关注的问题是：涉案土地承包经营权能否作为遗产，由死者的继承人继承？

王林认为，张淑云去世后，张淑云在本村分得的0.6亩承包地是张淑云的遗产，作为长子，自己应当继承三分之一的份额。

王军认为，王林所主张的0.6亩承包地是张淑云、王庆在家庭联产承包责任制下享有的承包地。因土地承包的主体是家庭，张淑云去世后，王庆作为家庭成员仍继续承包，不会产生承包经营权的继承问题。涉诉承包地是王庆承包的，王庆去世后，由于王庆生前与王小菊签订《遗赠扶养协议》，涉案土地承包经营权转移给王小菊。王林无权要求继承该土地的承包经营权。

王小菊认为，自己曾与王庆签订《遗赠扶养协议》，该协议签订后，王小菊照料王庆的日常生活，因此，王淑云和王庆生前分得的1.2亩承包地应当归自己经营管理。

法院经审理认为：继承的发生以被继承人留有遗产为前提。我国农村土地承包法规定的集体经济组织内部家庭承包，即人人有份的承包，是以户为生产经营单位进行的承包，个人只是作为分配土地时的人口数量。虽然家庭成员死亡，但作为承包主体的"户"还存在，不发生继承的问题，被继承人承包时分配的土地由承包户内部与其共同承包的其他人承包。本案中，王淑云及王庆以户为单位，按照每人0.6亩为标准从村集体承包了1.2亩口粮田，王淑云去世后，与村集体签订承包合同的"户"还在，该部分的承包权只在其家庭内部流转，即由王庆经营管理，而不应突破"户"的界限进行流转。此外，我国农村土地承包法并未明确耕地的承包经营权能够成为继承的标的。故基于上述原因，王林的诉讼请求不能得到支持。根据相关法律规定，法院判决驳回王林的诉讼请求。

法理分析

本案的焦点在于案涉土地承包经营权能否继承的问题，涉及遗产以及以家庭承包方式的农村土地承包经营权。

对于遗产的范围，主要涉及的法律是《民法典》第1122条。

对于家庭承包方式的农村土地承包经营权，主要涉及的法律是《民法典》第330条、第331条、第333条、第334条，《农村土地承包法》第16条、第17条、第18条、第21条、第32条等。

（一）遗产的范围有哪些

遗产是公民死亡时遗留的，可以依法转移给他人的个人合法财产。继承的发生以被继承人留有遗产为前提。没有遗产，就没有继承。《民法典》第1122条规定："遗产是自然人死亡时遗留的个人合法财产。依照法律规定或者根据其性质不得继承的遗产，不得继承。"遗产主要包括：1.公民的收入；2.公民的房屋、储蓄和生活用品；3.公民的林木、牲畜和家禽；4.公民的文物、图书资料；5.法律允许公民所有的生产资料；6.公民的著作权、专利权中的财产权利；7.公民的其他合法财产。公民的其他合法财产主要包括：支票、股票、国库券等有价证券，履行标的为财物的债权，公民个人承包应得的个人收益、复员费等。

本案中，张淑云去世后，发生继承法律关系，王林主张继承其母张淑云分得的0.6亩土地承包经营权，那么，该土地承包经营权是否属于法律规定的遗产范围是本案的关键。因此，就涉及家庭承包方式的农村土地承包经营权的性质。

（二）什么是家庭承包方式的农村土地承包经营权

农村土地承包经营权是承包人（个人或单位）因从事农业生产经营，依照法律规定对农村土地享有的承包经营并获取收益的权利。我国农村土地承包方式有两种：一种是家庭承包，另一种是其他方式承包。家庭承包方式即人人有份的承包，家庭承包方式的承包方是本集体经济组织的农户，农户内家庭成员依法平等享有承包土地的各项权益。《农村土地承包法》第 16 条规定，家庭承包的承包方是本集体经济组织的农户。农户内家庭成员依法平等享有承包土地的各项利益。因此家庭承包方式是集体经济组织内部人人有份的、以户为单位的承包。以家庭承包方式实行农村土地承包经营，主要目的在于为农村集体经济组织的每一位成员提供基本的生活保障。

家庭承包方式的承包方享有下列权利：1. 依法享有承包地使用、收益的权利，有权自主组织生产经营和处置产品；2. 依法互换、转让土地承包经营权；3. 依法流转土地经营权；4. 承包地被依法征收、征用、占用的，有权依法获得相应的补偿；5. 法律、行政法规规定的其他权利。

本案中，王庆与大庙村经济合作社签订《承包合同书》，按每人 0.6 亩，以家庭承包方式承包本村口粮田 1.2 亩。根据《农村土地承包法》第 16 条规定，家庭承包的承包方是本集体经济组织的农户。因此，张淑云、王庆以家庭承包方式依法对大庙村 1.2 亩口粮田享有承包经营权。

（三）家庭承包方式的农村土地承包经营权是否属于遗产

家庭承包方式的农村土地承包经营权，其承包方是本集体经济组织的农户。家庭承包方式的农村土地承包经营权属于农户家庭，而不属于某一个家庭成员。遗产是公民死亡时遗留的个人合法财产，家庭承包方式的农村土地承包经营权不属于个人财产，因此一般不发生继承问题。除林地外的家庭承包，当承包农户中的部分家庭成员死亡，由该农户的其他家庭成员继续承包经营承包地。当承包户的家庭成员全部死亡，由于作为承包主体的“农户”消失，因此该土地承包经营权归于消灭，不能作为该农户家庭成员的遗产处理。该部分土地可由村集体经济组织收回，另行分配。因此，除林地外的家庭承包方式的承包经营权不能成为继承的标的。家庭承包中的林地承包基于土地性质特殊，《农村土地承包法》规定，林地承包的承包人死亡，其继承人可以在承包期内继续承包。

本案中，张淑云、王庆承包的大庙村 1.2 亩土地性质属于耕地，因此张淑云去世后，相应土地承包经营权不发生继承，该部分的承包经营权只在其家庭内部流转，即由王庆经营管理。因此，王林虽然是张淑云的法定继承人，但由于张淑云生前享有的土地承包经营权不属于遗产，因此王林不能继承该土地承包经营权。基于上述原因，王林的诉讼请求不能得到支持。

王庆去世后，由于作为承包方的“农户”消失，土地承包经营权消灭。虽然王庆生前与王小菊签订《遗赠扶养协议》，且王小菊依照该协议照料王庆的日常生活，但由于涉案土地承包经营权不属于遗产，因此王小菊也不能继承该土地承包经营权，即不能据此经营管理该土地。该土地可由大庙村经济合作社收回另行分配。

知识拓展

（一）遗产的特征

遗产作为继承人继承的标的，具有以下法律特征：

1. 遗产具有合法性。遗产必须是被继承人生前的合法财产。非法财产，盗窃、赌博获得的财产都不属于遗产。

2. 遗产具有特定的时间性。遗产只存在于继承开始至遗产处理结束前。公民去世后，民事主体资格丧失，其遗留下来的财产才能成为遗产。遗产被继承后，归继承人所有，不再属于遗产。

3. 遗产具有可转移性。遗产可以与人身分离，独立转移给他人，因此姓名权、名誉权、荣誉权、监护权等人身权利不属于遗产。与个人身份密切结合的财产权利义务，也不属于遗产，如有偿的委托合同、演出合同等。

4. 遗产具有专属性。遗产必须是被继承人生前属于其所有的个人财产，被继承人生前占有的他人财产，不属于遗产。如借用的财产，不属于遗产。

5. 遗产具有总体性。遗产既包括财产权利，也包括财产义务。继承人表示接受继承，就要连同被继承人债务共同继承。继承人表示放弃继承，对被继承人的债务也不再负有偿还义务。

（二）家庭承包方式与其他方式承包的区别

以家庭承包经营为基础、统分结合的双层经营体制是我国农村基本经营制度。我国农村土地承包经营权是在家庭联产承包责任制度基础上诞生的，通过承包经营的方式，承包人享有承包经营权，而不改变村集体对土地的所有权。我国农村土地承包方式有两种，即家庭承包方式和其他方式承包。其二者的区别主要在于：

1. 承包人身份不同。家庭承包方式的承包方只能是本集体经济组织内部成员，以其他方式承包的承包主体既可以是本集体经济组织成员，也可以是本集体经济组织以外的成员。以其他方式承包农村土地，在同等条件下，本集体经济组织成员有权优先承包。

2. 遵循的原则不同。家庭承包是集体组织内部成员“人人有份”的承包，承包的原则是平等、自愿、民主、公平、合法。其他方式的承包不是人人有份的承包，承包的原则是效率优先，兼顾公平。

3. 承包范围不同。家庭承包方式的承包范围主要包括耕地、林地、草地等。其他方式承包的范围主要是“四荒地”（即荒山、荒沟、荒丘、荒滩），还包括果园、菜园、鱼池及其他零散土地。

4. 承包期限不同。家庭承包期限由法律明确规定，且期限较长，耕地的承包期为30年，草地的承包期为30年至50年，林地的承包期为30年至70年。耕地承包期届满后再延长30年，草地、林地承包期届满后依照前述规定相应延长。而其他方式的承包期由承包方与发包方协商确定。

5. 承包程序不同。家庭承包方式的土地应当经本集体经济组织成员的村民会议三分之二以上成员或者三分之二以上村民代表的同意。而其他方式承包的可以直接通过招标、拍卖、公开协商等方式实行承包经营，发包方将农村土地发包给本集体经济组织以外的单位或者个人承包，应当事先经本集体经济组织成员的村民会议三分之二以上成员或者三分之二以上村民代表的同意，并报乡（镇）人民政府批准。由本集体经济组织以外的单位或者个人承包的，应当对承包方的资信情况和经营能力进行审查后，再签订承包合同。

6. 确定当事人权利义务的方式不同。家庭承包确定双方的权利义务必须遵守法律的具体规定。其他方式的承包，双方当事人可以按照法律规定的方式，通过平等协商一致，确定双方的权利义务。

（三）属于遗产范围的农村土地承包经营权类型

根据承包方式的不同，我国对土地承包经营权采取的是有区别的继承制度，《农村土地承包法》规定了继承人可以继承的两种特殊情形：

1. 家庭承包方式承包的林地承包经营权，承包的承包人死亡，其继承人可在承包期内继续承包。林木生长期较长，收益期间长，为维护承包合同稳定和承包方的利益，因此法律对林地作出特别规定。

2. 其他方式承包的土地承包经营权。以其他方式承包的土地承包经营，其目的在于加强农村的土地利用，不存在保障集体经济组织的成员生活的问题，因此法律规定该类土地承包经营权可以作为遗产，由继承人继承。

需要特别说明的是，承包收益与承包经营权是两个不同的概念。承包收益作为公民私有财产，属于遗产的范围。

普法提示

继承人在分割被继承人遗产的过程中，对于遗产的判断，应当注意以下几点：

（一）该财产是否属于遗产的范围

对于被继承人账户中的存款、名下的房屋、生前购买的物品等日常生活中较为常见的财产是否属于遗产，一般比较容易判断，但对于一些不易判断的财产，可以根据法律规定并结合遗产的特征进行判断，如是否属于被继承人生前的合法财产，是否属于被继承人生前所有、是否是被继承人遗留的财产、是否可以与被继承人人身分离、是否具有可转让性、是否违反公共利益和公序良俗等。

（二）遗产的权属情况

继承人应当注意拟继承财产是否是被继承人生前与他人共有，他人是否对财产主张权利。被继承人名下的财产并不一定是遗产。如果其他共有人对财产的共有情况存在争议，或是他人对财产主张权利，应当先行对财产的权属或是对共有财产的份额进行确认，再进行遗产分割。避免因疏忽大意或强行分割“遗产”，侵害他人权益，引发不必要的纠纷。

（三）遗产的状况

继承人要注意遗产是否为他人占有，如果遗产被他人占有，要确定他人占有是否存在合法依据。如果被继承人在生前与他人签订租赁协议，将房屋租赁给他人，其死亡后，其继承人有权依法继承该房屋，但应当继续履行上述租赁协议中的权利义务。另外，还要注意是否存在他人损坏遗产等情况。如果遗产被他人损坏，应当注意及时主张权利并保存相应证据。

（四）被继承人的债务情况

继承人在分割被继承人财产的过程中，还应注意被继承人是否对他人负有债务。如有债务问题与他人存在纠纷，应当及时处理。避免因历经时间较长，未有效保存证据等，造成不必要的损失。如债务明确，各继承人应当在所继承遗产范围内及时清偿债权人。

案例二

农村宅基地上房屋继承问题

——解析宅基地上翻建的房屋如何继承

孙世香[1]

案情回顾

常老汉和老伴是北京市顺义区王家庄村村民，共生育了四个孩子，分别是常青、常友、常松和常香。老大常青是智力残疾人，一直未娶妻生子。常老汉夫妇去世后，按照老人遗愿，祖宅留给了常青。由于常青智力残疾，生活不能够自理，曾和常友共同生活了一段时间，后搬回祖宅居住，由常香照顾。

由于祖宅是土坯房，年久失修，成了危房，常青无力翻建。2015 年 7 月，常香决定出资对老房进行翻建。常香找到李家庄村建筑队包工头孟大柱商量翻建事宜，双方商定：由孟大柱建筑队拆除原有旧房，在原址上翻盖三间新房，常香负责提供物料，建筑队负责施工，施工费一共是 8000 元。双方谈妥后，施工队迅速入场施工，很快建好了三间新房。常香按约定支付了施工费，加上自己购买材料的费用，共计花费 5 万元。

新房建好后，常青开始住上了新房。随着年龄的增长，常青的身体每况愈下。2017 年，常青生了一场大病，后来便卧床不起。生病后常香一直在跟前伺候，直到 2018 年 2 月常青去世。

常青生前没有立遗嘱，常友、常松和常香因为房屋继承问题产生了争议，之后常友便将常松、常香告上了法庭，要求法院将常青留下的三间房屋依法平均分割，即常友、常香和常松各分得一间。

常香认为，常青原来的房屋是土坯房，无法居住，新房是自己出资的，不是常青的遗产。

---

① 北京市平谷区人民法院民事审判二庭法官助理。

常松对房屋分割未明确表态，但称常青生前一直由常香照顾，特别是常青生病期间，常香一直负责常青的饮食起居，医疗费也是常香出的，常香对常青的付出最多。

常友认为房屋是常青出资所建，当时常青没有固定工作，但是常青偶尔给别人干点零活，也在工地上看过大门，有点经济收入，所以是能出资建房的。此外，建房时自己也参与了，帮助常青与建筑队进行沟通，因时间太久远了，记不清旧房的材料放哪了。常青生病住院期间，自己的闺女一直跑前跑后，帮了不少忙。自己也曾给常青一笔钱，用于日常开销。所以这三间房屋是常青的遗产，应该进行分割。

本案中双方争议的焦点是涉诉的三间房屋是常青的遗产还是常香的财产。

法院审理后认为，涉诉房屋由常香出资所建。但翻建房屋时常青和常香未对翻建房屋的所有权进行明确约定。综合考虑涉诉房屋是拆除原有五间老房所建且宅基地使用权人为常青等因素，最终法院认定涉诉的三间房屋归常青所有，常青去世后，涉诉房屋应当作为常青的遗产由其法定继承人进行继承分割。

本案中，常青无儿无女，继承人只有常友、常松和常香三兄妹。常青生前常香尽了主要扶养义务，考虑到常香出资建房的实际情况，在分割涉诉房屋时对常香可以适当多分。最后法院判决常青遗留的三间房屋中的东数第一间归常友和常松共同所有，常友和常松各自拥有百分之五十的份额；东数第二间和第三间归常香所有；驳回常友的其他诉讼请求。

之后常香不服判决，提起上诉，二审法院判决驳回上诉，维持原判。

法理分析

随着城乡一体化的快速发展，北京郊区城市化进程不断加速，涉宅基地及地上房屋的继承纠纷案件数量越来越多。究其原因主要是农村宅基地所隐藏的利益，其潜在价值存在极大的升值空间。家庭成员中部分人员因就业、升学、转干、婚姻等原因，户籍已由农业户口转为非农业户口，但仍希望能够继承父母的老宅。当父母去世后，遗留的农村房屋问题如何处置，已成为社会一大问题。下面我们就具体分析一下。

（一）农村宅基地上的房屋是否属于遗产

遗产是被继承人死亡时所遗留的个人合法财产。根据《民法典》第1122条规定，遗产是自然人死亡时遗留的个人合法财产。依照法律规定或者根据其性质不得继承的遗产，不得继承。《民法典》对遗产范围采用概括式规定，根据该条规定，只要是自然人合法取得的财产都属于遗产，被继承人在宅基地上合法建造的自有房屋，当然属于被继承人的遗产，所以农村宅基地上房屋是属于遗产范围的。被继承人死亡时遗留的农村宅基地上的房屋，在析出他人共有财产后的部分属于被继承人的遗产。

（二）部分继承人翻建尚未分割的农村房屋应如何认定遗产范围

现在主要的观点有两种：第一种观点认为，翻建老房后，老房自然灭失，其已经从物理上消灭，翻建后已经不存在老房的物权归属问题。翻建老房后该房屋的性质已发生变化，该房屋产权人应是对房屋进行翻建的人，即以翻建房屋的出资来确定房屋所有权人。

第二种观点认为，翻建老房后，该房屋的性质尚未完全发生变化，其包含了原产权人的一定产权份额。由于宅基地的特殊性，房屋翻建后，其权利归属并非自然就是翻建人。此类案件的处理应合理平衡各方利益，综合考虑原房屋价值、新建房屋出资和实际居住状况合理分割。

笔者认为，农村宅基地上房屋翻建后产生继承纠纷，可以分为两种情形：一种情况是原宅院权利人尚未去世，部分继承人为了改善被继承人的居住环境或基于其他原因等出资翻建房屋，房屋建成后，未明确约定房屋归出资人享有或者出资人享有一定的份额。出资建造人不能因此取得房屋的所有权，房屋所有权仍归原房屋所有权人。

另一种情况是被继承人去世后，如宅基地上的房屋属于遗产，尚未分割前，部分继承人拆除原有旧房建设为新房，其他继承人主张分割时，需要查明建设房屋时其他继承人是否知晓及是否存在放弃继承的意思表示。如无法确定其他继承人存在明确的放弃继承的意思表示，则全体继承人对原有旧房应当享有继承的权利。

关于拆除旧房后建造的新房，因其形成的基础为部分继承人对原有共有物的重大处分，即拆除原有旧房并在原宅院内建设新房。从公平角度出发，不宜简单认定新房仅为翻建人所有，原有旧房的灭失导致了其他继承人丧失共有权利。结合《民法典》第 301 条的规定，对共有物的处分应当经全体共有人同意，然而共有人的同意并不意味着其权利的丧失。故结合宅基地的登记权利人和原旧房的权属，在翻建而成的新房中酌情确定各个继承人应当享有的份额更为妥当。

本案中，涉案宅基地是登记在常青名下。2015 年左右常香对涉案宅基地上的房屋进行了翻建。一方面，常香和常青之间未明确约定房屋归常香享有或者常香享有一定的份额。另一方面，结合农村的习惯做法来看，对于这种没有子女的智力残疾人或者孤寡老人，如果继承人要翻建房屋的，一般都需要经过本村的村委会同意，并由村委会出具证明，约定由继承人对被继承人负责养老送终，翻建的房屋归继承人所有。此案中，常香和常青之间对新房没有约定，也没有村委会的证明，故不宜直接将常香认定为房屋的所有权人，这也不符合农村习惯。法院综合考虑涉诉房屋是拆除原有五间老房所建且宅基地使用权人为常青等因素，最后依法认定涉诉的三间房屋归常青所有，并无不妥。故常青去世后，涉诉房屋应当作为常青的遗产由其法定继承人进行继承分割。

（三）部分继承人翻建而成的新房应如何进行分割

实践中房屋分割时可以依据当事人的诉求并结合居住状况、时间长短、便利程度、矛盾解决等因素，确定为数字比例、具体房屋间数或者给付补偿金额；关于分割比例，应当以原有继承份额为基础，综合考虑建设方的出资情况，是否使用老房旧料，各继承人的贡献大小、旧房和新房的面积对比等因素确定，原则上建房作出贡献多的一方可适当多分。同时也要考虑各继承人对被继承人所尽赡养义务的多少。

本案中，因为常青是限制行为能力人，常青生前常香尽了主要扶养义务，同时涉案房屋是由常香出资所建，原有旧房的材料也没有应用到新房建设上，故对涉案房屋作为遗产分割时，常香可以适当予以多分。为此，法院最终判处常香继承两间房屋，这样处理也是比较合理和稳妥的。

知识拓展

农村房屋继承纠纷存在问题的背后，是我国特有的宅基地使用权法律制度政策的沿袭。目前，我国还没有一部调整农村房屋和土地方面的民事法律，关于农村房屋的法律地位、性质及宅基地使用权的转移等相关法律规定很不完善，立法上也只有《宪法》《土地管理法》《民法典》等极少规范进行调整。由于立法的缺位，一定程度上给人民法院在处理此类案件带来一定难度。接下来，我们了解一下我国关于农村宅基地立法层面作出的相关规定。

（一）我国关于农村宅基地使用权的相关规定

从20世纪60年代起，关于宅基地使用权的法律政策有一个演变的过程，主要分为四个阶段：

1. 1962—1982年。此阶段的文件[①]规定了宅基地上的房屋被出卖以后，宅基地的使用权随之转移给新房主，但宅基地的所有权仍归生产队所有。

2. 1982—1987年。此阶段的文件[②]规定，如果农村房屋进行了买卖，则买卖双方当事人除订立契约外，宅基地的使用权还需经生产队讨论通过，生产大队、公社两级审批；宅基地的使用权转移给新房主，但宅基地的所有权

---

① 此阶段的文件有：1. 1962年《农村人民公社工作条例修正草案》（人民公社六十条）；2.《最高人民法院关于农村和城市宅基地所有权问题的复函》；3.1963年《中共中央关于各地对社员宅基地问题作一些补充的通知》。

② 此阶段的法律有：1.1982年的《村镇建房用地管理条例》（1982年2月13日国务院发布）；2.1984年的《最高人民法院关于贯彻执行民事政策法律若干问题的意见》。

仍归生产队所有。

3. 1987—1999年。此阶段的法律法规[①]详细规定了使用农村宅基地建住宅的审批程序。对于农村居民建房，应当使用原有的宅基地和村内空闲地，需经村、乡（镇）两级批准。对于城镇居民在农村建住宅，需经村、乡（镇）、县三级批准。

4. 1999年以后。此阶段的法律法规[②]已经明确城镇居民禁止在农村买房、禁止在农村建房。对于农村居民建房，要通过村、乡（镇）、县三级批准，相较于之前更加严格，最后由县级人民政府批准。2020年实施新修正的《土地管理法》后，农村村民住宅用地，由乡(镇)人民政府审核批准。

（二）继承宅基地上房屋后宅基地使用权问题

按照目前法律规定，宅基地不属于遗产范围，不能被继承。宅基地也只

---

① 此阶段的主要法律法规有：1. 1986年颁布的《中华人民共和国土地管理法》；2. 1988年颁布的《中华人民共和国土地管理法》（1988年12月29日第七届全国人民代表大会常务委员会第五次会议修正）；3. 1990年《国务院批转国家土地管理局关于加强农村宅基地管理工作请示的通知》（1990年1月3日）；4. 1991年《中华人民共和国土地管理法实施条例》（1991年1月4日国务院第73号令，1991年2月1日起施行）；5. 1993年颁布的《村庄和集镇规划建设管理条例》。

② 此阶段主要的法律法规有：1. 从1999年1月1日起施行的《中华人民共和国土地管理法》（1998年8月29日中华人民共和国第九届全国人民代表大会常务委员会第四次会议修订）；2.《中华人民共和国土地管理法实施条例》（1998年12月27日国务院第256号令，1999年1月1日起施行）；3. 1999年《国务院办公厅关于加强土地转让管理严禁炒卖土地的通知》（国办发〔1999〕39号）；4. 2004年《中华人民共和国土地管理法》（2004年8月28日第十届全国人民代表大会常务委员会第十一次会议第二次修正）；5. 2004年《国务院关于深化改革严格土地管理的决定》（国发〔2004〕28号）；6. 2007年《国务院办公厅关于严格执行有关农村集体建设用地法律和政策的通知》（国办发〔2007〕71号）；7. 2007年《中华人民共和国物权法》（2007年3月16日第十届全国人民代表大会第五次会议通过）；8. 2008年《最高人民法院关于为推进农村改革发展提供司法保障和法律服务的若干意见》（法发〔2008〕36号）；9. 2019年《中华人民共和国土地管理法》（2019年8月26日第十三届全国人民代表大会常务委员会第十二次会议第三次修正）；10. 2021年1月1日开始实施的《民法典》（2020年5月28日第十三届全国人民代表大会第三次会议通过）。

能在本集体经济组织成员内部进行流转。根据“房地一体”“地随房走”的立法模式，继承人继承房屋后相应地取得了宅基地的使用权。但因房屋所有权人与宅基地登记的使用权人不一致，在权利人行使合法权利时会存在一定的法律风险。为此，1995 年国家土地管理局发布了《确定土地所有权和使用权的若干规定》[①]（以下简称《若干规定》），国土资源部、财政部、农业部等联合下发了《关于农村集体土地确权登记发证的若干意见》[②]，根据上述规定，通过继承获得宅基地上房屋后，按照法律规定可以确权登记为宅基地使用权人，如果继承人是非本集体经济组织成员，需要在《集体土地使用证》上备注“该权利人非本农民集体成员”。同时根据《若干规定》第 51 条[③]内容，可以类推非本集体经济组织成员因继承获得宅基地的，在现有房屋拆迁、改建或者政府依法实施规划重新建设时，需要按照法律规定重新进行确权登记。

（三）宅基地上房屋被拆迁后的房屋拆迁补偿问题

如果涉诉宅基地上原有的房屋被拆迁，那么作为遗产的房屋在遗产分割前因拆迁所得拆迁利益属于遗产，拆迁利益中包含了宅基地区位补偿款，那么宅基地区位补偿款是否属于遗产？如果属于遗产，又该如何分割？

第一种观点认为，宅基地的使用与房屋是一体的，故应当以房屋的分割

---

① 第 49 条规定，接受转让、购买房屋取得的宅基地，与原有宅基地合计面积超过当地政府规定标准，依照有关规定处理后允许继续使用的，可暂确定其集体土地建设用地使用权。继承房屋取得的宅基地，可确定集体建设用地使用权。

② 第 6 条规定，已拥有一处宅基地的本农民集体成员、非本农民集体成员的农村或城镇居民，因继承房屋占用农村宅基地的，可按规定登记发证，在《集体土地使用证》记事栏应注记“该权利人为本农民集体原成员住宅的合法继承人”。非农业户口居民（含华侨）原在农村合法取得的宅基地及房屋，房屋产权没有变化的，经该农民集体出具证明并公告无异议的，可依法办理土地登记，在《集体土地使用证》记事栏应注记“该权利人为非本农民集体成员”。

③ 确定农村居民宅基地集体土地建设用地使用权时，其面积超过当地政府规定标准的，可在土地登记卡和土地证书内注明超过标准面积的数量。以后分户建房或现有房屋拆迁、改建、翻建或政府依法实施规划重新建设时，按当地政府规定的面积标准重新确定使用权，其超过部分退还集体。

比例为基础，确定各个继承人所享有的宅基地区位补偿款的比例。第二种观点认为，根据宅基地使用原则是“一户一宅”，所以宅基地使用权应平等享有，故宅基地区位补偿款应当在各个继承人之间进行均分。第三种观点认为，应当将房屋和宅基地区分开来，地上物的补偿归属房屋权利人，至于宅基地使用权的补偿，因其具有很强的身份属性，并且按户计算，故应属于该户内的成员共同所有，若该户已无农村集体经济组织成员，或虽为农村集体经济组织成员，但在他处已取得宅基地使用权的，该宅基地使用权的补偿款一般由该户房屋原权利人的继承人取得，但集体经济组织明确表示反对的除外。

笔者认为，宅基地区位补偿款在析出应属于他人的财产份额后的部分属于遗产，分配时可以房屋所有权的比例为基础进行分割。比如，姐妹二人对同一排房屋享有一间和三间的所有权，拆迁之后，关于房屋重置成新价的分配，可以依据房屋数量比例，参考评估价格作出分割。对宅基地区位补偿款的分配，可以房屋所有权的比例为基础进行分割。

普法提示

宅基地上的房屋是公民的合法财产，能够作为遗产被继承。对于出资翻建宅基地上房屋的，如果双方未明确约定翻建房屋的权属问题，不能改变房屋所有权的归属。被继承人的遗产在进行分割时，因不同种类的遗产会有不同的分割方式，对于不宜分割或者不便分割的财产，继承人之间可以协商处理。分割遗产时可以参照以下原则和方式进行。

（一）遗产分割的原则

遗产分割应遵循以下原则：（1）遗产分割自由原则。当事人可以协商分割，也可以通过诉讼程序请求分割遗产。（2）保留胎儿继承份额的原则。根据《民法典》第1155条规定，遗产分割时，应当保留胎儿的继承份额。胎儿娩出时是死体的，保留的份额按照法定继承办理。（3）互谅互让，协商分割原则。继承人可以就遗产分割的时间、方法、份额等进行协商，协商不成的，可以向法院提起诉讼。（4）物尽其用原则。遗产分割时，应当从有利于生产和方便生活出发，注意充分发挥遗产的作用，不损害遗产的价值。分割房屋、生产资料和特定财产时，应有利于发挥其使用效用和继承人的实际需要，兼顾各继承人的利益。

（二）遗产分割的方式

根据《民法典》第 1156 条规定，遗产分割可根据具体情形采取不同的方式，主要有：（1）实物分割；（2）变价分割；（3）补偿分割；（4）保留共有的分割。

总之，被继承人为了在故去后各继承人能友好相处，最好订立合法有效的遗嘱，防止各继承人为了争夺财产而伤了和气；当事人平时也要注意收集证据，避免到最后要打官司了才临时抱佛脚。

案例三 继承人伪造遗嘱，情节严重的，是否会丧失继承资格

田子扬[①]

案情回顾

如今，随着经济的发展，人们的生活节奏也逐渐加快，在经历了一整天劳累的工作之余，如何处理好与家人之间的关系，正在成为当今社会一个不小的难题。人们常常为了家庭琐事而争吵不休，有的时候甚至出现过激的行为。今天的案例主要是围绕家庭纠纷之中涉及的继承人丧失继承资格的有关问题，具体内容如下。

（一）"孝顺儿子"打了一手好算盘

家住北京市朝阳区的光头强生前是一名退休工人，其与老伴儿大森林生有两儿一女，分别叫熊大、熊二和熊小花。光头强的老伴儿在 2013 年去世。熊大出生后不久因故变成了精神病人，生活不能自理，平时由光头强负责照顾。熊二是一名出租车司机，平时有些好吃懒做，经常在外面进行小赌，一天下来，基本把开车赚的钱搭进去了，因为这事儿也经常跟媳妇吵架，因此人到中年也没有攒下什么钱，但是他对于父亲的房子却着实感兴趣，一直想占为己有。熊小花今年 42 岁，心地善良，非常孝顺，出嫁之后也经常回娘家看望父母及患病的哥哥，母亲去世后熊小花曾经提出让光头强和熊大搬到她那里住，但是熊二担心对自己以后分光头强的遗产不利，因此进行百般阻挠。为了这件事儿，熊二还跟熊小花打了一架，最终这事也就不了了之。

2017 年 3 月 20 日，光头强骑电动车去买菜的路上发生车祸，送往医院

---

① 北京市平谷区人民法院立案庭（诉讼服务中心）法官助理。

之后，因抢救无效不幸死亡。后来，熊大、熊二、熊小花将肇事司机及保险公司起诉至法院，要求赔偿相关的损失。得到赔偿之后，熊二找到熊小花商量，把光头强死亡所得赔偿款全部给熊二，同时答应熊大今后由其照顾。

但是没过多久，熊二就偷偷把房子过户到了自己名下，并把熊大赶到熊小花家住，把房子租了出去。熊小花得知真相后非常气愤，于是找到熊二理论，熊二拿出一份有光头强签字的遗嘱，主要内容为当光头强去世后，其名下位于北京市朝阳区的花果山房屋由熊二继承，别人无权干涉，立遗嘱人处签有“光头强”字样。熊小花不相信这份遗嘱的真实性，于是起诉至法院，要求判令这份遗嘱无效，熊二因为伪造遗嘱无权继承光头强的此处房屋，该房屋应由熊大与熊小花继承。

熊小花在庭审中主张，第一，光头强生前最心疼熊大，经常在熊二和熊小花面前叮嘱，称等其百年之后，兄妹二人一定要好好照顾熊大。但是熊二提交的遗嘱中，遗产并没有保留熊大的份额，这与光头强生前的意愿不相一致，所以怀疑遗嘱的真实性。第二，光头强遭遇车祸之后，神志就不清醒了，代笔人小松鼠是在 2017 年 3 月 20 刚从西安回的北京，遗嘱时间是 3 月 20 日，从时间上看，小松鼠不太可能代笔遗嘱。从签字上来看，笔迹虽然模仿得很像，但是跟光头强的笔迹还是有一定的差异的，立遗嘱人不是光头强本人签字。第三，光头强去世后熊二就将父亲的死亡证明、身份证、户口簿及全部证件扣押。我提出清点一下父亲财物，也被拒绝，后来熊二竟偷偷地把房子过户到自己名下，其伪造遗嘱的行为，严重侵害了无劳动能力和经济来源的熊大的权益，因此其无权继承光头强的遗产，诉争房屋应由熊大跟熊小花继承。

被告熊二辩称，2017 年 3 月 20 日光头强作出了代书遗嘱，指定熊二继承涉案房屋，车祸之后，光头强还是有意识的，当时遗嘱写完，代书人小松鼠还当场宣读了一遍，光头强当时点头认可了，最后的签字也是光头强亲自签上去的，不是其伪造的，法院应尊重遗嘱。退一步说，如果遗嘱无效，涉案房屋应先分割出其母亲大森林的二分之一，大森林去世后其遗产份额应该有熊二的份额，剩余二分之一才是光头强的遗产，应该进行法定继承。另外，光头强生前，生病感冒也是经常叫我过来照顾他和熊大的，我平时照顾光头强较多，所以光头强把房子留给我当然在情理之中。

原告熊小花称，熊二觊觎光头强的房子很久了，光头强在世的时候，熊二就想把房子卖掉，因为此事，熊二还跟光头强吵过好几次架。对于遗嘱上光头强签字的真实性，熊小花申请进行笔迹鉴定。

（二）竹篮打水一场空

法院经审理后认为：继承人应本着互谅互让、和睦团结的精神，协商处理继承问题。继承开始后，按照法定继承办理；有遗嘱的，按照遗嘱继承或者遗赠办理；有遗赠扶养协议的，按照协议办理。根据本案调查的事实，熊大、熊二、熊小花均为光头强与大森林的婚生子女，为光头强的法定继承人。

被告熊二称光头强生前立有代书遗嘱，二原告对该遗嘱上光头强的签名真实性不认可，经本院委托长城鉴定所鉴定，鉴定意见为 2017 年 3 月 20 日遗嘱下方“立遗嘱人”处的“光头强”签名字迹与样本上的“光头强”签名字迹不是同一人所写。被告熊二对前述鉴定意见提出异议，并申请见证人和代书人出庭作证。

代书人小松鼠出庭称光头强当时神志不清快不行了，去的时候遗嘱已经写完，其没有亲眼看见光头强签字的过程，也没有听见光头强说了什么。见证人小老虎出庭称自己耳朵背，不清楚熊二有没有与光头强聊天，听不清楚光头强说了什么，看见小松鼠读遗嘱了，没听清楚什么内容。

法院认为，被告熊二提交的遗嘱并非代书人小松鼠所写，亦非光头强本人书写，见证人小老虎未听见光头强对遗嘱内容的表达，且根据长城鉴定所出具的鉴定意见书，“立遗嘱人”处的“光头强”签名并非其本人书写。结合本案的庭审情况，法院有理由相信被告熊二提交的遗嘱系其伪造。“本是同根生，相煎何太急。”熊二伪造遗嘱的行为严重侵害了既缺乏劳动能力又无生活来源的熊大的利益，造成其生活困难，居无定所。

关于本案处理的财产，应属光头强与大森林的夫妻共同财产，其中二分之一属于大森林所有，大森林去世后，应当按照法定继承由光头强、熊大、熊二、熊小花各占房屋份额的八分之一。故本案中属于光头强遗产的部分为房屋份额的八分之五，因熊二伪造遗嘱，情节严重，故其丧失继承权。最终法院判决位于北京市朝阳区花果山的房屋，其中属于光头强遗产的部分由原告熊大、熊小花继承，各占房屋产权份额的十六分之五。

法理分析

针对上述案件，有几个问题需要进一步解释一下，以加深大家的理解。

（一）继承人伪造遗嘱，是否就会必然导致其丧失继承权

我国《民法典》规定丧失继承权的五种情形中有一款规定：继承人有伪造、篡改、隐匿或者销毁遗嘱，情节严重的行为。通过上述法条可知，单纯地伪造遗嘱，如果不属于情节严重的，不会导致继承人丧失继承权。那么本案中，熊二的行为是否属于法律规定的“情节严重”的情形呢？答案是肯定的，因为《最高人民法院关于适用〈中华人民共和国民法典〉继承编的解释（一）》第9条规定：继承人伪造、篡改、隐匿或者销毁遗嘱，侵害了缺乏劳动能力又无生活来源的继承人的利益，并造成其生活困难的，应认定其行为情节严重。本案中熊大既没有劳动能力又缺乏生活来源，熊二伪造遗嘱，想私吞光头强的遗产，没有给熊大保留相应的财产份额，其行为不仅导致熊大的财产利益严重受损，而且还致使熊大无处安身，故熊二的行为可以被认定为“情节严重”。

（二）如伪造遗嘱，不属于情节严重，遗产该如何处理

我国《民法典》规定伪造的遗嘱无效，同时还规定遗嘱无效部分所涉及的遗产按照法定继承办理，同一顺序继承人继承遗产的份额，一般应当均等。另外根据《最高人民法院关于适用〈中华人民共和国民法典〉继承编的解释（一）》规定，人民法院对故意隐匿、侵吞或争抢遗产的继承人可以酌情减少其应继承的遗产。如果本案中熊二伪造遗嘱不属于情节严重的情形，法院可以在查明遗嘱系伪造后，在自由裁量的范围内判决熊二相应地少分遗产，或

者按照法定继承均等地继承遗产。

（三）无民事行为能力人和限制民事行为能力人该如何维护自己的继承权

我国把不满8周岁的未成年人和不能辨认自己行为的人定义为无民事行为能力人，把8周岁以上的未成年人和不能完全辨认自己行为的成年人定义为限制民事行为能力人（16周岁以上的未成年人，以自己的劳动收入为主要生活来源的除外）。这类人属于弱势群体，当他们的继承权受到损害该怎么办？我国《民法典》规定，限制民事行为能力人实施民事法律行为由其法定代理人代理或者经其法定代理人同意、追认；但是，可以独立实施纯获利益的民事法律行为或者与其年龄、智力相适应的民事法律行为。无民事行为能力人，由其法定代理人代理实施民事法律行为。本案中，熊大作为无民事行为能力人，光头强去世后，熊大的法定代理人为熊二和熊小花，但是熊二的行为侵犯了熊大的权益，因此作为其法定代理人之一的熊小花就有权代理熊大参加诉讼，维护其继承权。

知识拓展

下面再给大家讲解几个与本案有关的法律知识，让大家对继承的相关知识有更加深入、全面的了解。

（一）丧失继承权的情形有哪些

一般情况下拥有法定继承权的人是可以依法继承的，但是也有一些情况继承权是要丧失的，那么丧失继承权有几种情形呢？

1. 继承人故意杀害被继承人的，需要注意的是，不管是否杀害成功，也不管杀害动机是什么，都会丧失对于被继承人本人的继承权；但是，这个继承人仅丧失他对所害的被继承人的继承权，而不是丧失他对被继承人以外的其他人的继承权。

2. 继承人为争夺遗产而杀害其他继承人的，这种情形下，要求杀害的目的必须是争夺遗产；与前一种情形相同，也不管是否杀害成功，且这个继承人仅丧失他对所争夺的被继承人的继承权。

3. 继承人遗弃被继承人的或虐待被继承人情节严重的，这种情形下，要求虐待被继承人的必须情节严重，而对于遗弃被继承人没有情节严重的要求。

4. 继承人伪造、篡改或销毁遗嘱，情节严重的。这种情形下，不仅继承人有伪造、篡改或者销毁遗嘱的行为，而且必须达到情节严重。依照最高法院司法解释，侵害了缺乏劳动能力又无生活来源的继承人的利益并造成其生活困难的，此种情况属于情节严重。但是不以此为限，其他情形如果可认定情节严重，也可能导致其丧失继承权。

5. 继承人以欺诈、胁迫手段迫使或者妨碍被继承人设立、变更或者撤回遗嘱，情节严重的。此种情形系《民法典》中所新增。

（二）丧失继承权有什么后果

1. 在法定继承中，丧失继承权的不能依据法定继承而继承遗产。

2. 在遗嘱继承中，丧失继承权的，遗嘱指定其为唯一继承人的，这个遗嘱是无效的，如果仅仅指定其为继承人之一的，则仅仅该部分遗嘱无效，将其他人指定为继承人的部分仍然有效。

3. 在代位继承中，继承人丧失了继承权的，其晚辈直系血亲也不得代位继承。

（三）丧失继承权后能恢复吗

丧失继承权可以发生在继承开始之后，也可以发生在继承开始之前，其表示的方法是以人民法院的判决书的形式。丧失继承权，是继承人具有《民法典》第 1125 条规定行为之一，经人民法院认定并作出判决而被剥夺其继承权，这种被剥夺是依法强制执行的，不以被剥夺人的意志为转移。丧失继承权一旦由人民法院作出判决，一般情况下是不能改变的，但根据《民法典》第 1125 条第 2 款规定，继承人如果有上述丧失继承权情形的第三种至第五种行为，确有悔改表现，被继承人表示宽恕或者事后在遗嘱中将其列为继承人的，该继承人不丧失继承权，因此这三种情形下有过错的继承人的继承权并不绝对丧失。

普法提示

继承是我国规定的一项家庭财产制度，中国有句古话叫“家和万事兴”，说的就是家庭和睦才能兴旺发达的道理。而继承的开始往往是发生在被继承人死亡后，此时就更加需要各家庭成员之间团结一致，共渡难关。家庭作为社会的基本单元，没有家庭的和谐哪来社会的和谐？为此，如何避免和正确处理继承纠纷，应从以下几个方面入手。

（一）家和万事兴

构建家庭成员间的和谐关系是预防继承纠纷的根本办法，其核心是：相互信任和各自承担起自己的责任。家庭关系体现在继承中主要的是夫妻关系及老人与子女之间的关系。夫妻关系的和谐是整个家庭和谐的基础，如何处理至关重要。夫妻在家庭生活中应当平等相处，相互理解、包容并能正确看待对方的缺点，尊重对方的人格。孝敬老人是每个家庭应当遵守的生活原则。这不仅仅是基于伦理道德，而且是一种自然的亲情所需，同时也是为每个人自己的晚年规划。因为每个家庭如何对待自己的老人，他的儿女也很有可能会以此效仿，像他对待自己的老人那样来对待他。你想让孩子对你好，你首先要对老人好，这个行为胜过所有的说教。中国历史上已有二十四孝，包括“卧冰求鲤”等美丽的传说，今天更应该在传统孝道基础之上以现代的价值观念予以升华。

（二）防患于未然

实际案件中，大部分的继承纠纷属于与老年人相关的家庭遗产纠纷，这类纠纷体现出五种新趋势，包括：老年人丧偶后，其他家庭成员急切地与健在的老年人分割遗产；由于再婚老年人的财产所有权模糊，再婚家庭成员之间的关系复杂，特别容易发生利益冲突，遗产纠纷增多；未婚同居的老年人与家庭成员发生遗产纠纷增多；老年人在继承遗产时遭遇晚辈阻挠增多；老年人独立行使遗产处置权越来越难。

因此，实际生活中，老年人应当增强四种意识避免遗产纠纷：一是财产意识。为避免一方老年人去世后另一方陷入困境，老年人最好提前做好个人财产的储备。二是遗产意识。老年人再婚前要进行财产公证或办理遗嘱公证，对自己身后的财产分配作出书面说明。三是维权意识。发生遗产纠纷，老人要积极主动地维护自己的权益。现实生活中，一些老年人觉得跟晚辈争遗产不光彩，明知吃亏也不愿与晚辈争辩，这样更容易使遗产纠纷变得复杂、说不清楚。四是执行意识。老年人订立遗嘱时要考虑到具体执行的公正性、合理性和可行性。

（三）如何合理合法地解决遗产纠纷

当继承纠纷不可预防地发生后，根据我国现行法律的规定，可以通过如下途径加以解决。

1. 自行协商。继承纠纷发生后，相关当事人可以在完全自愿的基础上，通过互谅互让，就遗产分割的时间、办法和份额协商达成一个各继承人都愿接受的协议，然后按协议分割遗产。

以协商方式处理遗产纠纷有利于家庭成员之间的和睦团结，由协商解决完全基于有关当事人的自愿行为，因此处理后不会伤害彼此之间的亲情，也有利于纠纷的迅速、彻底解决。由于以协商方式处理遗产纠纷，不需经过别人的调解，更无须诉诸法院，节省了当事人的人力、财力和时间。同时，由于协议是当事人自行协商达成的，因而能够使纠纷得到彻底解决。

2. 寻求人民调解委员会帮助。人民调解委员会是群众性组织，在发生继承纠纷后，如有关当事人协商不成的，可以由人民调解委员会调解。人民调解委员会以法律为依据，通过说服教育的方法来调解纠纷，促使当事人在自觉自愿的基础上，互相谅解、互相让步，达成协议。人民调解委员会的调解协议达成以后，各当事人都应当自觉遵守和履行。

3. 向人民法院提起诉讼。继承纠纷发生后，经协商不成时，可以不经人民调解委员会调解，直接向人民法院提起诉讼。经过人民调解委员会调解，达不成协议的，任何一方也有权向人民法院起诉。应当注意的是，根据我国《仲裁法》第 3 条的规定，继承纠纷不能仲裁。因此，有关当事人之间因继承发生纠纷后，不能向仲裁机构申请仲裁。另外，如果向法院起诉，根据《民法典》最新规定，权利人应从知道或者应该知道自己的权利被侵犯之日起 3 年内起诉，最长从继承开始之日起不超过 20 年。

第二章

法定继承

案例一

受抚养教育的继子女在生父母与继父母离婚后能否继承继父母遗产

郑坤[①]

案情回顾

贾冰于 2002 年 6 月出生，其一岁多时，母亲张玉芳改嫁贾胜利，此后贾冰随继父贾胜利、生母张玉芳共同生活。张玉芳与贾胜利婚姻期间未再生育共同子女。2016 年，张玉芳与贾胜利婚姻关系出现危机，张玉芳将贾胜利诉至法院要求离婚。该案在审理期间，贾胜利同意离婚，并要求张玉芳返还其抚养贾冰 13 年的费用。一审法院判决双方离婚，并对夫妻共同财产进行分割。后张玉芳上诉，双方达成调解协议，解除张玉芳与贾胜利的婚姻关系，并就夫妻共同财产分割方案达成一致，其中农村自建房归贾胜利所有。离婚后，张玉芳及贾冰即搬离农村自建房，贾胜利不再给付贾冰抚养费，贾冰也未看望贾胜利。2018 年 9 月，贾胜利去世，丧葬事宜均由其兄弟及侄子办理，贾冰未参加贾胜利的葬礼及吊唁活动。

2019 年，贾冰以其为贾胜利唯一的第一顺序继承人为由将贾胜利的四位兄弟姐妹诉至法院，请求继承贾胜利的遗产——农村自建房一处。经法院查实，贾胜利去世时未留遗嘱，其父母均先于其去世，其去世时无配偶及其他子女，贾胜利另有兄弟姐妹共四人。贾冰认为，法律中第一顺序继承人中的子女，包括有扶养关系的继子女，贾胜利曾经抚养教育贾冰 13 年之久，双方已经形成有扶养关系的继父母子女关系，故其有权继承贾胜利的遗产。贾胜利的四位兄弟姐妹则认为，贾胜利与张玉芳离婚后贾胜利与贾冰之间的继父母子女关系自然终结。此外，在贾胜利与张玉芳的离婚诉讼中，张玉芳认

---

① 北京市平谷区人民法院民事审判二庭法官助理。

可贾冰由其自行抚养，未要求贾胜利抚养，贾胜利还明确要求返还其抚养教育贾冰13年的费用，离婚后亦未向贾冰给付过抚养费，贾胜利以自己的实际行动表示与贾冰断绝扶养关系，贾冰不再是贾胜利有扶养关系的继子女，无权继承贾胜利的遗产。

一审法院认为，继父母与继子女形成扶养关系后，就形成了一种独立的民事法律关系，它可以在一定条件下解除，但不能认为继父母与生父母之间的婚姻关系一旦解除，继父母与继子女之间的权利和义务关系也自然终止。根据《最高人民法院关于人民法院审理离婚案件处理子女抚养问题的若干具体意见》[①]规定，生父与继母或生母与继父离婚时，对曾受其抚养教育的继子女，继父或继母不同意继续抚养的，仍应由生父母抚养。通过该规定可知，离婚时继父母不同意继续抚养继子女的，继子女应由其亲生父母抚养，与继父母关系随之消灭。因贾胜利与张玉芳离婚时明确表示不再继续抚养贾冰，此后在事实上也未对贾冰进行抚养教育，贾冰也未对贾胜利进行探望及吊唁，故双方以扶养为基础形成的继父母子女权利义务关系相应解除，贾冰不再具有法律意义上的"子女"地位，对其要求继承贾胜利遗产的诉求不予支持。

一审判决后，贾冰不服，上诉至二审法院。二审法院认为该案的争议焦点为贾冰是否有权继承贾胜利的遗产。根据该案事实，贾冰因其生母张玉芳与贾胜利结婚而共同生活，之后张玉芳与贾胜利因感情破裂离婚，至离婚时贾冰仍未成年。虽然贾冰与贾胜利之间存在抚养的事实，但是并未抚养其至成年，且在张玉芳与贾胜利离婚诉讼中可见贾胜利不愿再抚养贾冰，离婚后贾冰与贾胜利亦无往来，从情感上就此切断联系。由于婚姻家庭及继承法律旨在保护公序良俗和权利义务对等的原则，因贾冰尚未成年时贾胜利即去世，无法实现对贾胜利的赡养，且基于贾胜利与张玉芳离婚后不愿再与贾冰维系抚养关系，现贾冰以双方形成扶养关系为由要求继承贾胜利的遗产，依据不足，一审法院判决驳回贾冰继承遗产的诉讼请求，并无不妥，故予以维持。

---

① 该意见已被2020年12月23日最高人民法院审判委员会第1823次会议通过的《最高人民法院关于废止部分司法解释及相关规范性文件的决定》（法释〔2020〕16号）废止。

经过对上述案情及裁判结果的梳理不难看出，受继父母抚养教育的继子女在生父母与继父母离婚后主张继承继父母遗产，关键在于判定继父母与继子女曾经形成的扶养关系是否在生父母与继父母离婚后予以解除。

法理分析

（一）继子女继承继父母遗产的法律依据

《民法典》第1127条规定，遗产按照下列顺序继承：第一顺序：配偶、子女、父母。第二顺序：兄弟姐妹、祖父母、外祖父母。本编（法）所称子女，包括婚生子女、非婚生子女、养子女和有扶养关系的继子女。可见，只有具有扶养关系的继子女才对继父母的遗产享有继承权。扶养关系可以通过继父母对继子女的抚养教育或继子女对继父母的赡养扶助形成，本文仅讨论继父母对继子女的抚养教育这一情形。

《民法典》第1072条规定，继父或继母和受其抚养教育的继子女间的权利义务关系，适用本法关于父母子女关系的规定。《民法典》第1070条同时规定，父母和子女有相互继承遗产的权利。可见，法律将继父母与受其抚养教育的继子女拟制为血亲关系，以此赋予继子女继承权，需要注意的是，受继父母抚养教育的继子女与有扶养关系的继子女这两种表述在内涵上并非完全重合。

（二）离婚对继父母与受其抚养教育继子女关系的影响

继父母与受其抚养教育的继子女之间成立拟制血亲关系，而非简单的姻亲关系，该关系不受生父母与继父母婚姻状态变化的影响。1988年《最高人民法院关于继父母与继子女形成的权利义务关系能否解除的批复》明确，继父母与继子女间已经形成的权利义务关系并不自然终止。虽然该批复已被《最高人民法院关于废止1980年1月1日至1997年6月30日期间发布的部分司法解释和司法解释性质文件（第九批）的决定》废止，但对于离婚之前继父母和继子女已经形成的扶养关系，现行法律并未规定离婚后自然消除。

《最高人民法院关于适用〈中华人民共和国民法典〉婚姻家庭编的解释（一）》第54条规定，生父与继母离婚或者生母与继父离婚时，对曾受其抚养教育的继子女，继父或者继母不同意继续抚养的，仍应由生父或者生母抚养。此条款赋予了离婚后的继父母是否与继子女维系扶养关系的选择权，如继父母不同意继续抚养教育继子女，则双方的权利义务关系随之解除，继子女丧失继承继父母遗产的"子女"资格。

（三）继父母在离婚后享有"扶养选择权"的法理依据

现行法律中，并未赋予继父母抚养教育继子女的强制义务。继子女与继父母最初仅形成姻亲关系，该关系并无权利义务的内核，偏向于道德上的一种称谓。只有在双方形成扶养关系后，才形成法律上拟制的父母子女关系。实践中，该扶养关系的形成与再婚的事实有密切联系，生父母和继父母再婚后，继子女作为家庭成员与生父母、继父母共同生活，未成年继子女的生活各项开支由再婚家庭负担，继父母对同住的继子女进行抚养教育是再婚家庭的常态。而当生父母与继父母离婚后，一般情况下继子女与继父母共同居住生活的扶养基础即被打破，此时苛责继父母依然对继子女进行抚养教育既不符合社会的一般道义，亦增加了继父母的履行负担。除非继父母有继续抚养教育继子女的明确意思表示，否则扶养关系解除，围绕扶养关系而形成的权利义务关系也相应消除。因该选择权的行使并未损害未成年继子女切身利益（其仍有生父母对其进行抚养教育），故继父母选择不再维持与继子女的扶养关系应该获得法律的肯定评价。

赋予继父母离婚后的"扶养选择权"，亦符合"权利义务相一致"的法理精神。对于继父母与生父母离婚时仍未成年的继子女来说，主要是继父母单方面对其进行抚养教育，其尚未对继父母进行赡养扶助，如果离婚时继父母不能通过意思表示解除双方的扶养关系，而令继子女以此获得继承资格，将会造成利益失衡，亦与被继承人本人的意愿相悖。除非继父母在离婚后仍有继续抚养教育继子女的意思表示，否则从权利义务对等和维护公序良俗的角度来看，亦应对继子女继承权予以严格约束。

知识拓展

（一）离婚时继父母表示由其抚养教育继子女，嗣后拒绝抚养，扶养关系能否解除

《最高人民法院关于适用〈中华人民共和国民法典〉婚姻家庭编的解释（一）》（以下简称《高法解释》）第54条规定，继父母在与生父母离婚后不同意继续抚养继子女的，继子女仍应由生父母抚养。实践中，如果继父母与生父母离婚时约定由其继续抚养继子女，抚养过程中反悔，继子女与继父母之间的扶养关系能否为继父母单方解除？此种情况是否适用《高法解释》第54条？

看下面一个例子。冰冰系张娟与前夫所生之女。2001年11月26日，张娟与李大茂再婚，冰冰跟随张娟与李大茂共同生活，冰冰与李大茂形成扶养关系。2010年7月，张娟与李大茂离婚，离婚协议约定：冰冰由继父李大茂抚养，张娟不付抚养费等。离婚后不久，李大茂将冰冰赶出家门。2010年12月25日，冰冰离开李大茂随生母张娟共同生活，此后李大茂未负担冰冰的抚养费。2011年4月26日，经法院调解，变更冰冰由其生母张娟抚养。后张娟将李大茂诉至法院，请求判令李大茂自2010年12月25日起每月支付冰冰抚养费800元。

一审法院审理后认为，继母与生父或继父与生母离婚时，对曾受其抚养教育的继子女，继父或继母不同意继续抚养的，仍应由生父母抚养。继父母的这种抚养以其自愿为基础，继父母可以继续抚养，也可以解除此抚养关系。本案李大茂虽然在离婚协议中表示继续抚养曾受其抚养教育的继女冰冰，但李大茂现在明确表示不同意继续抚养。因此，张娟要求李大茂给付抚养费的诉讼请求不予支持。

从上述例子可以看出，离婚后继父母虽无继续抚养教育未成年继子女之义务，但如其在离婚时与生父母约定继续抚养教育继子女，其与继子女可以

继续维系扶养关系。在抚养过程中，如继父母后悔，其亦有单方解除扶养关系的权利，并不因曾约定抚养继子女而丧失此解除权，生父母无权强制继父母继续履行离婚协议关于继子女抚养的内容。需要指出的是，继父母解除扶养关系的意思表示应向生父母明示，涉及继子女抚养权变更的，应及时通过协商或诉讼的方式予以变更，以保证继子女的合法权益不受侵害。在此情况下，有扶养关系的继父母子女关系解除，继子女不再具有继承资格。

（二）离婚时受抚养教育的继子女业已成年，扶养关系能否解除

前文的案例中，贾胜利与张玉芳离婚时，贾冰仍处于未成年阶段，双方对于离婚后贾冰的抚养问题必然有所协商，或作出事实上继续抚养与否的行为，从而判断贾冰与贾胜利之间的扶养关系是否存续，这是离婚时继子女尚未成年的事实所决定的。然而现实生活中，很多继父母抚养教育继子女至其成年，之后若继父母与生父母离婚，继子女是否有权继承继父母的遗产？离婚时继子女业已成年的情况下，扶养关系能否解除？

可以肯定的是，继父母与生父母离婚并不会当然解除继父母与继子女已形成的扶养关系，尤其是在继子女已经成年的情况下，保留继父母子女关系对继父母更为有利，因成年继子女此后对继父母仍有赡养扶助的义务，但继子女继承继父母遗产的权益可以被继父母的遗嘱所排除。如果此时继父母主动要求解除有扶养关系的继父母子女关系，本质是对自身可享权益的主动放弃，其意愿法院应予支持。如果继子女要求解除与继父母有扶养关系的继父母子女关系，出于保护老年人权益及公平角度，不应予以支持。如果双方协商一致解除有扶养关系的继父母子女关系，应尊重当事人意愿。

如果继父母在去世前未主动表示解除与已成年继子女的扶养关系，继子女在生父母与继父母离婚后对继父母尽到相应赡养扶助义务的，可以作为有扶养关系的继子女参与继承继父母的遗产。如果有扶养能力和有扶养条件的继子女在此后拒绝赡养扶助继父母，或与继父母不再来往进而未尽到赡养义务的，虽然继父母未解除与继子女的扶养关系，继子女仍有继承资格，但可以依照《民法典》第1130条的规定予以不分或少分遗产，从而达到处理结

果上的公平状态。

普法提示

随着离婚率的提高，重组家庭成为普遍的家庭形态。重组家庭在一般婚姻家庭关系以外，还往往伴随着继父母与继子女关系的形成，这种关系的紧密程度直接决定了继父母与继子女之间是否成立法律意义上的权利义务关系，继而对继承产生深刻的影响。《民法典》第 1127 条将被继承人具有扶养关系的继子女列为第一顺序继承人，当生父母与继父母离婚后，受继父母抚养教育的继子女主张对继父母的遗产进行继承，关键是考察已形成的扶养关系在继父母与生父母离婚后是否继续存续。

继父母抚养教育继子女而形成的扶养关系，并不因生父母与继父母离婚而自然终止。但如果继父母在离婚后明确表示不再抚养教育未成年继子女，则产生解除有扶养关系的继父母子女关系之效果，继子女不再具有继承继父母遗产的资格。如果离婚时，继父母抚养教育的继子女已然成年，继父母有权选择解除其与继子女的扶养关系，继子女即丧失继承资格。如果继父母未有解除有扶养关系的继父母子女关系之意思表示，则继子女仍为法律意义上的“子女”，可以作为第一顺序继承人继承遗产。

离婚后受继父母抚养教育的继子女继承继父母遗产的结果，往往与中国社会朴素的道德认知有出入。继子女毕竟是特定情形下的拟制血亲，继子女有时还未履行赡养义务即享有继承遗产的权益，尤其在继父母与其生父母已经离婚后，继子女主张继承权常常会遭到继父母其他继承人的强烈排斥，当事人双方矛盾对立尖锐。为避免日后产生家庭矛盾，如果继父母与生父母婚姻关系存续期间与继子女产生了法律意义上的扶养关系，最好通过立遗嘱的形式表明自己对于遗产分配的真实意愿。继父母与生父母离婚后，应及时对与继子女的扶养关系解除与否作出决断。即便是认定继子女有继承资格，也应根据《民法典》中遗产分配规则予以分配，兼顾公平及社会效果，作出合情合理合法的裁判。

案例二

继父母子女间怎样获得法定继承权

——继父母子女间扶养关系形成的认定标准

迟婧函[①]

案情回顾

梅万山与前妻郑秋燕于1958年12月结婚，婚后于1959年12月31日生育一子梅花。1985年10月13日，郑秋燕去世。梅万山自1984年起，先后居住在其单位第1部队分配居住的3号楼13号、20号楼3号，2004年10月搬至干休所。

周周与前夫刘流于1962年结婚，婚后分别生育一女二男，分别为刘淑女、刘一、刘二。刘流于1978年12月22日因病去世。周周独自扶养三子女，居住在其单位第2部队分配居住的第1号房屋。

1986年12月20日，梅万山与周周再婚，婚后未生育子女。周周搬至梅万山家中共同生活，刘一、刘二仍居住在第1号房屋。梅万山与周周结婚时，刘一15岁，刘二17岁，二人均正在读中学。但因刘流是军队病故干部，刘一、刘二作为病故干部遗属，享受军队每月按时发放的补助费。后刘一于1991年8月开始参加工作，刘二于1989年四五月参军。

2014年12月21日，梅万山去世，生前未留遗嘱。

梅万山去世后，梅花诉至法院，请求依法继承梅万山的遗产。梅花诉称其是梅万山的唯一子女，刘一、刘二没有继承梅万山遗产的资格。根据法律规定，继子女并不必然继承继父母的遗产，必须形成扶养关系才能继承。而形成扶养关系的前提是继子女和继父母要共同生活。但本案中刘一、刘二没有与梅万山共同生活的意愿，事实上双方也没有一起吃住，没有共同生活，

---

① 北京市平谷区人民法院王辛庄人民法庭法官助理。

故并未形成扶养关系，刘一、刘二无权继承梅万山的遗产。

庭审中，被告周周、刘一、刘二答辩称，刘一、刘二对梅万山的遗产有继承权。1986 年 12 月 20 日，梅万山与周周结婚时，刘一、刘二均未满 18 周岁，都在上中学，并未参加工作，也没有劳动收入，均属于限制民事行为能力人。所以，刘一、刘二在周周与梅万山结婚时没有独立生活能力，无法单独生活，并受到梅万山的抚养教育。刘一、刘二成年后知恩图报，每周都回家探望梅万山，嘘寒问暖，主动为梅万山购买各种吃穿用品。且每年陪同梅万山外出旅游，为梅万山寻医送药，始终对梅万山关心、孝敬、帮助，尽到了对梅万山扶养和赡养义务。故刘一、刘二与梅万山间构成扶养关系。

一审法院经审理认为，遗产是公民死亡时遗留的个人合法财产。继承从被继承人死亡时开始。继承开始后，有遗嘱的按照遗嘱继承办理，没有遗嘱或遗赠扶养协议的按照法定继承办理。被继承人梅万山生前未留下遗嘱，故对其遗产按照法定继承办理。法定继承开始后，由第一顺序的继承人继承，包括被继承人的配偶、子女、父母，其中子女包括婚生子女、非婚生子女、养子女和有扶养关系的继子女。本案中，双方争议的焦点为刘一、刘二是否是梅万山有扶养关系的继子女。法院认为，扶养关系是建立在一定的亲属关系之上的，而继子女和继父母之间是因姻亲关系（继父母和生父母的结婚）而产生的一种拟制关系。这种拟制关系并不像血亲关系那样直接产生法定扶养义务，双方之间形成扶养关系需要双方之间有形成扶养关系的意思表示，并达成合意。继父母和继子女之间形成扶养关系应当同时具备以下条件：继子女和继父母之间有形成扶养关系的意思表示、继子女与继父母共同生活、继父母对继子女进行教育和监护。

就本案而言，法院认为，刘一、刘二系未与梅万山形成扶养关系的继子女，故对梅万山的遗产不享有法定继承权。理由如下：

第一，梅万山与周周再婚时，刘一、刘二已接近成年，且有自己的主观意愿。在此情况下，二者选择不与梅万山共同生活。而梅万山在其家族 2002 年修订的《家史补遗》及 1991 年《军队干部离职休养、授予功勋荣誉章审批报告表》中也没有把刘一、刘二填写进家属情况中，说明双方并无形成扶养关系的意思表示。

第二，不能仅凭梅万山对刘一、刘二进行过数学辅导、双方一起吃过饭来认定梅万山对刘一、刘二进行了教育和监护。

第三，周周和梅万山再婚后，双方的经济收入均系夫妻共同财产。无论梅万山是否主观上有相应意思表示，均无法否认梅万山在经济收入上对于刘一、刘二的帮助。但这种经济上的帮助是因周周和梅万山再婚而导致的必然结果，更多的是梅万山因其和周周的婚姻而承担的道义上的帮助。且刘一、刘二获得的军队补助待遇已经使其生活不低于一般水平。仅凭经济上的帮助无法认定梅万山有与刘一、刘二形成扶养关系的意思表示。

第四，被告主张刘一、刘二对梅万山尽到了赡养义务。法院认为，赡养是指子女在物质上和经济上为父母提供必要的生活条件，主要应当考虑刘一、刘二与梅万山是否长期共同生活、是否对梅万山进行日常照管、是否向梅万山支付赡养费等因素。本案中刘一、刘二并未对梅万山履行赡养义务。

后周周、刘一、刘二不服一审判决，提起上诉，坚持认为刘一、刘二对梅万山的遗产有法定继承权。二审法院经审理认为，继父母子女间是否具有法定继承人资格，以是否存在扶养关系为判断标准。人民法院在判断是否存在扶养关系时，应依扶养时间的长期性、经济与精神扶养的客观存在、家庭身份的融合性等因素综合进行判断。继父母和继子女之间形成扶养关系应当同时具备以下条件：继子女和继父母之间有形成扶养关系的意思表示、继子女与继父母共同生活、继父母对继子女进行教育和监护。根据查明事实，刘一、刘二与梅万山间并未形成扶养关系，故刘一、刘二对梅万山的遗产没有法定继承权。

那么，因生母（生父）和继父（继母）婚姻的缔结而形成的继父母子女关系，到底在何种条件下才能认定双方间形成扶养关系，获得法定继承权呢？

法理分析

继子女是指妻与前夫或夫与前妻所生的子女。继父母是指子女对母之后夫或夫之后妻的称呼。继父母与继子女关系是由婚姻关系衍生出来的姻亲关系，二者间是否产生父母子女间的权利义务关系应视实际生活情况而定。

由于立法上对“有扶养关系的继父母子女”并未有明确的定义，造成许多当事人认为只要是形成继父母子女关系，就是有扶养关系的错误认识，此种错误认识应当在立法和司法实践中予以纠正。

根据《民法典》第1127条[①]规定，继父母子女间的法定继承权并不必然获得，双方间必须形成扶养关系。目前在普遍的司法实践中，对继父母子女间是否形成抚养关系会结合案件事实进行综合认定。普遍情况下认为继父母子女间形成扶养关系必须满足以下条件：

（一）继子女与继父母间有形成扶养关系的意思表示

民法中最基本的原则是私法自治原则，民事法律关系的产生需以当事人的意愿为前提，婚姻家庭关系也应当遵循私法自治原则。与亲生父母子女间的血缘形成关系不同，继父母子女关系的形成，是基于生父（生母）和继母（继父）的再婚事实而产生的。继父母子女间建立亲属关系当然要考虑当事人的意愿。

首先，要考虑继父母的意愿。

在我国，大部分家庭都采用夫妻共同财产制。婚姻一旦成立，夫妻双方的部分或全部财产归夫妻双方共同所有。这种制度造成在财产上很难分清继父母对继子女是否进行抚养教育，也不能基于这种不明确的财产关系而当然推定双方形成扶养关系。

另，当继父母有自己的亲生子女时，继父母有很大可能并不想与继子女

① 《民法典》第1127条：“遗产按照下列顺序继承：（一）第一顺序：配偶、子女、父母；（二）第二顺序：兄弟姐妹、祖父母、外祖父母。继承开始后，由第一顺序继承人继承，第二顺序继承人不继承；没有第一顺序继承人继承的，由第二顺序继承人继承。本编所称子女，包括婚生子女、非婚生子女、养子女和有扶养关系的继子女。本编所称父母，包括生父母、养父母和有扶养关系的继父母。本编所称兄弟姐妹，包括同父母的兄弟姐妹、同父异母或者同母异父的兄弟姐妹、养兄弟姐妹、有扶养关系的继兄弟姐妹。”

形成扶养关系。因为一旦形成扶养关系，继子女和亲生子女就会成为同一顺位继承人，会当然地侵犯亲生子女的继承权益。此时，继父母可能只是顾及夫妻双方间的感情，或者是出于道义上的帮助，才负担继子女全部或一部分的生活费、学费等。在这种情况下，不顾当事人的意愿而认定继父母子女间存在扶养关系，对继父母及继父母的亲生子女来说是不公平的。

其次，要考虑年满 8 周岁的继子女的意愿。

法律中规定有扶养关系的继父母子女间享有法定继承权的目的是保障未成年人的权益，使未成年人获得更多的照料，促进其身心健康成长。但如果不考虑未成年继子女的意愿而形成扶养关系，未成年继子女就会成为被动者。在扶养关系的形成过程中，法律无法保障其受扶养的质量，且当未成年继子女权益受侵害时，法律救济措施有限。在保障未成年人利益的同时，应将其处于主动地位，遵循其意愿。但考虑到未成年人的心智发展程度，应在年龄上作出限制。

《民法典》第 1084 条第 3 款中规定，离婚后，不满 2 周岁的子女，以由母亲直接抚养为原则。已满 2 周岁的子女，父母双方对抚养问题协议不成的，由人民法院根据双方的具体情况，按照最有利于未成年子女的原则判决。子女已满 8 周岁的，应当尊重其真实意愿。年满 8 周岁的人在认识世界和自己的处境方面已经有一定的感知力及感情倾向，故可以参照其规定，让年满 8 周岁的继子女自己选择是否与继父母形成扶养关系。

（二）以继子女与继父母共同生活为原则

一般而言，只有共同生活达到一定年限，才能建立良好的关系，扶养关系也不例外。所以，形成扶养关系的继父母子女应以持续的、不间断的共同生活为原则，且共同生活应当达到一定的年限。但在我国现有立法中并没有规定必须共同生活多久才算形成扶养关系，故在司法实践中就要靠法官结合具体案件事实加以分析。

但也不排除很多家庭中继子女由于学业等原因无法长期与继父母共同生活的情况。在这种情况下，应当看继父母为继子女支付的教育费用和生活费用是否足以让继子女顺利完成学业或满足基本生活需求。

（三）继父母对继子女进行教育和监护

扶养关系的形成不仅要求继父母给付抚养费，还包括对继子女的教育、照顾、关心等。该制度的规定就是为了保护未成年人的健康成长，而未成年子女的成长不仅需要家人提供物质帮助，更重要的是提供心灵上的照料。继父母与未成年继子女共同生活，应当在思想上、生活上给予其感情层面上的关心与照料。如果继父母仅在生活、教育等方面有物质性的帮助，而因为工作忙或者主观原因不关注未成年继子女感情方面的需求，是不应认定双方间形成扶养关系的。

知识拓展

继父母子女间如何形成扶养关系，重在对“扶养”一词的解释。但“扶养”一词在学术上和司法上没有统一的定义。何为“扶养”，在我国比较有影响的几种观点如下。

杨大文教授认为：法律意义上的扶养有广义和狭义之分。广义上的扶养是指特定亲属之间根据法律的明确规定而存在的经济上相互供养、生活上相互辅助照顾的权利义务关系。它囊括了长辈对晚辈的“抚养”，同辈亲属之间的“扶养”和晚辈对长辈的“赡养”三种具体形态。狭义上的“扶养”则专指平辈亲属之间尤其是夫妻之间的依法发生的经济供养生活和扶助权利义务关系，具有主体特定性。

陶毅教授认为：通常意义上的扶养，指的是对“弱者”的经济扶助或生活上的供养。法定扶养，即一定范围的亲属之间依法在经济上和生活上相互供给和扶助的权利义务关系。

史尚宽先生认为：扶养，谓一定亲属间有经济能力者，本于身份关系，对于无能力生活者，应予以扶助维持。有扶养义务者，称为扶养义务人；有受扶养之义务者，称为扶养权利人。

杨遂全教授认为：扶养是指扶养人对被扶养人精神上的关心、经济上的供给和日常生活照料和帮助。

综观立法本意，有扶养关系的继父母子女中的“扶养”应当结合陶毅教授和杨遂全教授的观点。未成年继子女在继父母子女关系中属于“弱者”，继父母应当在经济上和生活上对其扶助和供养。具体而言，便是精神上的关心、经济上的供给、日常生活中的照料和帮助。

普法提示

近年来，人民群众的社会观念和生活观念在经济上行发展的推动下不断变化，自由意志和自我感受逐渐被重视，我国每年离婚人数也越来越多。根据民政局统计，仅 2019 年办理离婚登记的就有 415.5 万对。在高离婚数字的背后，再婚家庭不断产生，继父母子女间的关系问题随之凸显。在我国，由于之前继父母子女关系属极少数家庭会遇到的问题，故继父母子女关系问题没有专门的亲属法来调整，只是散见于《民法典》等法律规定的条文当中，缺乏系统性规定等现状已经跟不上我国目前的实际情况。故目前关于继父母子女关系的规定尚需修改。

立法的进步与社会的进步总是相辅相成、相互促进的，中间时常会有一个时间差，那么在这个时间差中我们应当如何面对和处理继父母子女间的关系呢？笔者认为，基于社会公序良俗，继父母子女间应当互相尊重，共同维系家庭的稳定与融洽。但需要注意的是，继父母子女间并不必然形成扶养关系。我国的大部分夫妻采用的是夫妻财产共有制，造成夫妻财产全部或部分混同。在此种前提下，当继父母仅是出于维系家庭稳定或道义上的考量而支付继子女一部分的生活费的情况下，并不表明双方间扶养关系的形成。

如果想要形成有扶养关系的继父母子女关系，首先要共同生活达到最低年限。虽然法律现在没有规定最低年限是多少，但在司法实践中，法官应当对该共同生活的情况及年限根据案件情况进行具体考量。其次继父母对继子女必须有物质上的抚养和精神上的照料，仅物质上的部分帮助并不必然形成扶养关系。最后必须充分考虑继父母子女双方的主观意图，只有基于父母意愿下的照料才是最有利于继子女的成长的。如果可以，请在感情上重新给继子女建造一个完整的家。幸福的家庭都是相似的，不幸的家庭各有各的不幸。身为继子女，他们已经经历了亲生父母的离异或者死亡，在面临新的家庭关系时，一定是手足无措的，请你先伸出你的手，用爱温暖他们。

修身齐家治国平天下。社会是由一个个家庭组成的，家庭的和谐相处才能促进社会的和谐。愿每个家庭都向着幸福的方向努力。

案例三

养子的继承权之争

——收养关系下的法定继承

宋君杰[①]

案情回顾

（一）突来车祸被继承人意外死亡

被继承人李大宝，1956 年 10 月 22 日出生，是常年独居于北京市某区一村庄的农民。父母均已去世，本人终身未婚，无亲生子女，有两兄弟分别是李二宝、李三宝。因两兄弟已有各自家庭，三兄弟平日来往不多。2018 年 3 月 12 日，一场交通事故导致李大宝受伤，抢救无效不治身亡，仅留下位于北京市某区李家庄村的农村房屋一套，未立遗嘱。

（二）养子的出现让亲属难以接受

李二宝、李三宝在得知兄长李大宝车祸去世赶到医院时发现李大宝的死亡证明的亲属签字栏上是王金花的签字。但兄弟二人均不知王金花为何人。通过医院找到王金花时，其声称自己是李大宝养子李小帅的亲生母亲，由于李小帅尚未成年，故由其代为处理李大宝的事故后续事宜。养子的出现更是让兄弟二人丈二和尚摸不着头脑，之前从未听兄长李大宝提到过有养子一说。

直到李二宝、李三宝在收拾李大宝遗物时发现了抽屉里的一张收养证明。该收养证明上显示李大宝在 2015 年 11 月收养一子李小帅（2013 年 2 月 10 日出生）。但李二宝和李三宝还是对于这份收养证明的真实性产生了质疑。他们提出，虽然平日里和李大宝的往来不多，但是兄弟间的感情一直不错，

① 北京市平谷区人民法院立案庭（诉讼服务中心）法官助理。

却从未听兄长提起过收养孩子的事情。况且李大宝一直独自生活，也未见其身边出现过孩子。此外，被收养人李小帅与其兄长年岁相差过大，从李大宝方面不存在收养李小帅为其养老的可能。且收养证明上显示李小帅系无生父母的弃儿，与事实不符。故不认可李大宝与李小帅之间的收养。

另一边王金花的说法是，李小帅的生父在李小帅出生前因病去世，自己也因生育导致精神不济短暂性失忆，孩子出生后不久就被当地福利机构带走。三年后病愈的王金花托人打听到了儿子的下落，并找到了李大宝和李小帅。经与李大宝协商，让快到学龄阶段的李小帅随生母王金花生活，但孩子学校放假期间王金花要带其来看望养父李大宝，这一约定已履行多年。双方均未有过解除收养的想法。现因李小帅尚未成年，李大宝去世后的相关事宜，由王金花代为处理，所以自己才在李大宝的死亡证明上签字。

（三）遗产继承现分歧诉至法院

接下来在处理李大宝的丧葬以及交通事故赔偿事宜时，双方产生了分歧。李二宝、李三宝两兄弟认为，虽然其兄长李大宝与李小帅之间有收养关系证明，但是实际并无收养的事实，收养关系应当无效。李大宝终身未婚未育，只有两个兄弟，没有第一顺序继承人，故其遗产应该由两兄弟作为第二顺序继承人继承。而王金花认为，虽然李小帅一直同自己生活，但是李大宝与李小帅的收养关系已经依法成立，应当受到法律保护。李大宝在世时李小帅一直称呼其为“爸爸”，李大宝也从未提出过要与李小帅解除收养关系，那么李小帅在法律上就是李大宝的养子，即李大宝的第一顺序继承人，李大宝的遗产应由李小帅继承。

双方对于李大宝和李小帅之间的收养关系是否有效各持己见、相持不下，随后李二宝、李三宝兄弟二人将李小帅告上法庭，请求确认李大宝与李小帅之间的收养关系无效。

本案李大宝的继承关系示意图：

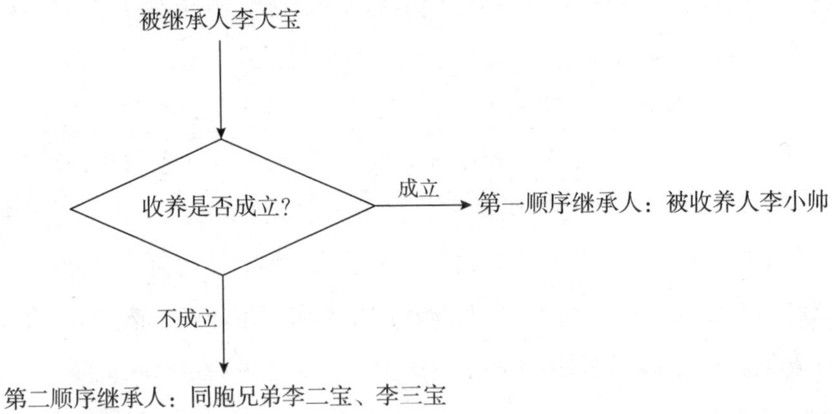

法理分析

本案所涉及的争议焦点主要包括：1. 李大宝与李小帅之间收养关系是否成立；2. 若成立之后李小帅生母的出现是否导致收养关系的当然解除；3. 李大宝的继承人如何确定。

对于收养关系的成立与解除，主要涉及的法律是《民法典》第 1093 条至第 1118 条，《中国公民收养子女登记办法》《收养登记工作规范》以及所涉及的司法解释共同完善着我国的收养制度。

对于继承人的确定及法定继承顺序，主要涉及的法律是《民法典》第 1121 条至第 1132 条，此外还有各地对于审理遗产继承纠纷案件的解释和说明。

结合所涉法条对本案争议焦点进行具体分析：

（一）收养关系的成立

收养是指基于法律行为，通过法定程序而使原本没有直系血亲关系的人之间产生法律拟制的父母与子女的关系的行为。从其定义可以看出收养关系的成立是指收养人按照法律的有关规定，满足相应条件按照相关程序办理手续并登记后，与被收养人之间建立起法定收养关系的过程。

确定收养关系是否成立首先要清楚收养关系的成立要件。《民法典》第1093条至第1105条将收养关系的建立从收养人、送养人以及被收养人方面对各方的资格进行了限定，即收养关系的成立需要从以下四个方面满足相应条件：

1. 被收养人应当具备条件：（1）查找不到生父母的未成年人。仅在收养三代以内同辈旁系血亲子女的情况下，可不受本条限制。（2）丧失父母的孤儿，或是查找不到生父母的弃婴和弃儿。孤儿是指父母已经死亡或者是宣告死亡的儿童；弃婴、弃儿是指被父母遗弃，查找不到生父母的婴儿或儿童。（3）生父母虽在，但因特殊困难无力抚养的子女。主要是指生父母因伤、病、残或者是经济困难以及客观条件不允许等因素，无力抚养的孩子。

2. 收养人所应当具备的条件：（1）无子女或仅有一名子女。指收养人无论是否结婚，必须是无自己名义下的子女或仅有一名子女的（包含亲生子女、养子女、有事实抚养关系的继子女）。（2）有抚养和教育被收养人的能力。这主要指收养人必须是具有完全民事行为能力的人，有必要的经济条件，良好的道德品质，能够在物质生活和教育等诸方面为被收养人提供必要且良好的条件。（3）未患有医学上认为不应当收养子女的疾病。一般指有严重传染病或精神病的人禁止收养子女。（4）无不利于被收养人健康成长的违法犯罪记录。（5）年满30周岁。这是取得收养人资格的最低法定年龄；有配偶者收养子女，应夫妻双方共同收养，有子女的收养人只能收养一名子女，无子女的收养人可以收养两名子女。

3. 送养人的条件：（1）生父母作为送养人的，需确有特殊困难，无力抚养子女，且要双方共同送养，生父母一方下落不明或查找不到的可以单方送养，但要经过适当的查找或通知形式。（2）父母以外的监护人作为送养人的，这里涉及的情形主要是未成年人的生父母双亡或者是丧失监护能力时，未成年人的祖父母、外祖父母、成年兄、姐以及关系密切的其他亲属朋友，可以担任未成年人的监护人，没有上述监护人的，由未成年人父母所在单位或者是未成年人住所地的居民委员会、村民委员会或民政部门担任监护人，以上公民或者是组织作为监护人送养被监护未成年人的，未成年人父母均死亡的，应当征得有抚养义务人同意，有抚养义务人不同意送养的应变更监护人；未成年人父母均不具备完全行为能力时，若非父母对未成年人有严重危害性或威胁其健康成长的可能性，该未成年人的监护人不得将其送养。（3）社会福利机构作为送养人，仅限儿童福利院或康复院等由民政部门设立的、专门收容、抚养暂时无法查明生父母或监护人的弃儿或孤儿的社会组织，其他机构不得送养。

4. 收养需有各相关当事人的一致同意，即各方当事人的真实意思表示。收养已满 8 周岁的未成年人的，应当征得被收养人同意，生父母离婚，一方要求送养子女的，须征得另一方同意。收养应当向县级以上人民政府民政部门登记，自登记之日起收养关系成立。

结合本案中，李大宝和李小帅的收养在成立时，李大宝满足了作为收养人的基本条件：无子女，有抚养能力，年满 30 周岁。而李小帅根据收养证明上的记载系查找不到亲生父母的弃儿，与其生母王金花所述自己在生下李小帅后因病失去抚养孩子的能力，李小帅的生父已因病去世，致使李小帅被送到福利院抚养的事实相吻合。根据收养证明，李小帅也确系被福利院送养，并办理了相关手续。以上无论是收养人、被收养人、送养人的资格上均符合法律的相关规定。另由于李小帅当时系查找不到生父母的弃婴，在民政局登记前也进行了公告，故无论是收养条件，还是办理收养手续的流程均符合法律规定，李大宝和李小帅的收养关系在办理民政局登记时即成立。

（二）收养关系的解除

这里涉及《民法典》第五编第五章关于收养的相关规定。收养关系的解除有两种方式：一种是协议解除，即收养人与成年的被收养人或者是收养人与送养人之间达成协议解除收养关系，此外对于协议解除收养关系，特别规定了应当到民政部门办理解除收养关系的登记。另一种是诉讼解除，即达不成协议的，通过法院解决。关于协议解除，限定了对养子女 8 周岁以上的收养人、送养人协议解除应当征得本人同意。一般存在以下情形的法院会判决收养关系解除：养父母与已成年的养子女关系恶化，无法共同生活；收养人不履行抚养义务，存在虐待、遗弃等侵害未成年子女合法权益的行为；成年养子女存在虐待、遗弃养父母等行为；送养人行使解除权。此外，对于养子女已年满 8 周岁的，无论哪种方式解除，均应征得本人同意。当收养关系解除后，养子女与养父母及其他近亲属之间的权利义务关系即行消除，而与生父母及其他近亲属之间的权利义务关系自行恢复，但成年养子女与生父母及其他近亲属间的权利义务关系是否恢复，可以协商确定。

回到本案当中，当王金花找到李大宝和李小帅，并提出要将李小帅带回身边抚养时，李大宝同意，此时李小帅未满 8 周岁，作为李小帅生母的王金花不是收养关系中的送养人，只是其出现导致了李大宝与李小帅之间收养事实行为的中断。李大宝作为收养人未提出过解除收养的要求。在收养关系未解除的情况下，无论李小帅与谁共同生活，李大宝和李小帅之间法律拟制的父子关系仍然存在。无论是李大宝还是王金花都清楚，在李小帅成年以前，李大宝对其就具有法律意义上的抚养义务。

（三）法定继承人的确定

根据《民法典》第六编继承篇的规定，法定继承具有严格继承顺位限制。位于第一顺序的继承人是配偶、子女、父母。其中子女包括婚生子女、非婚生子女、养子女和有抚养关系的继子女；父母包括生父母、养父母和有抚养关系的继父母。位于第二顺序的是兄弟姐妹、祖父母、外祖父母，兄弟姐妹既包括同父同母的兄弟姐妹、同父异母或者同母异父的兄弟姐妹、养兄弟姐妹、有扶养关系的继兄弟姐妹。另外对于丧偶儿媳对公、婆或者是丧偶的女婿对岳父、岳母尽了主要赡养义务的，也是第一顺序的继承人。在继承开始后，有第一顺序的继承人继承，第二顺序的继承人不能继承，在没有第一顺序继承人继承的情况下才由第二顺序的继承人继承。

结合上文对本案的分析，可以得出，在李大宝去世前，其与李小帅之间的收养关系已经成立且有效，李大宝父母均已去世，李大宝本人未婚，无亲生子女，李小帅作为其养子，在遗产继承的第一顺序。李二宝、李三宝作为被继承人李大宝的兄弟是法定第二顺序的继承人。李大宝因意外去世后，在没有留下遗嘱的情况下，李小帅不存在法定丧失继承权的行为，故其作为第一顺序继承人，法定继承权存在。而对李二宝、李三宝来说，由于李小帅的存在，作为第二顺序继承人对李大宝的财产没有继承权。

知识拓展

（一）法定继承的适用

法定继承是实践中的主要继承方式，依据《民法典》第 1154 条规定，按照法定继承的范围包括：1. 遗嘱继承人放弃继承或者受遗赠人放弃受遗赠；2. 遗嘱继承人丧失继承权或者受遗赠人丧失受遗赠权；3. 遗嘱继承人、受遗赠人先于遗嘱人死亡或者终止；4. 遗嘱无效部分所涉及的遗产；5. 遗嘱未处分的遗产。除法条已有的以上五种情形外，实践中一种当然适用法定继承的情形：被继承人死亡但未订立遗嘱或者遗赠协议。到本案中被继承人李大宝意外死亡，未订立遗嘱或遗赠协议情况下，继承在其死亡时开始，当然适用法定继承。

（二）收养的效力

收养是具有拟制效力的，收养会导致收养人与被收养人之间形成拟制血亲的父母子女关系，效力同自然血亲的父母子女关系相同。根据《民法典》第 1111 条的规定，自收养关系成立之日起，养父母与养子女间的权利义务关系，适用法律关于父母子女关系的规定；养子女与养父母的近亲属间的权利义务关系，适用法律关于子女与父母的近亲属关系的规定；养子女与生父母以及其他近亲属间的权利义务关系，因收养关系的成立而消除。这意味着收养同时导致被收养人与亲生父母之间的权利义务关系依法终止、消除。即被收养子女对其亲生父母不再具有赡养的义务。从法律意义上，一个孩子只能有一对父母，无论是生父母还是养父母。

（三）收养无效的法定情形

1. 行为人没有相应的行为能力，通常指的是收养人是不具有完全民事行为能力的人。

2. 行为人意思表示不真实，即收养关系的建立并非收养人真实意思表示，不满足前文对于收养关系成立的法定要素，则收养关系自然无效。

3. 违反法律或者社会公共利益。

4. 收养人有两个以上子女而收养非孤儿、弃儿或者非残疾儿童的。

5. 收养人未满 30 周岁而收养的。

6. 除公民或华侨收养三代以内同辈旁系血亲的子女外，无配偶的男性收养女性，二者年龄差距不足 40 周岁的。

第四种至第六种情形因为本就未满足收养成立的法定条件，因此收养是无效的。

普法提示

在我国，受长期的计划生育政策影响，国人的婚姻及生育观念已经发生了很大改变，现代的年轻人结婚和生育的年龄普遍推迟，已经成为一种社会现象，甚至越来越多的年轻人会因为害怕生育或者错过生育年龄而失去为人父母的机会。未来随着人们观念的不断变化，收养可能会成为更多夫妻的选择。那么在收养中应当注意什么，如何才能更好地保障收养人和被收养人的合法权益？

（一）树立正确的收养观

关于收养法律问题，从最初的订立、1998 年修改，对收养人范围进行扩大，到《民法典》出台后对可收养子女人数的增加，为的是能够让更多的人拥有完整的家庭，享受父慈子孝的天伦之乐。但是，作为收养人应该清楚，收养孩子不光是为了满足自我需求，或是达到养儿防老的目的，而更多的是清楚自己的选择收养也是选择承担一种责任，选择为他人负责，这份责任会产生超出血缘的能量。良好的收养关系中，收养人的认识和爱的能力起到了关键的作用。收养人能够毫无保留真心付出，即便没有血缘为纽带，也能建立起血浓于水的亲情。

（二）办理合法收养手续

《民法典》出台前我国专门制定了《收养法》以及相关的司法解释、工作办法等来规范收养行为，《民法典》的出台对以后的登记和程序的进一步规范，归根到底都是为了保障收养人和被收养人的合法权益，对收养人和被收养人负责。从法律上讲，收养关系的成立，不单单是收养人将被收养人抚养成人，同时会形成法律拟制血亲关系。自收养关系成立之日起，养父母与养子女间的权利义务关系的适用法律同父母子女关系的规定；养子女与养父母的近亲属间的权利义务关系，适用法律关于子女与父母的近亲属关系的规定；养子女与生父母及其他近亲属间的权利义务关系，因收养关系的成立而消除。故为了防止日后出现有损双方利益的可能发生，通过办理合法收养手续得到法律保护必不可少。

案例四 代位继承
——解析代位继承相关法律问题

孙媛苹[①]

案情回顾

（一）祖孙三代争遗产，养女被当局外人

蔡光与张月系夫妻，二人婚后共育有两个子女，分别是儿子蔡亮、女儿蔡晶。女儿蔡晶 2004 年 7 月因病去世，生前收养了一个女儿，名叫潘阳。蔡光于 2016 年 12 月 15 日去世，名下留有位于北京市某花园小区的 603 号房屋（以下简称 603 号房屋）一套，还有大量的存款、股票、基金等，蔡光生前未留有遗嘱，就其遗产如何分割，祖孙三代产生争议。

张月认为，夫妻二人共同居住的 603 号房屋登记在蔡光和张月名下，属于夫妻共同财产，其原本就享有 1/2 的份额，外孙女潘阳应继承的 1/6 份额也归其所有，故对该房屋其享有 5/6 的份额。

蔡亮认为，除 603 号房屋外，蔡光名下还有存款、股票、基金等遗产，应该一并分割；潘阳非蔡晶的亲生女儿，于 1995 年被蔡晶收养，应适用当时的《收养法》，当时的《收养法》第 6 条规定收养人应年满 35 周岁，而当时蔡晶（1963 年 12 月 8 日出生）尚不足 32 周岁，收养潘阳的行为违反《收养法》之规定，且未办理收养登记，应属无效，因此潘阳不享有代位继承权，不能作为蔡晶的子女参与本案继承。

潘阳则认为，其自记事起就与蔡晶一起生活，与蔡晶之间形成收养关系，作为蔡晶的养女依法享有代位继承权，有权继承遗产。

① 北京市平谷区人民法院东高村法庭法官助理。

祖孙三代争执不下，无法达成一致意见，张月遂以蔡亮和潘阳为被告，起诉至法院，要求依法分割遗产。

（二）法律适用有温度，代位继承得保障

法院经审理认为，1992 年 4 月 1 日施行的《收养法》第 6 条规定，收养人应当同时具备无子女、有抚养教育被收养人的能力、年满 35 周岁三个条件。1998 年《收养法》修改，修改后第 6 条规定，收养人应当同时具备无子女、有抚养教育被收养人的能力、未患有在医学上认为不应当收养子女的疾病、年满 30 周岁四个条件；第 15 条规定，收养应当向县级以上人民政府民政部门登记，收养关系自登记之日起成立。《收养法》修改前后均规定，违反《民法通则》第 55 条和本法规定的收养行为无法律效力，收养行为被人民法院确认无效的，从行为开始时起就没有法律效力。

本案中，潘阳于 1995 年被蔡晶收养，当时的《收养法》并未规定收养需以向民政部门登记作为收养关系成立的形式要件，故虽无证据显示蔡晶收养潘阳已向民政部门登记，但这不能作为否定收养关系成立的依据。蔡晶收养潘阳时尚不满 35 周岁，不符合当时《收养法》规定的关于年龄的收养条件，但修改后的《收养法》将年龄限定为 30 周岁。根据《立法法》第 93 条规定，法律、行政法规、地方性法规、自治条例和单行条例、规章不溯及既往，但为了更好地保护公民、法人和其他组织的权利和利益而作的特别规定除外。从这个角度看，适用修改后的《收养法》能够更好地保护被收养人的权利，故应适用修改后的《收养法》，因此蔡晶收养潘阳时虽不满 35 周岁，但已满 30 周岁，符合《收养法》的规定，且潘阳已经办理了独生子女证和户口登记，无证据显示属于《收养法》规定的收养关系无效情形，故蔡晶收养潘阳符合法律规定，二人之间的收养关系成立并生效，应适用关于父母子女的权利义务规定。蔡晶先于蔡光去世，潘阳作为蔡晶的子女有权参与本案继承，要求继承蔡晶有权继承的份额。

对涉案遗产，经审理查明，无论是涉案房产，还是银行存款、股票、基金等，均系张月与蔡光婚后取得，且无证据显示系蔡光个人财产，应认定为

张月与蔡光的夫妻共同财产，根据我国法律规定，夫妻在婚姻关系存续期间所取得的共同所有的财产，除有约定的外，如果分割遗产，应当先将共同所有的财产的一半分出为配偶所有，其余的为被继承人的遗产，故几方对涉案遗产所占份额，依法确认张月享有 4/6 的份额，蔡亮与潘阳分别享有 1/6 的份额，张月主张其享有潘阳的 1/6 份额，无事实和法律依据。综上，法院判决如下：1.603 号房屋由张月、蔡亮、潘阳共同继承，归张月、蔡亮、潘阳按份共有，其中张月享有 4/6 的份额，蔡亮、潘阳各享有 1/6 的份额；2. 按照蔡亮、潘阳享有 1/6 的份额，张月分别支付蔡亮、潘阳银行存款补偿、股票补偿、基金补偿 45070 元；3. 驳回张月、蔡亮的其他诉讼请求。

判决作出后，蔡亮不服，提起上诉，主张就确认潘阳享有代位继承权一节认定事实及适用法律错误，遗产范围一节遗漏了蔡光去世时张月持有的股票部分。

二审法院经审理认为，就潘阳是否享有代位继承权一节，潘阳被蔡晶收养时施行的《收养法》并未将收养需向民政部门登记规定为收养关系成立的形式要件。现虽无证据显示蔡晶收养潘阳已向民政部门登记，但该情形不能作为否定收养关系成立的依据。蔡晶收养潘阳时虽不满 35 周岁，但修改后的《收养法》将年龄限定为 30 周岁，且适用修改后的《收养法》能够更好地保护被收养人的权利，且潘阳已经办理了独生子女证和户口登记，故一审法院认定蔡晶与潘阳之间收养关系成立并生效，应适用关于父母子女的权利义务规定，具有事实和法律依据，二审予以确认。蔡晶先于其父蔡光去世，潘阳作为蔡晶之女有权代位继承蔡晶应当继承的遗产份额。

关于遗产范围一节，经审理查明，确实存在遗漏的遗产，二审法院对此撤销一审相关判项，依法予以改判。

至此，蔡家的遗产继承纠纷画上句号。

法理分析

知其然，还要知其所以然。本案的争议焦点为：

其一，蔡晶与潘阳之间的收养关系是否成立，应如何适用法律？

其二，潘阳是否享有代位继承权，能否继承其外公蔡光的遗产？

带着这两个问题，我们一步步分析。

（一）蔡晶与潘阳之间的收养关系是否成立，应如何适用法律

就收养关系的成立要件，涉及我国《收养法》第4条、第5条、第6条、第15条、第25条之规定。《民法典》颁布后，涉及我国《民法典》第1093条、第1094条、第1098条、第1105条、第1113条之规定。

本案的特殊之处在于，蔡晶于1995年收养潘阳，本案于2018年起诉至法院，在此期间《收养法》进行了修改，1992年施行的《收养法》和1998年修改的《收养法》对收养成立要件作出了不同规定，这两部法律该如何适用呢？

我国《立法法》第93条规定，法律、行政法规、地方性法规、自治条例和单行条例、规章不溯及既往，但为了更好地保护公民、法人和其他组织的权利和利益而作的特别规定除外。可见，适用法律不仅要遵照法律条文，也需要准确掌握立法意图，新法原则上“不溯及既往”，但是为了更好地保护公民、法人和其他组织的权利和利益，在特殊情况下法律是可以溯及既往的。

案例中，蔡晶收养潘阳是1995年，适用1992年的《收养法》，蔡晶年龄不满35周岁，不符合收养人的年龄条件。但结合《收养法》维护稳定收养关系的立法宗旨及保护未成年人利益的角度出发，就收养人的年龄问题适用1998年的《收养法》之年满30周岁的规定，能够更好地维护被收养人的权利和社会稳定，故蔡晶收养潘阳时虽不满35周岁，但已满30周岁，符合1998年《收养法》的规定，且蔡晶已经为潘阳办理了户口登记和独生子女证，同时也不存在《收养法》《民法通则》规定的收养无效情形，故蔡晶与潘阳之间的收养关系依法成立且有效，潘阳为蔡晶之养女。

（二）潘阳是否享有代位继承权，能否继承其外公蔡光的遗产

1. 代位继承

代位继承是法定继承的一种特殊情况，又称代袭继承或承祖继承，是指

能够依法定继承获得遗产的被继承人的子女，于继承开始前死亡，其应继份由其直系血亲卑亲属代为继承的制度。其中，被继承人的子女，又称本位继承人。[①]

2021 年 1 月 1 日施行的《民法典》对代位继承进行了更符合时代意义的规定。《民法典》第 1128 条规定，被继承人的子女先于被继承人死亡的，由被继承人的子女的直系晚辈血亲代位继承。被继承人的兄弟姐妹先于被继承人死亡的，由被继承人的兄弟姐妹的子女代位继承。代位继承人一般只能继承被代位继承人有权继承的遗产份额。代位继承体现的是我国民法典继承编中继承的公平原则和养老育幼原则。

2. 代位继承的适用条件

（1）代位继承只存在于法定继承情形下

代位继承的发生是以法定继承为大前提的。根据我国《民法典》第 1123 条之规定，继承有法定继承、遗嘱继承、遗赠、遗赠扶养协议等多种形式，就其适用的优先性，遗嘱及遗赠的效力是优先于法定继承的，存在遗嘱、遗赠的情况下，不发生法定继承，也就不可能发生代位继承。

（2）被继承人的子女、被继承人的兄弟姐妹先于被继承人死亡

代位继承制度旨在延续家庭财产，主要为直系卑亲属利益考量，兼顾公平和养老育幼原则，发生继承的第一顺序中，被继承人的子女先于被继承人死亡，被继承人的子女去世后可能留有待抚养的子女，故我国法律规定，此种情况下，被继承人的子女的直系卑亲属可以代位继承其父或者母有权继承的部分。新颁布的《民法典》第 1128 条增加了第 2 款，被继承人的兄弟姐妹先于被继承人死亡的，由被继承人的兄弟姐妹的子女代位继承，这主要是考虑被继承人没有第一顺序继承人时，在第二顺序继承人中依然发生代位继承的情形。

（3）被继承人的子女、被继承人的兄弟姐妹未丧失继承地位

就代位继承，我国采取“代位权说”，认为代位人并没有继承权，只是

---

① 江平等：《民法学》，中国政法大学出版社 2011 年版，第 741 页。

在被代位人先于被继承人死亡无法实现继承权时法律赋予代位人代表被继承人子女、被继承人兄弟姐妹行使继承权的权利，且代位人能否行使代位权要受到被代位人是否丧失继承权的影响。即我国《最高人民法院关于适用〈中华人民共和国民法典〉继承编的解释（一）》（以下简称《民法典继承编司法解释（一）》）第 17 条规定的“继承人丧失继承权的，其晚辈直系血亲不得代位继承”。故代位继承的发生需以本位继承人未丧失继承权为前提，是一种受限制的权利。

（4）被继承人的子女范围

被继承人的“子女”，可以是被继承人的婚生子女、养子女，也可以是已经与被继承人形成扶养关系的继子女，还可以是依法取得第一顺序继承人位置的丧偶儿媳、丧偶女婿。

（5）代位继承人是本位继承人的直系血亲卑亲属

我国原《继承法》第 11 条规定，代位继承人为本位继承人的“晚辈直系血亲”，就其几代直系血亲未做规定。我国原《最高人民法院关于贯彻执行〈中华人民共和国继承法〉若干问题的意见》（以下简称原《继承法意见》）第 25 条规定：“被继承人的孙子女、外孙子女、曾孙子女、外曾孙子女都可以代位继承，代位继承人不受辈数的限制。”这时就出现了一个问题，原《继承法意见》确立的规则是亲等不受限制。但是该规定与原《继承法》第 11 条规定的“代位继承人一般只能继承他的父亲或者母亲有权继承的遗产份额”中使用“父亲或者母亲”这样的字眼相矛盾，因此这是个值得商榷的规定。新颁布的《民法典》适时地解决了这个难题，《民法典》中删除了“父亲或者母亲”的字眼，取而代之的是“被代位继承人”，显然这是个明智的且符合法律实践所需的调整。

（6）代位继承人的“子女”范围

原《继承法意见》第 26 条规定：“被继承人的养子女、已形成扶养关系的继子女的生子女可代位继承；被继承人亲生子女的养子女可代位继承；被继承人养子女的养子女可代位继承；与被继承人已形成扶养关系的继子女的养子女也可以代位继承。”第 29 条规定：“丧偶儿媳对公婆、丧偶女婿对岳父、岳母，无论其是否再婚，依继承法第十二条规定作为第一顺序继承人时，不影响其子女代位继承。”

案例中，被继承人蔡光于2016年去世，未留有遗嘱，其女儿蔡晶于2004年先于其去世，未丧失继承权，潘阳作为蔡晶的养女，为其晚辈直系血亲，依法应当享有代位继承权，可以依法继承其母亲蔡晶有权继承蔡光的遗产份额，故蔡亮主张潘阳不享有代位继承权、张月主张其享有潘阳应继承的份额均不成立，潘阳依法享有代位继承权。就继承份额，在案件审理过程中，未发现任何证明财产归蔡光或张月一方所有的情形，故蔡光的遗产应为夫妻共同财产，依法应当先取出一半归张月所有，另一半作为蔡光的遗产发生继承。故就蔡光的遗产，无论是房产，还是存款、股票、基金等，张月都享有4/6的份额，蔡亮和潘阳分别享有1/6的份额。

知识拓展

我国自古有“隔代亲”的习俗，代位继承体现了隔代亲属之间的权利义务关系，除此之外，隔代亲属间还有哪些常见问题呢？

（一）隔代赡养

张老太年近七旬，大儿子发生意外去世，留下孤儿寡母，老伴儿伤心过度不久也去世了，张老太在居委会工作人员的见证下，对老伴儿的遗产进行了分割，张老太、二儿子、大孙子分别取得了相应份额的遗产。后张老太身体状况每况愈下，需要的赡养费用不断上涨，二儿子虽家境不错但也觉得压力大，二儿媳提议大侄子当时代其父亲继承了遗产，也应该承担赡养老人的义务，二人遂将大侄子起诉至法院要求其承担赡养义务，其诉求能得到支持吗？

我国《民法典》1074条规定“有负担能力的孙子女、外孙子女，对于子女已经死亡或子女无力赡养的祖父母、外祖父母，有赡养的义务”。可见，孙辈享有法定的代位继承权，但隔代赡养的义务只有在被赡养人的子女已经死亡或无力赡养的条件下才发生。案例中，张老太还有一个二儿子，且其有能力赡养张老太，故要求张老太的孙子承担赡养义务缺乏事实和法律依据，无法得到支持。

（二）隔代探望权

李大爷夫妇老来得子，对其宠爱有加，儿子也非常争气，读书工作、结婚生子，顺顺利利，为方便照顾，婚后一直与二老同住，孙子出生后李大爷夫妇当然地承担起了照顾孙子的任务。天有不测风云，李大爷的儿子意外身亡，独子死亡，儿媳与孙子也搬离家中，失独老人老无所依，后又因遗产分割问题，李大爷夫妇与儿媳发生矛盾，儿媳阻止老人探望孙子。无奈之下，李大爷夫妇诉诸法律，要求行使探望权。那么隔代亲属是否享有探望权呢？

我国《民法典》第1086条规定："离婚后，不直接抚养子女的父或者母，有探望子女的权利，另一方有协助的义务。行使探望权利的方式、时间由当事人协议；协议不成时，由人民法院判决。父或者母探望子女，不利于子女身心健康的，由人民法院依法中止探望；中止的事由消失后，应当恢复探望。"可见，我国《民法典》规定，享有探望权的主体为不直接抚养子女的父或者母，而没有直接规定爷爷奶奶或者姥姥姥爷的探望权。

就隔代探望权，我们认为隔代祖孙是具有血缘关系的直系亲属，具有亲属关系上的权利义务。正确地行使隔代探望权能够更好地与子女沟通交流，减轻子女的家庭破碎感，促进子女身心健康成长。对此，我们应该把握未成年人利益最大化、顺应伦理道德、符合公序良俗等基本原则。

案例中，李大爷夫妇面临丧子之痛，本身承受极大打击及心理伤害，容易将感情寄托在孙辈身上。如果不允许进行适时探望，不仅将丧失亲情，也不符合中华民族的传统美德和公序良俗，此时应允许长辈对孙辈行使隔代探望权，这是对探望权主体的扩大，也能够更好地体现法律的人文关怀，符合公序良俗的原则。故李大爷夫妇的隔代探望权应得到支持。另，行使隔代探望权应充分考虑孙辈的实际情况，适时调整，在行使探望权期间，如发现有不利于被探望人成长的行为，可以适度中止探望。

普法提示

为适应社会不断发展进步的步伐，推进法治化进程，法律的制定、更新速度越来越快。新法的诞生，对旧法的修改等，都引出了新旧法律如何适用的问题，即法的溯及力问题。

法的溯及力即法溯及既往的效力，指新颁布的法律对其生效前的事件或行为是否具有法律上的效力，若有，则该法具有溯及力；若无，则该法不具有溯及力。

我国《立法法》第93条规定，法律、行政法规、地方性法规、自治条例和单行条例、规章不溯及既往，但为了更好地保护公民、法人和其他组织的权利和利益而作的特别规定除外。可见，原则上“法不溯及既往”。

有原则，就有例外，法律本身就是一种价值判断，立法的目的本身也是劝导人们向善。所以从立法宗旨及社会效果考虑，如果新法能够更好地保护公民、法人和其他组织的权利和利益，也可以溯及既往。

就法的溯及力，我们坚持“从旧兼有利”的原则，即原则上法不溯及既往，新法对其制定以前的行为和事实不产生法律效力，还应适用旧法，如果适用新法能够更好地保护当事人的合法权益，对当事人更加有利，那就适用新法，上述案例就是一个很好的例证。

案例五

独生子女不一定能继承父母全部遗产

韩静①

独生子女不一定能继承父母的全部遗产，听到这个，可能很多人会觉得诧异。作为独生子女，可能会听到父母说：我们不就你一个孩子吗，我们走后，这些不都是留给你的吗？而大多数人也会认为，如果家里只有一个孩子，父母去世后，就应该由这一个孩子继承遗产了。但事实上可能真不是这样。按照生、老、病、死的一般规律，我们的祖父母、外祖父母一般会先于父母去世，在这种情况下，独生子女作为父母唯一的法定继承人，必然能完全继承父母留下的全部遗产。但如果父母去世，没有留下遗嘱，且祖父母、外祖父母还在世的情况下，按照现行法律的规定，祖父母、外祖父母与子女作为父母的第一顺序继承人，与独生子女享有同等的继承权，那么父母留下的遗产就由独生子女、祖父母、外祖父母共同继承了。如果在遗产未分割之前，祖父母、外祖父母又去世了，这个时候很有可能就会发生转继承，祖父母、外祖父母应该继承的遗产又由他们的继承人来继承，独生子女并不能继承所有遗产。最后的结论就是，父母留下的遗产，也可能会被你的“七大姑、八大姨”这些旁系亲属继承了一部分，这可能是很多人不曾预料到的。

案情回顾

1985年出生的小美是父母的独生女儿，小美的父亲在小美5岁的时候就已经去世，小美一直和母亲生活在一起。小美的外公外婆一共生育了两个子女：小美的母亲和小美舅舅，小美的外公于2012年3月22日患病去世，2015年7月5日小美的母亲车祸中不幸遇难，2016年9月22日小美的外婆因为肺癌也不幸去世。小美的母亲生前在北京购买了一处房子，此房位于丰

① 北京市平谷区人民法院民事审判一庭法官助理。

台区某小区（以下简称涉案房屋），市值在300万左右，母亲去世后，小美想着自己是父母唯一的孩子，这个房子肯定是自己的，所以也没有去房屋登记机关变更相关手续，就一直居住在这个房子里。同许多父母一样，小美也是一位望子成龙的妈妈，2018年小美想卖掉涉案房屋为即将上小学的儿子在某区置换一个房屋，给儿子提供一个更好的就学环境，便想将涉案房屋变更在自己名下，出售涉案房屋。登记机关的工作人员了解了小美的家庭情况后，告诉小美如果想把涉案房屋变更到自己的名下，还需要其舅舅的配合。而小美的舅舅与小美的妈妈此前因为外婆的赡养问题素有矛盾，两家关系不睦多年，舅舅不愿意配合其办理相关手续。无奈，小美将舅舅起诉至法院，要求法院判令其配合办理相关手续，把涉案房屋变更到自己名下。

小美舅舅答辩称，其同意配合办理相关手续，但要求小美支付自己100万元的折价款，理由是其作为小美外婆的继承人有权利继承小美姥姥从小美妈妈处继承到的房产份额，所以涉案房屋自己也有份额，如果小美想继承涉案房屋，应该给自己折价款。

最后，经过法院的调解，双方达成如下协议：1. 涉案房屋由小美继承；2. 小美于本调解生效后10日内给付舅舅房屋折价款40万元。

法理分析

为什么小美是独生女，想继承母亲留下的涉案房屋，还需要支付舅舅40万元的折价款呢？我们一步步地分析。我国《民法典》第1127条规定，遗产按照下列顺序继承：第一顺序：配偶、子女、父母；第二顺序：兄弟姐妹、祖父母、外祖父母。继承开始后，由第一顺序继承人继承，第二顺序继承人不继承；没有第一顺序继承人继承的，由第二顺序继承人继承。

上述案例中，小美的母亲车祸去世，且未留下遗嘱，所以涉案房产就应该由其第一顺序继承人的子女（小美）、父母（小美外婆）共同继承。在涉案房产未分割之前，小美的外婆又去世，那么应该由小美的外婆继承的遗产份额，就应该由她的继承人，即小美的舅舅继承，在这里就发生了转继承。

（一）什么是转继承

转继承又称二次继承或者是再继承，是指继承人在被继承人死亡后遗产分割前死亡的，继承人有权继承的遗产份额转由他的合法继承人继承。[①] 转继承实质是发生了两次继承，第一次是被继承人死亡，遗产还没有分割，第二次是有权利继承该遗产的继承人死亡，该继承人又被称为被转继承人，其中对被转继承人从被继承人处继承的遗产份额的再继承被称为转继承。我国《民法典》第 1152 条是转继承的法律依据，该条规定："继承开始后，继承人于遗产分割前死亡，并没有放弃继承的，该继承人应当继承的遗产转给其继承人，但是遗嘱另有安排的除外。"案例中，小美的母亲死亡，作为遗产的涉案房屋应在小美、小美的外婆之间分割，但是因为还没有分割，小美的外婆就去世了，且小美的外婆生前也没有表示放弃继承，所以小美的舅舅作为小美外婆的合法继承人就可以继承小美外婆从小美母亲处继承到的遗产，这样一个继承过程就称为转继承。

（二）转继承的特征

从上述法条可以看出转继承具有以下特征：

1. 被继承人死亡后遗产分割前，其中一个继承人（被转继承人）死亡。被继承人死亡，继承开始，若此时被转继承人已经死了，则其丧失了民事主体资格，无继承财产的资格，更不可能发生后面的转继承了；若遗产分割后，被转继承人才死亡，则遗产份额已经被被转继承人实际取得，继承已经完成，也就不存在转继承的问题了。在上述案例中，我们可以看出，小美的妈妈死亡，继承开始，之所以发生了转继承，因为在涉案房屋还未分割时，作为小美母亲的继承人之一小美的外婆又去世了，这种情况下才会发生转继承。

2. 被转继承人没有表示放弃继承权。我国《民法典》第 1124 条第 1 款明确规定："继承开始后，继承人放弃继承的，应当在遗产处理前，以书面

---

① 刘素萍：《继承法》，中国人民大学出版社 1988 年版，第 230 页。

形式作出放弃继承的表示；没有表示的，视为接受继承。”也就是说本案中小美的母亲去世后，虽然小美的外婆也没有作出接受遗产的表示，但是只要没有作出放弃表示，就视为接受了。但小美的外婆如果作出了明确的放弃遗产的表示，小美母亲的遗产就会被小美一个人继承，也就不会发生转继承。

3. 被转继承人与转继承人都需存在合法有效的继承权，如果被转继承人不存在合法有效的继承权，则自身就无权继承被继承人的遗产，也就不存在转继承。同时，如果转继承人不存在合法有效的继承权，被转继承人的财产就无法被其继承，更无从谈起转继承的问题了。就本案而言，需要小美外婆和小美舅舅都存在合法有效的继承权，才能发生转继承。

4. 转继承在法定继承、遗嘱继承中都可能会发生。在遗嘱继承中，被继承人的继承人在继承开始之后，遗产分割之前死亡，遗嘱中确定的由其继承的那部分遗产，将按照法定继承处理。就本案而言，如果小美的妈妈生前立有遗嘱，其去世后，房子由小美与小美的外婆共同继承，在该房子未分割，小美外婆就去世的情况下，小美的舅舅作为小美外婆的法定继承人也可以通过转继承制度继承小美外婆应继承的遗产。

5. 被转继承人的所有继承人，如配偶、父母、兄弟姐妹、祖父母和外祖父母，他们都可能成为转继承人，就是说如果小美的外公或者小美还有其他的舅舅、姨姨在世，他们都可以作为小美外婆的转继承人通过转继承，继承小美外婆从小美母亲处继承到的遗产。

知识拓展

（一）转继承中的代位继承

看到这儿有些读者可能会有个疑问，小美的母亲去世后，小美与小美的外婆作为母亲的合法继承人，继承涉案房屋，双方各占 50% 的份额，遗产分割前，小美外婆去世，小美舅舅作为唯一在世的继承人是否就应该继承了小美外婆从小美母亲处继承到的 50% 的份额呢？也就是涉案房屋最后有一半是否由小美舅舅继承呢?

回答这个问题之前我们先来看看法律上的另外一个重要概念，代位继承。代位继承又被称为“间接继承”，是指被继承人死亡时，有法定继承权的被继承人的子女先于被继承人死亡，由该死亡子女的晚辈血亲代位继承其应继承的遗产份额的制度。代位继承是法定继承中的一种特殊情况。

代位继承法律依据规定在我国《民法典》第1128条，该条规定:“被继承人的子女先于被继承人死亡的，由被继承人的子女的直系晚辈血亲代位继承。被继承人的兄弟姐妹先于被继承人死亡的，由被继承人的兄弟姐妹的子女代位继承。代位继承一般只能继承被代位继承人有权继承的遗产份额。”那么本案中小美是否可以作为被继承人（外婆）的子女的（小美母亲）直系晚辈血亲代位继承小美的外婆从小美的母亲那继承到的房产份额呢?即在转继承中是否可以适用代位继承呢?

对于这个问题实务界与理论界一直有争议，持否定观点的认为:若承认转继承中适用代位继承，则可能会出现下列情况，即认定小美妈妈对小美外婆继承自小美妈妈的遗产享有继承权，将出现小美妈妈自己继承自己遗产的情况，即存在重复继承、二次继承或者循环继承问题。

持肯定的观点认为:这种情况下是存在两个法律事实，导致了不同的法律关系和请求权基础。小美母亲死亡这一法律事实发生后，产生普通法定继承的法律关系，小美的外婆在依法定继承取得对小美母亲遗产的继承权;小美的外婆死亡这一事实发生后，小美作为小美妈妈的子女，获得代位继承人的身份，享有代替其母亲继承小美外婆遗产的权利。因此两种法律关系，两种请求权基础并不冲突。[①]

司法实践中支持第二种观点的较多。我们也认可第二种观点，理由如下:从我国法律的立法精神看，是肯定由亲等最近的继承人继承多数遗产的，我国《民法典》第1152条规定配偶、子女和父母是第一顺序继承人，就是从法律上保证我们去世后，遗产尽量能由最亲的人继承。如果否定在转继承中适用代位

---

① 详见（2018）鄂民再34号判决书。

继承，则会导致其父母的遗产更多地落入旁系亲属之手，有违法律精神，并且也并不符合被继承人的个人生前意愿。就前述案例来看，如果这种情况下不支持代位继承，那么由小美舅舅继承的房产份额会高达50%，舅舅作为旁系血亲却继承了如此高份额的房产，不符合家庭伦理道德，大多数人在感情上也是不能接受的。另外，从法律适用的角度讲，我们认可（2018）鄂民再34号判决书中的观点，民法上法无禁止即可为，虽然在转继承中适用代位继承会产生重复继承问题，但这个结果是由两个法律事实导致了两个法律关系的发生，从而引起两个法律结果叠加产生的，在法律适用上并无矛盾。

所以在本案中，舅舅并非可以继承小美外婆从小美母亲处继承到的50%的份额，而是25%，因为小美作为小美母亲的直系晚辈亲属代替母亲继承外婆的遗产，所以外婆的法定继承人就是两个人，即小美的舅舅与替代小美妈妈作为继承人的小美，也就是说，小美会继承涉案房产75%的份额，舅舅会继承涉案房屋25%的份额。

（二）转继承与代位继承的区别

通过一个案例，我们向大家介绍了转继承及代位继承。有读者可能会问，作为法律上的两项重要制度，这两个制度有什么区别呢？接下来我们给大家逐一分析。

首先，最大的不同是继承人死亡的时间是不同的。这一事实的不同，直接决定了这两种制度适用前提的不同。被转继承人的死亡时间发生在继承开始后遗产分割前。在转继承中，实际上是发生了两次继承。如案例中的小美外婆，她因为法定继承取得了小美母亲留下的部分遗产，但这部分遗产还没有分割，外婆又去世了，则这部分遗产就转为外婆的遗产，在外婆没有立下遗嘱的情况下，由外婆的法定继承人来继承。被继承人的继承人先于被继承人死亡则可能发生代位继承。最简单的理解就是，爷爷还在世时，父亲就去世了，爷爷去世时，由孙子代替父亲继承爷爷的遗产，这时的孙子是法定继承人并且与其他被继承人的在世子女一样是第一顺序的，使得孙子能够代替已去世的子女与其他在世的子女一样能分得遗产，是一种公平原则的体现。但需要说明的是，不管有几个孙子，都只能分得一份遗产，也就是说已经去世的儿子，不管有几个直系晚辈亲属，他们都只能代位继承属于他父亲的那一份遗产。

其次，继承人的范围不同：由于转继承是继承被转继承人的遗产，它事实上是另外一个继承，所以法定继承中的第一、第二顺序继承人，如被转继承人的父母、子女、配偶均可以成为被转继承人的继承人。但代位继承人必须是被代位人的直系晚辈血亲，这时候可能有读者会问，那么如果爸爸、孙子都不在了，曾孙子是否可以代替他们继承曾祖父的遗产呢？答案是肯定的。我国《民法典》第1128条就明文规定，被继承人的子女先于被继承人死亡的，由被继承人的子女的直系晚辈血亲代位继承。也就是说代位继承人不受辈分限制，只要是直系晚辈血亲都可以。

最后，转继承既可以发生在法定继承中，也可以发生在遗嘱继承中，代位继承只可能发生在法定继承中。因为转继承实质上是两个继承关系，而代位继承实质上是一个继承关系，是由法律规定的由先亡子女的直系晚辈血亲代替他们的先亡长辈取得本应由其继承的财产份额。代位继承的发生原因、代位继承人的范围、应继份额等都是由法律直接规定的。

普法提示

（一）早立遗嘱，防止遗产落入他人之手

在现在房价普遍高昂的情况下，许多父母辛辛苦苦一辈子购得房产，还是想留给自己的孩子，希望能减少孩子的经济压力，不想最后自己的辛苦成果由旁人分得份额。鼓励有一定财产的人尽早通过以立遗嘱的方式来避免自己的遗产通过转继承转移到旁系亲属之手中，防止自己去世后遗产不能被子女完全继承，这样做既符合法律的规定，也符合被继承人个人的遗愿。父母生前的一张纸，可以避免去世后孩子的诸多麻烦，使得孩子能够快速、完整地取得遗产。

（二）及时分割，避免矛盾激化

代位继承和转继承看似是简单的继承制度，其实却是异常复杂。为了让读者更快地了解转继承及代位继承的相关知识，我们将案例进行了简化，在案例中，我们让小美的父亲“先行死亡”，将涉案房产设定为小美妈妈一个人的遗产，这样将父亲那边亲属的继承问题排除在案例之外，只出现了小美、小美妈妈、小美外婆、小美舅舅四个人物。但在司法实践中，作为父母共同的遗产，如果发生了转继承，则会把七大姑、八大姨全部弄进来，往往当事人就会有七八个，甚至更多。法律关系会更加复杂，矛盾会更加激化，处理起来更加棘手，最后即使小美能够得到多数遗产，也是历经多战，疲惫不堪。但是如果案例中的小美及时处理遗产相关事宜，小美的外婆如果同意将自己从小美母亲处继承的遗产放弃，由小美一个人继承，就不会发生后面的转继承，也就是说小美的外婆一句话就可以终结这个故事了。

事实上，在现实生活及司法实践中，我们观察到大多数老人是愿意将自己从子女那继承到的遗产放弃，让孙辈们继承。这和中国的传统有很大关系，“人老隔辈亲，爷奶疼小孙，人间天伦乐，这是中国人”，爷爷奶奶是愿意把自己的财产留给孙辈的，更何况是从孙辈的父母处继承到的遗产呢。所以如果爷爷奶奶在世时就处理了这个问题，没有把七大姑、八大姨牵扯进来，矛盾往往不会被激化，独生子女也就能得到父母留下的全部遗产了。

（三）注重亲情，妥善处理遗产纠纷

亲情无价，我们都不愿意因为财产和亲人发生纠纷，我们都不忍看到在至亲尸骨未寒之时为了遗产大家反目成仇、怒目相视、拳脚相加。但是只要有财产，就可能有纷争，财产越多，纷争越大。如果在我们身边，真的发生了继承纠纷，尽量应该本着互谅互让的原则以调解的方式妥善解决纠纷，只有这样才能把对亲情的伤害降到最低，也只有这样才能最低成本地解决纠纷。

案例六

法定继承案件中举证责任如何分配

杨张林　夏碧婷[①]

案情回顾

范庆弟和林五竹是夫妻，双方生育二子一女，分别是长子范咸、长女范若若、次子范思辙。1997 年，范庆弟夫妇购买了位于西京市庆幸区太平别院 1 号楼 1 单元 1 号房屋，并于同年 12 月 28 日办理了房产证，房屋登记在范庆弟名下。2010 年 3 月 13 日，西京市庆幸区太平别院 1 号楼 1 单元 1 号房屋更换了新的房产证，仍登记在范庆弟名下。2006 年 1 月 18 日，范思辙及其妻子李光珠、女儿范智慧将户口由西京市庆幸区海棠朵朵小区 2 号楼 2 单元 2 号迁至太平别院 1 号楼 1 单元 1 号。2010 年 10 月 10 日林五竹去世，2018 年 7 月 10 日范庆弟去世。范庆弟、林五竹二人父母均先于二人去世。经西京市大田萨日房地产评估有限公司评估西京市庆幸区太平别院 1 号楼 1 单元 1 号房屋总价为 202.12 万元。范庆弟从 2001 年开始入住老年公寓，太平别院 1 号楼 1 单元 1 号房屋由范思辙开始出租，租金每月 1500 元，范庆弟去世至今的租金均由范思辙收取。范思辙长期保管范庆弟的存款并主要管理范庆弟各项养老和医疗事务。后来，兄妹三人因为遗产继承发生纠纷，范若若将范咸、范思辙诉至法院。

范若若主张：1. 要求继承位于西京市庆幸区太平别院 1 号楼 1 单元 1 号房屋，并由范若若向范咸、范思辙支付房屋折价款每人 673733 元；2. 要求分割父亲范庆弟去世后原单位发放的抚恤金、丧葬费等费用的三分之一份额 43051 元；3. 要求继承父亲范庆弟去世后的西京农商银行账号为 8888001 银行存款中的三分之一份额 17103 元；4. 要求继承母亲林五竹中国建设银行账

---

① 北京市平谷区人民法院民事审判一庭法官，北京市平谷区人民法院执行局法官助理。

号为8888002中存款1万元；5.要求继承父亲中国工商银行账号为8888003的存款8334元；6.要求继承涉案房屋2018年7月11日至2020年11月5日的租金的三分之一份额1.5万元。

范咸辩称，涉案房屋我父母已经分家分给范思辙，范思辙给我1.2万元补贴。如果法院认定房屋没有分给范思辙，属于我的份额我就给范思辙。除了房屋以外的钱，应该分给我的，我就要。

范思辙辩称，不同意原告第一项诉讼请求，涉案房屋经分家已经归我所有，不是遗产，不同意分割。没有过户到我的名下是因为我家人户口迁到这里之后，觉得哥姐没有意见，就没有过户。后来，限购政策出来了，如果过户到我名下，我买房就有限制了，就没有过户。如果最终认定涉案房屋是范庆弟的遗产，我也是占多数，原告没有钱给我折价款，我主张房屋归我。丧葬都是我办理的，丧葬费应该归我所有，抚恤金同意依法分割。范庆弟去世之前，林五竹的钱是范庆弟支取的。范庆弟去世之后的存款，是我支取的。

法院认为，继承从被继承人死亡时开始，被继承人生前未留有遗嘱的，遗产按照法定继承办理。当事人对自己提出的诉讼请求所依据的事实有责任提供证据加以证明，没有证据或者证据不足以证明当事人的事实主张的，由负有举证责任的当事人承担不利后果。对于范若若主张继承西京市庆幸区太平别院1号楼1单元1号房屋的诉讼请求，范思辙主张涉案房屋于2006年其由分家取得涉案房屋所有权，但并无相应书面赠与证明，该房屋至今登记在范庆弟名下，范思辙提供的证据不足以达到能够排除合理怀疑的程度，故其抗辩主张不成立。

根据各方陈述和范思辙提交的证据，其中包括范若若在其提交的自述材料中明确承认范思辙从2011年开始保管父母的工资卡、存款、收取房屋租金且各方均长期未提出异议等，可以认定范思辙对老人年迈后的各项养老事务负责管理，对老人尽了主要赡养义务，根据法律的规定，法院酌情给范思辙多分遗产，另范咸自愿将自己对西京市庆幸区太平别院1号楼1单元1号房屋的份额让与给范思辙，法院酌情确定范思辙分得80%的房产份额，范若若分得20%的房产份额，其他遗产各方均分。因范思辙对涉案房屋占有的份额显著高于范若若，故西京市庆幸区太平别院1号楼1单元1号房屋归范思辙继承，范思辙给付范若若房屋折价款。对于范若若主张的林五竹中国建设银行账号为8888002中存款，因该账户于2013年已经转账销户，故对于范若若的该项诉讼请求，法院不予支持。对于范若若主张继承父亲中国工商银行账号为8888003的存款，因为该账户止息日期为2013年9月25日，于2013年已到期销户，故对于范若若的该项诉讼请求，法院不予支持。对于范若若主张分割租金的诉讼请求，范思辙给付范若若2018年7月11日至判决生效之日止租金的三分之一（按每月500元计算）。

为保障能够如数获得房屋折价款，范若若有权依法申请对涉案房屋采取保全措施，如范思辙未能及时给付，其可申请法院强制拍卖涉案房屋，以维护其合法权益。

最终，法院判决：1.位于西京市庆幸区太平别院1号楼1单元1号房屋由被告范思辙继承，被告范思辙于本判决生效后10日内给付原告范若若折价款404240元；2.针对被继承人范庆弟去世发放的丧葬费和抚恤金，原告范若若、被告范咸、范思辙各分得三分之一份额；3.被继承人范庆弟原在西京农商银行平谷支行账号为8888001的账户存款对应利益归被告范思辙所有，被告范思辙于本判决生效后10日内给付原告范若若折价款17102.3元，给付被告范咸折价款17102.3元；4.被告范思辙于本判决生效后10日内给付原告范若若2018年7月11日至判决生效之日止房屋租金的三分之一（按每月500元计算）；5.驳回双方当事人的其他诉讼请求。

法理分析

本案存在以下几个问题：第一，范若若主张按照法定继承分割涉案房屋，范咸、范思辙主张涉案房屋已经口头分给了范思辙不同意按照法定继承分割。对于涉案房屋是否已经分家分给范思辙，应该由谁举证？证明标准如何确定？第二，范思辙主张自己对范庆弟尽了主要赡养义务，对于范庆弟的遗产应该多分。范若若主张范思辙没有尽到主要赡养义务。对于这个争议，双方应该由谁举证？

（一）分家应该由谁举证，证明标准如何确定

针对第一个问题，《最高人民法院关于适用〈中华人民共和国民事诉讼法〉的解释》（以下简称《民诉法解释》）第 91 条规定："人民法院应当依照下列原则确定举证证明责任的承担，但法律另有规定的除外：（一）主张法律关系存在的当事人，应当对产生该法律关系的基本事实承担举证证明责任；（二）主张法律关系变更、消灭或者权利受到妨害的当事人，应当对该法律关系变更、消灭或者权利受到妨害的基本事实承担举证证明责任。"

《民诉法解释》第 108 条规定："对负有举证证明责任的当事人提供的证据，人民法院经审查并结合相关事实，确信待证事实的存在具有高度可能性的，应当认定该事实存在。对一方当事人为反驳负有举证证明责任的当事人所主张事实而提供的证据，人民法院经审查并结合相关事实，认为待证事实真伪不明的，应当认定该事实不存在。法律对于待证事实所应达到的证明标准另有规定的，从其规定。"由此可见，"高度可能性"是我国民事诉讼的证明标准，也是许多国家的证明标准，它不仅符合人类认识的一般规律，体现了诉讼证明的特点，也体现了诉讼公正与效率相结合原则的要求。范思辙提供的证据不足以达到能够排除合理怀疑的程度，故法院对于范思辙主张分家的观点不予采纳。

《民诉法解释》第 109 条规定："当事人对欺诈、胁迫、恶意串通事实的证明，以及对口头遗嘱或者赠与事实的证明，人民法院确信该待证事实存在的可能性能够排除合理怀疑的，应当认定该事实存在。"范思辙主张涉案房屋存在口头赠与的事实，范若若则持相反主张，应该由范思辙来提供相应证据证明对产生该法律关系的基本事实承担举证证明责任。

《民诉法解释》第 109 条规定了特殊事实的证明标准。本条主要是根据实体法的规定，将欺诈、胁迫、恶意串通的事实的证明，以及对口头遗嘱或者赠与事实的证明，提高证明标准，规定需要达到排除合理怀疑的程度。立法者对上述的待证事实有拔高证明标准的意图。审判实践中对这些事实也应

适用高于高度盖然性的证明标准。

高度盖然性简单地说，是证明程度大于 75%，而排除合理怀疑的证明程度则通常认为大于 85%。显然排除合理怀疑的证明程度大于高度盖然性。排除合理怀疑是诉讼证明的最高标准，适用于刑事案件有罪裁决的事实认定。

（二）是否尽到主要赡养义务应该由谁举证

针对第二个问题，根据《民法典》第 1130 条规定："同一顺序继承人继承遗产的份额，一般应当均等。对生活有特殊困难又缺乏劳动能力的继承人，分配遗产时，应当予以照顾。对被继承人尽了主要扶养义务或者与被继承人共同生活的继承人，分配遗产时，可以多分。有扶养能力和有扶养条件的继承人，不尽扶养义务的，分配遗产时，应当不分或者少分。继承人协商同意的，也可以不均等。"对于范思辙尽了主要赡养义务的事实，也应该由范思辙提供相应的证据证明。根据各方陈述和范思辙提交的证据，其中包括范若若在其提交的自述材料中明确承认范思辙从 2011 年开始保管父母的工资卡、存款、收取房屋租金且各方均长期未提出异议等，可以认定范思辙对老人年迈后的各项养老事务负责管理，对老人尽了主要赡养义务，根据相关法律的规定，法院酌情给范思辙多分遗产。

知识拓展

在案件审理中，承担举证责任的当事人通常会更加具有举证的积极性。举证责任主要涉及两个层次的问题：一是结果意义的举证责任问题，主要涉及案件事实真伪不明的情况下败诉风险的承担问题。二是行为意义的举证责任问题，主要涉及案件的相关证据应当由谁提供的问题。要顺利完成案件事实的证明问题，必须首先解决举证责任的分配问题，只有把举证责任明确以后，才能让当事人明确自己的风险所在及责任所在，激发他们举证的内在动力。通常情况下，承担结果意义上举证责任的一方当事人回避不承担这一责任的当事人更具有危机意识。所以，举证责任也被认为是诉讼上的“发动机”。

（一）举证责任分配的概念

当作为裁判基础的案件事实处于真伪不明时，必然有一方当事人要承担由此带来的不利后果，而这一不利后果应由谁来承担，就是举证责任分配所要解决的问题。所谓举证责任的分配，是指按照一定的规范或标准，将承担诉讼案件事实真伪不明的不利后果的风险在双方当事人之间进行安排。

（二）举证责任分配的一般规则

《民事诉讼法》第64条规定：“当事人对自己提出的主张，有责任提供证据。当事人及其诉讼代理人因客观原因不能自行收集的证据，或者人民法院认为审理案件需要的证据，人民法院应当调查收集。人民法院应当按照法定程序，全面地、客观地审查核实证据。”这个通常被归纳为“谁主张、谁举证”，但该条款没有明确举证责任分配的具体规则。《民诉法解释》第91条规定：“人民法院应当依照下列原则确定举证证明责任的承担，但法律另有规定的除外：（一）主张法律关系存在的当事人，应当对产生该法律关系的基本事实承担举证证明责任；（二）主张法律关系变更、消灭或者权利受到妨害的当事人，应当对该法律关系变更、消灭或者权利受到妨害的基本事实承担举证证明责任。”此条款对举证责任分配陈述比较详细。

（三）举证责任分配的特殊规则

2002年实施的《最高人民法院关于民事诉讼证据的若干规定》第4条规定：“下列侵权诉讼，按照以下规定承担举证责任：（一）因新产品制造方法发明专利引起的专利侵权诉讼，由制造同样产品的单位或者个人对其产品制造方法不同于专利方法承担举证责任；（二）高度危险作业致人损害的侵权诉讼，由加害人就受害人故意造成损害的事实承担举证责任；（三）因环境污染引起的损害赔偿诉讼，由加害人就法律规定的免责事由及其行为与损害结果之间不存在因果关系承担举证责任；（四）建筑物或者其他设施以及建筑物上的搁置物、悬挂物发生倒塌、脱落、坠落致人损害的侵权诉讼，由所有人或者管理人对其无过错承担举证责任；（五）饲养动物致人损害的侵权诉讼，由动物饲养人或者管理人就受害人有过错或者第三人有过错承担举证责任；（六）因缺陷产品致人损害的侵权诉讼，由产品的生产者就法律规定的免责事由承担举证责任；（七）因共同危险行为致人损害的侵权诉讼，由实施危险行为的人就其行为与损害结果之间不存在因果关系承担举证责任；（八）因医疗行为引起的侵权诉讼，由医疗机构就医疗行为与损害结果之间不存在因果关系及不存在医疗过错承担举证责任。有关法律对侵权诉讼的举证责任有特殊规定的，从其规定。”2019 年 10 月 14 日由最高人民法院审判委员会第 1777 次会议将上述条款删除，并自 2020 年 5 月 1 日起施行。2020 年 5 月 1 日起实施的《最高人民法院关于民事诉讼证据的若干规定》中，没有关于举证责任的特殊规定。

上述法条虽然删除，但是举证倒置仍然存在，《民诉法解释》第 91 条规定，“人民法院应当依照下列原则确定举证证明责任的承担，但法律另有规定的除外”。《民法典》第 1222 条、第 1253 条、第 1255 条均规定了举证责任倒置的相关情形。

举证责任倒置（又称过错推定责任）是指作为规则原则的侵权诉讼中，过错事实成立本来对原告有利，所以，在正常情况下应由原告对过错事实负担证明责任。但是，立法却规定应由被告对过错事实负担证明责任。若过错事实真伪不明，应判决被告败诉。典型的例子就是建筑物及其上的搁置物、悬挂物等脱落、坠落伤人导致的侵权，对房屋倒塌伤人导致的侵权和特定的医疗行为侵权等。

普法提示

证明标准是指基于当事人提出的事实主张和证据，法官行为内心确信所要达到的程度或最低限度。对案件客观真实的认定，是一个十分复杂的认识过程。在此过程中，尽管严格遵守法定的程序和规则，但是发现的结果与客观事实之间必然有一定的差异。也就是说，法院发现的“事实”可能不是100%的事实真相，而只是通过当事人的陈述和举证所堆砌的“法律事实”，而只能是“很有可能如此”的事实真相，或者成为一种高度盖然性的事实真相。证明标准正是对这种“很有可能”或者“高度盖然性”提出的最低限度要求。从这个角度来说证明标准就法律事实的认定标准，证明标准是法律事实与客观事实之间距离的调节器。

俗话说：“树大分杈，子大分家。”在我国，家中有两个以上孩子的家庭，分家是比较常见的事情。很多家庭分家，会找到家族中的长辈或其他德高望重的亲属或者村里的干部作为见证人，在纸上写上相关的分家内容，并且有参与人的签名。子女父母各自留存原件作为证据。也有一些家庭，分家会找公证机构见证。不排除有的家庭分家仅通过口头形式的可能。但是，在如今这个法治社会，口头分家和口头的协议一样，存在较大的风险。尤其进行到诉讼程序中，在双方当事人各执一词的时候，法官很难通过当事人的简单陈述就判断其中内容的真伪，只能通过双方的证据来佐证他们的说辞，其中举证责任的分配就起着举足轻重的作用。

因此，建议大家，在分家的过程中签署分家协议或者在公证机构的见证下进行分家，是避免产生不必要诉讼。因为口头赠与适用于《民诉法解释》第109条中“排除合理怀疑”的证明标准，“排除合理怀疑”的证明标准高于“高度可能性”的证明标准，故大家更应注意。

案例七

法定继承的救济

——遗产被其他继承人处分，能否申请撤销相关生效法律文书

陈可心[①]

案情回顾

随着人民物质生活水平的提高及权利意识的提升，有关继承、分家析产的纠纷越来越多。被继承人死亡后，若没有留有遗嘱，所有享有继承权的继承人应当按照法定继承的规定继承被继承人的遗产，这其中可能会出现部分继承人侵犯其他继承人继承权的问题，请看以下案例。

唐振华与李兰花是生活在顺义区某村的一对夫妻，生育了一个女儿唐敏及四个儿子分别是唐永富、唐永强、唐国平、唐国安。唐永富及唐永强早年间就去市里参加工作，留有唐国平、唐国安及唐敏与唐振华、李兰花共同居住于顺义区某村 101 号的宅院内。该处宅院系唐振华、李兰花夫妻共同所有，但在 1993 年村委会登记集体土地建设用地使用权时登记在了唐国平、唐国安名下，二人分别取得该宅院内部分集体土地建设用地使用权证。2002 年，唐永富、唐永强、唐国平、唐国安四人在院内建房 45 间，唐敏也参与了建房相关事宜。

2005 年 7 月，李兰花死亡；2007 年 4 月，唐振华死亡。在随后的 2015 年至 2016 年，唐国平将其实际使用的院内原有建筑物拆除，重新建起了两栋二层楼房，并与他人签订了租赁协议，将其新建的房屋对外出租。

唐国平与王淑芬系夫妻，二人育有两个女儿，大女儿唐美琪、二女儿唐美红。2017 年，唐美琪向法院提起诉讼，认为 2015 年唐美琪与唐国平、唐美红共同出资在顺义区某村 101 号院内建设二层楼房共计 25 间，请求法院

---

① 北京市平谷区人民法院执行局法官助理。

判令该院内北数第一排二层北正房中一层南侧西数第一间至第三间归其所有。经审理，双方达成调解协议，法院作出调解书，确认位于顺义区某村101号宅院内北数第一排二层北正房中一层南侧西数第一间、第二间、第三间归唐美琪所有。唐永富、唐永强得知此事后向法院提起第三人撤销之诉，要求撤销法院作出的上述调解书。

唐永富、唐永强认为应当撤销法院所作调解书的理由是，顺义区某村101号宅院的集体土地建设用地使用权虽登记在唐国平、唐国安二人名下，但由于登记时依据的是谁在家登记在谁名下，实际上涉案房屋是唐振华与李兰花的共同财产，二人死亡后，没有设立遗嘱，应当按照法定继承的规定由五个子女共同继承。现涉案宅院内的房屋应系五个子女共有的状态，而唐国平与王淑芬将其姐弟五人共有的房屋擅自处分给唐美琪、唐美红，侵犯了唐永富、唐永强作为房屋共有人的合法权益，法院所作调解书的内容错误，应当予以撤销。

针对唐永富、唐永强的起诉，唐国平、王淑芬、唐美琪、唐美红答辩称：1.法院的调解书已经发生法律效力并且没有错误；2.唐振华、李兰花在生前曾口头进行了分家，将涉案房屋及宅基地分给了唐国平、唐国安，二人均持有土地使用权证，涉案房屋及宅基地使用权归唐国平、唐国安所有，唐永富、唐永强应当证明其物权受到侵害，而法院所作的调解书中的内容没有对二人的合法权益造成损害。基于上述理由，唐国平、王淑芬、唐美琪、唐美红请求驳回唐永富、唐永强的诉讼请求。

法院经审理后认为，第三人对已发生法律效力的判决、裁定、调解书提起撤销之诉的，并有证据证明发生法律效力的判决、裁定、调解书的部分或者全部内容错误，损害其民事权益的，可以自知道或者应当知道其民事权益受到损害之日起6个月内，向作出该判决、裁定、调解书的人民法院提起诉讼。人民法院经审理，诉讼请求成立的，应当改变或者撤销原判决、裁定、调解书；诉讼请求不成立的，驳回诉讼请求。侵害物权，造成权利人损害的，权利人可以请求损害赔偿，也可以请求承担其他民事责任。1993年，唐国平取得顺义区某村101号院集体土地建设用地使用证后，在土地建设用地使用证规定的范围内，新建、翻建房屋，不违反土地管理法律、法规的强制性规定。法院经审理查明事实后，以调解书的形式确认了被告唐国平家庭所建房屋的分割，唐永富、唐永强未提供证据证明该调解书损害了其民事利益或影响其行使其他民事权利，其认为法院调解错误、否定被告建房，证据不足，其诉讼请求，不符合法律规定的第三人撤销之诉的法定情形，故不予支持。最后，法院判决驳回了唐永富、唐永强的诉讼请求。

案件判决后，二原告提起上诉，后将上诉请求撤回。

法理分析

关于本案，有几个问题需要进一步解释。

（一）法院所作调解书为何没有侵犯唐永富、唐永强对涉案宅院的继承权

我国对不动产的取得采用的是登记生效主义，即只要一处不动产或不动产使用权登记在某个人名下，其即享有对抗第三人的权利。根据我国原《物权法》第39条[①]规定，所有权人对自己的不动产或者动产，依法享有占有、使用、收益和处分的权利。

具体到本案，涉案宅院在1993年登记集体土地建设用地使用权时登记在唐国平、唐国安名下，二人分别取得涉案宅院内部分集体土地建设用地使用权。2002年，兄弟四人出资对原宅院内的8间房屋进行了翻建，新建房屋25间，但一直未变更登记集体土地建设用地使用权，即使四人均对房屋进行了翻建，但集体土地建设用地使用权仍登记在唐国平、唐国安名下。唐振华、李兰花死亡后，唐国平及其两个女儿出资对唐国平享有集体土地建设用地使用权部分土地上的房屋再次进行了翻建。后唐美琪提起分家析产之诉，起诉唐国平、王淑芬、唐美红要求取得部分翻建后房屋的所有权，法院以调解书

① 现为《民法典》第240条。

的形式对双方的协议结果予以确认，确认该协议结果的依据是唐国平作为涉案宅院集体土地建设用地使用权人对所分房屋的所有权，作为所有权人的唐国平有权对其自己所有的房屋进行处分，故该份调解书没有侵犯唐永强、唐永富的合法权益。

另需要特别说明的是，法院审理案件采取的是不诉不理原则，即法院只能按照当事人提出的诉讼事实和主张进行审理，对超过当事人诉讼主张的部分不得主动审理。本案中，法院依据唐国平提交的集体土地建设用地使用权证及翻建房屋的基本事实就可以认定唐国平对其处分给唐美琪的房屋具有所有权，无须对唐国平持有的集体土地建设用地使用权证是如何取得的、是否应当取得予以查明。

综上所述，法院所作调解书没有侵犯唐永富、唐永强的合法权益。

（二）唐永富、唐永强是否无法主张其二人的法定继承权

继承从被继承人死亡时开始。继承开始后至遗产分割前，被继承的遗产属于继承人共有状态，可以比照法律中共有的相关规定进行处理。

本案中，从唐永富、唐永强的角度看，唐国平系处分了其二人享有份额的房屋，二人可以向法院提起物权保护之诉或者继承之诉维护自己的合法权益，至于二人是否享有继承权、享有多少份额等需要法院经过双方举证、实体审理后方能予以查明、确认。

知识拓展

通过上述案例的介绍，我们对通过提起第三人撤销之诉保护自己的法定继承权有了一定的了解，那么如果被继承人的遗产被其他继承人处分并经法院生效文书确认后进入执行阶段时，可以通过什么方式保护自己的继承权呢？

我国《民事诉讼法》第225条规定，当事人、利害关系人认为执行行为违反法律规定的，可以向负责执行的人民法院提出书面异议。当事人、

利害关系人提出书面异议的，人民法院应当自收到书面异议之日起15日内审查，理由成立的，裁定撤销或者改正；理由不成立的，裁定驳回。当事人、利害关系人对裁定不服的，可以自裁定送达之日起10日内向上一级人民法院申请复议。

我国《民事诉讼法》第227条规定，执行过程中，案外人对执行标的提出书面异议的，人民法院应当自收到书面异议之日起15日内审查，理由成立的，裁定中止对该标的的执行；理由不成立的，裁定驳回。案外人、当事人对裁定不服，认为原判决、裁定错误的，依照审判监督程序办理；与原判决、裁定无关的，可以自裁定送达之日起15日内向人民法院提起诉讼。

下面我们来了解一下案外人执行异议之诉的相关知识吧。

（一）执行异议之诉的性质

执行异议之诉是一种复合性的新类型诉讼，在形式上体现为是否排除强制执行行为的纠纷，在实质上是案外人与被执行人对该执行标的的权属纠纷和案外人对执行标的所享有权益与申请执行人的请求权的优先效力纠纷。从继承权的救济角度来说，当在执行阶段才发现自己的继承权被侵犯时，向执行法院提出执行异议之诉可以排除对遗产的强制执行并以此确认自己所享有的权益。

（二）执行异议之诉的提出

执行异议之诉是由案外人提出的，当案外人向执行法院提出的执行异议没有得到支持时，案外人就可以将申请执行人作为被告提起执行异议之诉了，执行法院为管辖法院。需要说明的是，即使法院受理了案外人提起的执行异议之诉，也不会停止原裁判文书的执行，若管辖法院认为异议确实合理合法且提供相应担保的，可以停止原裁判文书的执行。

（三）提起执行异议之诉后能否另行提起确权之诉

《全国法院民商事审判工作会议纪要》第119条规定，案外人执行异议之诉以排除对特定标的物的执行为目的，从程序上而言，案外人依据《民事诉讼法》第 227 条提出执行异议被驳回的，即可向执行人民法院提起执行异议之诉。人民法院对执行异议之诉的审理，一般应当就案外人对执行标的物是否享有权利、享有什么样的权利、权利是否足以排除强制执行进行判断。至于是否作出具体的确权判决，视案外人的诉讼请求而定。案外人未提出确权或者给付诉讼请求的，不作出确权判决，仅在裁判理由中进行分析判断并作出是否排除执行的判项即可。但案外人既提出确权、给付请求，又提出排除执行请求的，人民法院对该请求是否支持、是否排除执行，均应当在具体判项中予以明确。执行异议之诉不以否定作为执行依据的生效裁判为目的，案外人如认为裁判确有错误的，只能通过申请再审或者提起第三人撤销之诉的方式进行救济。即案外人对已经被法院查封、扣押、冻结的财产主张确权，只能提起执行异议之诉，不能另行提起确权之诉，对另案提出的确权之诉，裁定不予受理，已经受理的，裁定驳回起诉。

普法提示

当前，随着人们的物质生活水平提高、财产形式多样以及二胎政策的普及，继承纠纷也频繁产生，虽然遗嘱继承数量呈现日渐增长的趋势，但法定继承仍然占据继承类别纠纷的重头。如何在妥善处理好与被继承人、其他继承人关系的同时维护自身的合法权益，建议大家不妨从以下几个方面来考虑。

（一）互谅互让、和睦团结是主要原则

既然是继承纠纷，产生纠纷的对象均与自己有血亲关系，根据《民法典》第 1132 条所明确的法定继承解决方式，继承人应当本着互谅互让、和睦团结的原则，协商处理继承问题。遗产分割的时间、办法和份额，由继承人协商确定。协商不成的，可以由人民调解委员会调解或者向人民法院提起诉讼。即便起诉至法院，在庭审过程中也应当遵循互谅互让、和睦团结的原则，依

照法律规定及法定程序妥善处理矛盾与纠纷，理性沟通。

（二）保存必要证据，了解基本证据规则

亲情无价，但如果在继承开始前就已经能预见到继承纠纷产生的可能性，抑或防患于未然，为维护自身的合法权益有必要保存必要的证据，如对相关不动产或动产的相关出资证明、尽到更多赡养或扶养义务的证明等，以便纠纷发生时能够证明自己的主张。

我国《民事诉讼法》第 64 条规定，当事人对自己提出的主张，有责任提供证据。简言之，就是“谁主张、谁举证”。除特殊纠纷外，法院均遵循上述对举证责任的规定对案件进行审理。在我国，证据的种类多样，包括：1. 当事人的陈述；2. 书证；3. 物证；4. 视听资料；5. 电子数据；6. 证人证言；7. 鉴定意见；8. 勘验笔录。需要说明的是，不管什么形式的证据，必须查证属实，才能作为认定事实的根据。

在举证过程中还应当注意以下几个问题：1. 书证应当提交原件。物证应当提交原物。提交原件或者原物确有困难的，可以提交复制品、照片、副本、节录本。提交外文书证，必须附有中文译本。2. 经过公证的法律事实和文书，它们的证明力要高于没有经过公证的法律事实和文书。3. 如果对查明事实的专门性问题有疑问的，如签字是否本人书写等，可以向法院申请委托具有专门知识的鉴定机构进行鉴定，当事人可以协商选择鉴定机构，协商不成的由法院通过摇号进行委托。4. 在证据可能灭失或者以后难以取得的情况下，可以在诉讼过程中向法院申请保全证据，法院也可以主动采取保全措施。因情况紧急，在证据可能灭失或者以后难以取得的情况下，利害关系人可以在提起诉讼或者申请仲裁前向证据所在地、被申请人住所地或者对案件有管辖权的法院申请保全证据。

（三）端正心态，多尽义务

学习、掌握基础的法律知识不是为了分得更多的财产，只是作为维护自身合法权益的方式。依据《民法典》等相关法律法规，我们本来就应当对父

母尽到赡养义务、对子女尽到抚养义务、对配偶尽到扶养义务并帮扶兄弟姐妹，这些都不应当以分得更多的遗产作为交换条件。无论对方日后有无遗产可分配，都应当用亲情以待。

案例八

非本村集体经济组织成员的未成年人继承权益

——解析关于继承的协议效力

毛蕾[①]

案情回顾

张小新是高大广和张翠翠的儿子，张小新7岁时，高大广和张翠翠因感情不和离婚了，双方约定张小新随母亲张翠翠一同生活，夫妻二人共同财产10号宅院内南倒座平房归高大广所有。离婚后，高大广一直独自生活，平时三弟高大永会对其生活进行照顾。张小新12岁时，高大广因病去世，此时高大广的父亲早已去世，高大广的母亲高崔氏还在世。全家在一起写了一份协议：1.高大广的房子，归高大永所有；2.高大广的债务，由高大永负担；3.赡养母亲的义务，高大永把高大广那份义务担下，其他兄弟各担一份。在协议上签字的有高大永及其他几个兄弟、张小新也在协议上签字了，此时张小新未满18周岁。协议签订后，高大永按照协议对母亲高崔氏尽了主要赡养义务，直到将母亲养老送终。母亲高崔氏去世后，高大永住进了10号宅院，并对该宅院内的房屋进行了翻建，在原有南倒座平房的基础上，新盖了北正房。

10多年过去了，张小新也长成了20来岁的大小伙儿，马上到了结婚的年龄。这天，他回到老家，发现父亲的老宅子现在是三叔高大永一家在住，三叔也没跟自己商量就擅自翻建了房屋，可自己结婚却还没有婚房，自己应该依法享有父亲留下的房屋的继承权。于是，张小新将三叔高大永及其他几个叔叔、姑姑告上了法庭。张小新要求继承10号宅院内的房屋，并确认自己享有的份额。

高大永不同意张小新的诉求，其认为10号房屋原来确实是高大广的，

---

① 北京市平谷区人民法院大华山人民法庭法官。

但高大广因为做工程借了高大永将近2万元，所以口头承诺将分得的房屋抵给高大永。高大广去世后，所有家人都签订了协议，约定10号房屋归自己所有，张小新及其母亲均在场并同意协议内容，张小新在协议上签字认可。自己按协议约定承担了高大广的债务，并多承担了赡养老人的义务。后来自己在原有宅基地后面买了一块空地，扩建了原来的老房子，原来的老房子早已被自己拆除，继承的客体也不存在了。10多年过去了，张小新一直都没有说过继承的事，而现在张小新是看着现在房屋值钱了才起诉的。

经查，张小新户籍在城镇，为非本村集体经济组织成员，高大永户籍在农村。高大广与张小新之母离婚后未再婚，只有张小新一个儿子，高大广去世时，高大广的母亲高崔氏在世，高大广的父亲已过世。高崔氏有包括高大广、高大永在内的四个儿子，一个女儿。

双方围绕协议的效力展开了激烈的辩论，张小新不认可协议上的签字系自己的签字，在本案中申请笔迹鉴定，但检材不符合规范，无法使用，最后无法做鉴定。高大永和张小新各自围绕自己的主张，提供了不同的证据，总之双方争议超大。高大永提供证人、证言证明签协议时，张小新自己写的自己的名字，张小新的母亲张翠翠也在场，是张翠翠让张小新在协议上签字的，但在法官问到细节时，证人之间有互相矛盾之处。

除高大永外，高崔氏的其他儿子和女儿均与涉案诉讼有利害关系，故作为当事人参加诉讼。高崔氏的儿子包括高大永在协议上均签字，庭审上均认可按协议分割遗产，高崔氏的女儿没在协议上签字，在庭审上表示如果有自己的份额，均赠与高大永。

法官综合双方诉讼主张和法院查明的事实，总结了以下争议焦点：一是10号房屋是否属于高大广的遗产；二是协议效力；三是张小新应继承的遗产份额；四是10号房屋的分割方式。就10号房屋是否属于高大广的遗产，根据查明的事实，原10号房屋及宅院系高大广分家所得，高大永认为高大广生前无法还其借款而将原10号房屋抵给高大永，但其提供的证据并不能充分证明其主张，故其意见法院无法采纳。法院依法认定原10号房屋属于高大广的遗产。关于协议效力问题。限制行为能力人放弃受遗赠权的，由他的法定代理人代为行使，或者征得法定代理人的同意后行使。协议签订时，张小新为限制行为能力人，协议中无其法定代理人张翠翠的签字，且就目前证据而言，因证人证言存在一定矛盾之处，在张翠翠本人予以否认，亦无其他证据予以佐证的情况下，法院对高大永主张的张翠翠曾同意张小新签署协议的意见不予采纳，因此，“张小新”的签字不能产生本案张小新放弃继承的意思表示，该协议不对张小新产生效力。继承开始后，继承人放弃继承的，应在遗产处理前，作出放弃继承的表示，没有表示的，视为接受继承。协议不对张小新产生效力，张小新未明确表示放弃继承，其应享有继承权。对被继承人尽了主要扶养义务的继承人，分配遗产时，可以多分。高大广去世后其法定继承人包括张小新、高崔氏，应各继承原 10 号房屋份额的一半。高崔氏去世后，因高大永对高崔氏尽了主要赡养义务，其在分配遗产时可以多分。因原 10 号房屋北正房已翻建，本院对现有 10 号房屋酌情予以分割。考虑到高大永对 10 号房屋中的北正房进行了翻建，双方对此没有争议，且在原宅基地基础上向宅基地后空地上拓展了房屋，本院根据两者的面积比，酌情确定两者对应的价值，在现有 10 号房屋份额分配时对高大永的份额予以适当多分。因高大永的兄弟等曾签订协议，约定 10 号房屋归高大永所有，高大永的妹妹诉讼中表示其份额已给高大永，法院予以确认。综合以上情况，法院酌情确定张小新应继承的现有 10 号房屋的份额为五分之二，高大永继承及受赠与共计享有五分之三。

法理分析

（一）遗嘱、遗赠扶养协议、涉案协议的区别

涉案协议签订的时间是高大广去世之后，该协议上显示涉及的继承标的是 10 号房屋，该房屋系分家给高大广，高大广的房屋归高大永继承，张小新、高大永及高大永几个兄弟在该协议上签字，其中张小新是高大广的第一顺序继承人，高大永及其兄弟是高大广的第二顺序继承人，但高大广的另一第一顺序继

承人高崔氏（女）未签字，高崔氏唯一的女儿即张小新的姑姑未签字。但该份协议签订时，张小新是未成年人。该协议上还写着对高崔氏的赡养，高大永领两服，其他兄弟领一服（即高大永比其他兄弟多担一份赡养义务）。高崔氏在本案诉讼中已死亡，高崔氏生前未留有遗嘱，对于高崔氏应继承的高大广的房屋份额，因高崔氏在高大广去世之后去世，故高崔氏继承的房屋份额应转化为高崔氏的遗产，高崔氏的第一顺序继承人是其在世的三个儿子和女儿。

本案中，张小新和高大永签字的协议类似于遗嘱，又类似于遗赠扶养协议，但又都缺乏规范性。根据原《继承法》第 16 条规定：公民可以依照本法规定立遗嘱处分个人财产，并可以指定遗嘱执行人。公民可以立遗嘱将个人财产指定由法定继承人的一人或者数人继承。公民可以立遗嘱将个人财产赠给国家、集体或者法定继承人以外的人。《民法典》也在第 1133 条作出相应规定，与原《继承法》不同的是，《民法典》将订立遗嘱的主体由“公民”调整为“自然人”，同时增加“自然人可以依法设立遗嘱信托”的规定。高大广去世前并未签署或有证据证明其口头作出过任何对房屋的处置意见，该协议产生于高大广去世之后。协议并非高大广本人的真实意思表示，没有应立遗嘱人高大广的签字，故非遗嘱。

涉案协议上除了对高大广遗留房屋进行处理，还涉及对高崔氏的扶养义务。按照协议，扶养人承担该公民生养死葬的义务，享有受遗赠的权利。公民可以与集体所有制组织签订遗赠扶养协议。《民法典》第 1158 条规定：自然人可以与继承人以外的组织或者个人签订遗赠扶养协议。按照协议，该组织或者个人承担该自然人生养死葬的义务，享有受遗赠的权利。遗赠扶养协议可与继承人以外的组织或个人签订，但也要求被继承人签字确认，故涉案协议非遗赠扶养协议。

该协议应该是基于农村风俗习惯影响下对高大广遗产的处理协议，高大广生前，张小新的母亲已与高大广离婚多年，且张小新随母亲生活，张小新直到父亲去世还是一个孩子，且高大广的另一第一顺序继承人高崔氏年事已高，且是女性，高大广及几个兄弟对母亲的扶养达成一致，并对高大广的遗产进行了处理。若协议上，张小新的签字符合法律规范，得到其母张翠翠的追认，高崔氏、高崔氏的女儿亦对协议进行追认，涉案协议就会得到法律的认可。

（二）未成年人放弃继承签字的效力

张小新签字时，属于未成年人，即限制行为能力人，根据原《合同法》第47条的规定，限制民事行为能力人订立的合同，经法定代理人追认后，该合同有效，但纯获利益的合同或者与其年龄、智力、精神健康状况相适应而订立的合同，不必经法定代理人追认。《民法典》第19条亦对8周岁以上的限制行为能力人实施民事法律行为的效力作出规定。放弃继承系对自身权利的放弃，故不能独立作出放弃继承的意思表示，放弃受遗赠权，由他的法定代理人代为行使，或者征得法定代理人的同意后行使。法定代理人代理被代理人行使继承权、受遗赠权，不得损害被代理人的利益。法定代理人一般不能代理被代理人放弃继承权，受遗赠权。明显损害被代理人利益的，应认定其代理行为无效。

从上述法律规定看，法律对限制行为能力人放弃继承或受遗赠做了严格的限定，张小新作为未成年人在协议上签字放弃继承，不能产生放弃继承的意思表示，该协议不对张小新产生效力。张小新的法律行为应由其法定代理人代为行使，但因放弃继承明显损害其利益，一般也为法律所禁止。只有张小新成年取得完全民事行为能力后，作出放弃继承的意思表示，才为法律允许。

至于张小新的签字是否认定为本人所写，因高大永提供了含有张小新签字的协议，张小新必须举证证明该签字非本人所写，因笔迹鉴定的检材不够，张小新亦未提供充足证据证明签协议时自己不在场，故应认定张小新的签字为本人所写。

知识拓展

（一）诉讼时效的适用

《民法典》第188条规定，向人民法院请求保护民事权利的诉讼时效期间为3年。法律另有规定的，依照其规定。诉讼时效期间自权利人知道或者应当知道权利受到损害以及义务人之日起计算。法律另有规定的，依照其规定。但是，自权利受到损害之日起超过20年的，人民法院不予保护，有特殊情况的，人民法院可以根据权利人的申请决定延长。

张小新父亲去世后，张小新因是未成年人，在协议上签字放弃继承，不能对张小新产生约束力。高大广的第一顺序继承人母亲高崔氏、儿子张小新均未有符合法律规范的明确放弃继承的意思表示。《民法典》第1124条在上述规定之外，增加了放弃继承表示的“书面形式”要求。本案发生法定继承后，遗产一直未分割处理，各继承人也未表示放弃继承，故应视为他们均接受继承。接受继承后，其份额未明确，也未分割，故其财产权状态是一种共同共有的状态和性质，故10号房屋转化为二人共同共有。

张小新提出诉讼时，其父亲高大广已去世10余年，将近20年。张小新指出自己因多年未回父亲老家，所以不知父亲的房屋已被叔叔翻建，并由叔叔实际占有使用。张小新提供证据证明是在起诉前1年才得知权利被侵犯。由于张小新是以其继承其父的应继承份额为基础主张权利的，而遗产一直未分割而转为共同共有性质，故对原告的诉讼请求不能按继承诉讼时效对待，即本案不能适用原《继承法》第8条的规定，而应按普通侵权诉讼时效对待。高大永将10号房屋进行翻建，全部据为已有，应从张小新知道权利被侵犯时起算，到其提起诉讼时，未超过诉讼时效，故原告是在诉讼时效期间内起诉的，原告未丧失胜诉权。

诉讼时效应由主张超过诉讼时效的一方主动提出，法院不依职权主动审查。高大永在本案中并未明确指出张小新的起诉超过诉讼时效，故法院并未主动审查。

（二）非本村集体经济组织成员继承的权益

父母和子女有相互继承遗产的权利。也就是说子女可以继承其父母的遗产，父母可以继承其子女的遗产。本案的遗产位于农村，本村集体经济组织成员的内涵是指在该集体经济组织生产或生活在该组织，与该集体经济组织发生权利、义务的人。非本村集体经济组织成员则相反。根据现行的法律法规和政策，只有本村集体经济组织成员才能取得宅基地使用权，非本村集体经济组织成员不得取得宅基地使用权，尤其禁止城镇居民在农村取得宅基地使用权。

继承人取得继承权是基于与被继承人的身份关系和被继承人的意思表示，继承人的非本村集体经济组织成员身份并不影响其继承权利。但继承人仍应受《土地管理法》的约束，因宅基地使用权是特殊的用益物权，是一项特殊的财产，其财产属性大为减弱，人身属性居于强势地位。主要表现在：第一，宅基地使用权具有无偿性；第二，宅基地使用权具有人身依附性；第三，宅基地使用权具有福利性。故，非本村集体经济组织成员不能取得宅基地使用权。

房屋属于法定的遗产范围，建在农村宅基地上的房屋有其特殊性。应区别看待：第一种类型是符合宅基地申请条件的继承人对本村集体宅基地使用权的继承，这种情况下无论宅基地上的房屋状况如何，都应准许继承。但是，继承人接受继承的，在其他条件未变的情况下，不得再另行申请宅基地。第二种类型是不符合宅基地申请条件的继承人对本村集体宅基地使用权的继承。当宅基地上不存在房屋或房屋已经朽坏失去使用价值时，应当禁止继承。当宅基地上存在可有效使用的房屋时，宅基地使用权具有取得上的无偿性，若允许为本集体不符合宅基地申请条件的人继承，将使其无端受益，导致所占有宅基地扩大，损害集体其他成员的利益，有违公平理念。但对于在宅基地上的房屋，应确定继承人享有的份额，其虽然不能继承房屋所有权，但应由其他有权享有继承农村宅基地上的房屋的人员予以一定的金钱作为经济补偿。

本案的继承人张小新基于与高大广的父子关系享有继承权，但因其自幼随母生活，户口已迁出高大广所在农村，已非本村集体经济组织成员，故其无法取得高大广遗留房屋所在地的宅基地使用权。虽然房屋属于法定的遗产范围，张小新可以取得房屋的继承权，依法获得房屋的份额，但若张小新提出取得房屋所有权，法院一般不予支持，应根据其享有的房屋继承份额，由能够取得宅基地使用权的继承人对其予以一定的经济补偿。

普法提示

农村宅基地上的房屋继承纠纷越来越多，广大农民朋友要注意以下几点。

（一）继承权人人平等

第一顺序继承人包括父母、子女、配偶，不能遗漏任何一方，要保证女性和未共同生活的未成年人的权益。为避免被继承人去世后，继承人因财产产生争执，导致家庭不和，故要早做打算。涉及继承的协议，所有继承人均要作出明确的意思表示。

（二）多尽扶养义务，多分遗产

与被继承人共同生活的继承人和不与被继承人共同生活的继承人，在财产分割上应当不同。法律明确规定对被继承人尽了主要扶养义务的继承人，分配遗产时，可以多分。这是鼓励型的不均等。对尽了主要扶养义务或者与被继承人共同生活的继承人多分些遗产，并非给予其付出的补偿，而是一种鼓励，其主要目的是弘扬中华民族的优良传统，保护老年人的合法权益。所谓尽主要扶养义务，是指提供了主要的经济来源或者在劳务等方面给予了主要扶助，对尽了主要扶养义务的继承人应当多分遗产；与被继承人共同生活的继承人，往往对被继承人的生活和情感上付出较多，他们理应多分些遗产。

（三）翻建不必然导致继承标的物灭失

继承涉及的房屋翻建需要经过所有继承人的同意，未经同意的翻建应属于一种对继承人权益的侵犯，侵权行为并不能得到法律的保护，这提醒所有继承人要规范行使自己的继承权利。

第三章

遗嘱继承和遗赠

案例一

公证遗嘱

——解析公证遗嘱相关法律问题

代海会[1]

随着社会的进步与人们思想认识的提高，生前订立遗嘱已经被多数人所认同。然而人们自己订立的遗嘱就一定合法有效吗？这并不尽然。我国《民法典》规定了遗嘱的六种形式，分别是公证遗嘱、自书遗嘱、代书遗嘱、打印遗嘱、录音录像遗嘱、口头遗嘱，并规定了其各自的法定条件。那么其中公证遗嘱的效力如何认定？公证遗嘱无效被撤销后所订立的其他遗嘱是否有效呢？且听本案解析。

案情回顾

老王生前曾在 2021 年 1 月 5 日和 2021 年 1 月 11 日分别立下两份自书遗嘱，并在 2021 年 2 月 1 日办理了公证遗嘱，决定将其房屋遗赠给侄女王二。在老王去世之后，老王的继承人有：女儿王大、妻子老刘（老王父母已先于其死亡）。王大与王二、老刘就继承老王遗产问题而发生纠纷。王大以老王患有精神病多年，且其未独立生活为由，向法院提起行政诉讼，要求撤销遗嘱公证书及确认遗嘱内容无效。诉讼期间，法院委托司法鉴定机构对老王立遗嘱时的行为能力进行鉴定，经鉴定，老王患有脑血管病致使精神障碍，2021 年 2 月 1 日立遗嘱时处于发病期，老王是限制民事行为能力人。法院据此作出行政判决，撤销老王所做的遗嘱公证书。王二对一审判决不服，进行上诉，二审法院维持原判。

后王二提起民事诉讼，要求确认老王两份自书遗嘱和一份公证遗嘱合法有效。法院认为，根据我国《民法典》的规定，公民可以依据法律规定立遗

① 北京市平谷区人民法院执行局法官助理。

嘱处分个人财产。《民法典》第 1123 条规定，继承开始后，按照法定继承办理；有遗嘱的，按照遗嘱继承或者遗赠办理；有遗赠扶养协议的，按协议办理。本案中，老王生前曾在 2021 年 1 月 5 日和 2021 年 1 月 11 日分别立下两份自书遗嘱，并在 2021 年 2 月 1 日办理了公证遗嘱，其内容均连贯地表示将其全部财产遗赠给侄女王二所有。但由于老王生前患有脑血管病致使精神障碍（器质性情感障碍），并在 2020 年 5 月 19 日最后一次门诊时，老王已处于病发期，因此，双方在行政诉讼时，鉴定机构鉴定老王在 2021 年 2 月 1 日立遗嘱时为限制民事行为能力。法院一、二审行政判决均是以老王在办理遗嘱公证书时为限制民事行为能力违反了公证的程序规定，从而在程序上无效为由撤销了老王在 2021 年 2 月 1 日所立的遗嘱公证书，因此，原审法院认定该遗嘱公证书无效正确，法院予以维持。但由于行政诉讼并不就民事行为能力的直接法律后果（有效性）作出判决，因此，老王生前的民事行为是否有效应在本案民事诉讼中确定。

《民法典》第 22 条规定："不能完全辨认自己行为的成年人为限制民事行为能力人，实施民事法律行为由其法定代理人代理或者经其法定代理人同意、追认；但是，可以独立实施纯获利益的民事法律行为或者与其智力、精神健康状况相适应的民事法律行为。"老王生前虽患有脑血管病致使精神障碍，但根据法医鉴定，其病发多在受情绪激惹下发生，且病发时间短，只是在 2020 年 5 月后病情加重，因此，鉴定机构鉴定老王在 2021 年 2 月 1 日立遗嘱时的行为能力为限制民事行为能力，对此前发生的行为并无作出相应能力的鉴定，因此，在没有鉴定证明老王此前行为能力的情况下，不能以一个时间段的鉴定推定老王以往的民事行为均属限制民事行为能力的行为。而且，立遗嘱处分个人财产的行为是被继承人内心想法的流露，并非复杂的民事行为，老王立自书遗嘱时的行为与其智力和预见力是相适应的，因此，老王在 2021 年 1 月 5 日和 2021 年 1 月 11 日分别立下两份自书遗嘱符合其民事行为能力的范畴，属有效民事行为。另外，继承应是最大限度地实现被继承人生前愿望的行为，而两份自书遗嘱是老王直接的遗嘱表示，意思前后表达流畅，且处分财产涵盖明确，没有歧义，符合自书的要求，因此，王二提起民事诉讼要求认定自书遗嘱有效，并按自书遗嘱继承老王的遗产有理，法院予以支持。因此，老王的遗产应由王二继承所有。老刘、王大以老王属限制行为能力的人，认为自书遗嘱无效，要求按法定继承的依据不足，法院不予支持。最后，法院支持了王二的诉讼请求。二审法院亦支持了王二的诉讼请求。

那么，王二的诉讼请求是否于法有据呢？依照现行法律规定，其法律依据是什么呢？

法理分析

关于本案的争议焦点，一是公证遗嘱是否有效；二是如果公证遗嘱因违反法定程序被撤销，自书遗嘱是否有效。

对于公证遗嘱的效力问题，主要涉及的法律是《民法典》《公证法》，本案涉及的条文主要是《民法典》第1133条,《公证法》第2条、第11条、第25条、第26条；同时涉及《公证程序规则》第36条、第37条、第38条。

对于公证遗嘱因违反法定程序被撤销，自书遗嘱是否有效的问题，主要涉及的是《民法典》第1134条、第1143条。

（一）公证遗嘱的生效要件

我国《民法典》规定了遗嘱的六种形式，包括公证遗嘱、自书遗嘱、代书遗嘱、打印遗嘱、录音录像遗嘱、口头遗嘱，其中公证遗嘱的生效要件一般包括以下要件：

1. 公证遗嘱必须严格依照法定程序办理。申请人须提出申请，并提供真实、合法、充分的证明材料。

2. 遗嘱人要具有完全的民事行为能力，无行为能力人或者限制行为能力人所立的遗嘱无效。

3. 遗嘱必须表示遗嘱人的真实意思，受胁迫、欺诈所立的遗嘱无效。

4. 遗嘱的内容合法，遗嘱人对遗嘱处分的财产享有处分权，不违背社会公德。

5. 公证必须到公证机关办理，其他一切单位、组织、街道、政府等证明均不能称为公证。

6. 公证遗嘱须本人亲自办理，不得委托他人代为办理。

本案中，老王在办理公证遗嘱时确实是按照公证机构的法定程序办理的，其遗嘱为其真实意思表示，且为自己本人到公证机构办理。但是老王经过司法鉴定，其在办理公证遗嘱时为限制民事行为能力人。根据《民法典》第 1143 条第 1 款规定，无民事行为能力人或者限制民事行为能力人所立的遗嘱无效。《公证法》第 31 条规定，有下列情形之一的，公证机构不予办理公证：（1）无民事行为能力人或者限制民事行为能力人没有监护人代理申请办理公证的……《公证程序规则》第 36 条规定，民事法律行为的公证，应当符合下列条件：（1）当事人具有从事该行为的资格和相应的民事行为能力……那么什么是限制民事行为能力人呢？根据《民法典》规定：限制民事行为能力人包括 8 周岁以上的未成年人以及不能完全辨认自己行为的成年人。8 周岁以上的未成年人是限制民事行为能力人，可以进行与他的年龄、智力相适应的民事活动，其他民事活动由他的法定代理人代理，或者征得他的法定代理人的同意；不能完全辨认自己行为的成年人是限制民事行为能力人，可以进行与他的精神健康状况相适应的民事活动，其他的民事活动由他的法定代理人代理，或者征得他的法定代理人的同意。老王在当时作为限制民事行为能力人，是不能自己独立去公证机构办理公证的，即使其办理了公证，因为违反了法定程序，应为无效。

（二）公证遗嘱被撤销，自书遗嘱是否有效

遗嘱人自己书写的遗嘱，称为自书遗嘱。自书遗嘱应当由遗嘱人亲笔书写、签名，注明年、月、日。需要注意的是，自书遗嘱不需要见证人就当然地具有遗嘱的效力，亦不像公证遗嘱那样需要经过严格的法定程序。

本案中，老王办理的公证遗嘱因程序违法被判无效，但其自己订立的自书遗嘱是否有效呢？鉴定机构只对老王办理公证遗嘱时的行为能力进行了鉴定，因相关条件限制，对此前发生的行为并无作出相应能力的鉴定，因此，

在没有鉴定证明老王此前行为能力的情况下，不能以一个时间段的鉴定推定老王以往的民事行为均属限制民事行为能力的行为。公证遗嘱因程序违法被撤销，并不能否认立遗嘱人的立遗嘱能力，所立遗嘱意思表示真实的属于合法有效的自书遗嘱。因此本案中老王订立的公证遗嘱虽因程序违法被撤销，但老王订立的自书遗嘱能够反映其真实的意思表示，应为有效。

知识拓展

（一）公证与公证机构

公证是公证机构根据自然人、法人或者其他组织的申请，依照法定程序对民事法律行为、有法律意义的事实和文书的真实性、合法性予以证明的活动。

公证机构是依法设立，不以营利为目的依法独立行使公证职能、承担民事责任的证明机构。这里说的“独立”指的是任何单位及个人均不得非法干预公证机构的公证活动，公证机构的合法权益不受侵犯。

公证机构主要在以下范围内办理公证事项：1. 合同；2. 继承；3. 委托、声明、赠与、遗嘱；4. 财产分割；5. 招标投标、拍卖；6. 婚姻状况、亲属关系、收养关系；7. 出生、生存、死亡、身份、经历、学历、学位、职务、职称、有无违法犯罪记录；8. 公司章程；9. 保全证据；10. 文书上的签名、印鉴、日期、文书的副本、影印本与原本相符；11. 自然人、法人或者其他组织自愿申请办理的其他公证事项。我国《公证法》还规定了兜底条款，即法律、行政法规规定应当公证的事项，有关自然人、法人或者其他组织应当向公证机构申请办理公证。除了办理公证之外，公证机构还可办理下列事务，包括：1. 法律、行政法规规定由公证机构登记的事物；2. 提存；3. 保管遗嘱、遗产或者其他与公证事项有关的财产、物品、文书；4. 代写与公证事项有关的法律事务文书；5. 提供公证法律咨询。

（二）公证的限制性规则

随着社会经济的发展，公证在社会活动中扮演着越来越重要的作用，公证制度不仅能够促进法律的正确实施，实现司法公正，更在预防矛盾纠纷、促进社会和谐方面发挥着不可替代的作用。办理公证是一项极为严格的法律事务，我国法律规定了不得办理公证的情形，包括以下方面：

1. 无民事行为能力人或者限制民事行为能力人没有监护人代理申请办理公证，本案中老王在办理公证遗嘱时已经处于发病期，被鉴定机构认定为限制民事行为能力人，因此其自己单独办理的公证被法院认定无效；2. 当事人与申请公证的事项没有利害关系；3. 申请公证的事项属专业技术鉴定、评估事项；4. 当事人之间对申请公证的事项有争议；5. 当事人虚构、隐瞒事实，或者提供虚假的证明材料；6. 当事人提供的证明材料不充分又无法补充，或者拒绝补充证明材料；7. 申请公证的事项不真实、不合法；8. 申请公证的事项违背社会公德；9. 当事人拒绝按照规定支付公证费。

可以说，作为较为独特的制度设计，公证是预防纠纷的第一道防线，对于预防纠纷有着至关重要的作用。人们在办理公证时应严格按照法律规定，避免出现上述情形。

（三）公证的效力

在订立遗嘱时，我国现行法律规定了公证遗嘱位居高阶一般不可推翻，可见公证行为有着极高的效力。公证的法律效力是指公证在法律上的效能和法律作用，在司法实践中，公证的效力主要体现在以下几方面：

1. 证据效力。所有依法制作的公证文书均可以起到诉讼证据的作用，经过法定程序公证证明的法律行为、法律事实和文书，人民法院在审理案件时一般应当将其作为认定事实的根据，可以直接采证，但有相反证据足够推翻该公证证明的除外。

2. 强制执行效力。这里针对的是债权文书的公证，债权人和债务人对于权利义务关系基本没有争议的债权文书，在公证机构进行了公证，如果债务人到期拒不履行，债权人可以直接向有管辖权的人民法院申请强制执行，而不需要事先经过人民法院的审判。

3. 法律行为成立要件。法律对于不同的法律行为有不同的形式要件的要求，当有关法律规定某些法律行为必须采用公证形式设立、变更或终止时，公证即成为那个相应的法律行为设立、变更、终止的必要条件。

普法提示

随着我国社会经济的发展，人们的法律意识也在不断增强，更多的人选择订立遗嘱的方式来处置自己的财产。这能够充分反映遗嘱人真实有效的意思，亦能在一定程度上解决老人的养老问题。然而，随着司法实践的不断深入，遗嘱继承也相应地暴露出来不少问题，一旦遗嘱被法律认定为无效，不仅遗嘱人的真实意愿无法实现，还会对整个家庭带来不必要的纷争。订立遗嘱尤其需要注意的是遗嘱的合法有效性，我国法律对于自书遗嘱、代书遗嘱、打印遗嘱、录音录像遗嘱、口头遗嘱、公证遗嘱这六种遗嘱均规定了相当严格的形式要件，订立遗嘱时应不得违反其关于形式要件的强制性规定。其中遗嘱公证是公证机构按照法定程序证明遗嘱人设立遗嘱行为真实、合法的行为，作为效力最高的遗嘱，公证遗嘱对保护遗嘱人及其受益人的合法权益、维护家庭和谐及社会稳定有着积极作用。从司法实践来看，在订立公证遗嘱时需要更加严谨，以下几点需要注意：

1. 遗嘱公证须遗嘱人亲自到公证机构办理，如遗嘱人亲自到公证机构有困难的，可以书面或口头的形式请求有管辖权的公证机构指派公证人员到其住所或者临时处所办理。在现实生活当中，立遗嘱人往往年纪比较大，行动多有不便，有些人为了图方便省事，直接让其家属或者朋友代替自己到公证处办理遗嘱公证，这种做法并不合法，正确的做法是将公证人员请到自家办理公证。

2. 在遗嘱公证的过程中，如公证人员在公证时发现遗嘱人年老体弱，或为危重伤病人，或为聋、哑、盲人，或为间歇性精神病患者、弱智者，则应在办理公证时录音或者录像；如遗嘱人为老年人、间歇性精神病人、危重伤病人，公证人员应当记录遗嘱人对事物的识别、反应能力。如在公证时公证人员违反了上述做法，公证遗嘱存在瑕疵甚至无效的可能，此时立遗嘱人或其陪同家属应提示公证人员采取录音、录像，并将相应情况予以如实记录。

3. 一般而言，遗嘱公证是对立遗嘱人先前所书写的“遗嘱”所做的公证行为，在办理遗嘱公证时，立遗嘱人一般应主动提供其先前所做的遗嘱草稿，并需向公证人员说明遗嘱草稿的形成时间、地点和过程，是自书还是代书，是否本人真实意愿，有无修改、补充，对遗产的处分是否附有条件。如为代书，还需向公证人员说明代书人的情况，遗嘱草稿上的签名、盖章或者手印是否为其本人所为。如无法提供草稿，立遗嘱人应向公证人员详细地、清楚地说明其处分遗产的意思表示。

4. 特别需要注意的是，在公证遗嘱生效之后，如与继承权益有关的人员有确定证据证明公证遗嘱有违法内容的，公证处会对内容进行调查与核实，如经过调查核实，公证遗嘱确有违法内容，公证处应撤销对公证遗嘱中违法内容的公证。因此，立遗嘱人在订立遗嘱时需要特别注意，公证遗嘱与其他形式的遗嘱一样，遗嘱的内容需要符合我国有关法律的规定，并且不得违背公序良俗。

案例二 自书遗嘱的瑕疵是否影响遗嘱有效性

——以尊重立遗嘱人的真实意思为出发点与落脚点

刘洁[1]

当前，随着社会观念的变化以及公民文化水平的普遍提高，越来越多的老年人选择在生前订立遗嘱来安排自己的身后事。在法律规定的几种遗嘱形式中，自书遗嘱这种形式较为私密且方便，因此被广泛采用。公民在自书遗嘱时，不仅要确保遗嘱的内容和形式符合法律规定，而且要将自己的真实意思表达细致明确，避免出现笔误或者表述不清的情况，从而减少不必要的麻烦。

案情回顾

张妈与张爸是一对夫妻，二人共生育四个子女，分别为长子张东、长女张西、二子张南、三子张北。张爸与前妻生育一女张中，张中由张爸与张妈抚养成人。张爸于 2001 年去世。张妈于 2017 年 3 月去世。张爸之父母先于张爸去世，张妈之父母先于张妈去世。

2013 年 10 月 27 日，张妈自书遗嘱，题为《遗嘱公证书》，内容为："关于财产问题立遗嘱请予公证。我叫张妈，我老伴在 2001 年已故。我们有五个子女：女儿张中、大儿子张东、女儿张西、二儿子张南、三儿子张北。前町、田各庄两处老家财产已于 1986 年分给三个儿子，有前町村主要干部及全家人签字画押分家单为据。起初我家由县房管安排在一中旁水泵房住，后因修道搬迁又分给我名下的华府小区 24-1-302 号房和我老伴名下的华府小区 28-4-403 号房。1989 年秋，老伴将华府小区 24 号楼房给了张中，她于 1990 年春居住至今。关于华府小区 28 号楼房我和老伴商量给予三儿子张北，

---

① 北京市平谷区人民法院金海湖法庭法官助理。

他于1991年春居住至今。以上财产已成事实多年，所以不能改变，只好承认事实。现在我居住的四季小区20-1-101号房，是我老伴单位分给我老伴的，我们1990年3月住进，是我俩的共同财产，我要在这里安度晚年直至去世。我去世后这财产出售，出售款按政策分配：我将我有的分给一无所得的女儿张西，其余部分按份分配。我这点浮财如电视机等，子女们可协商处理。我若有现金或存款平均分给五个子女。遗嘱人张妈亲笔。2013年10月27日。”

2017年春节前后，张妈将该遗嘱交给张东，要求张东按照遗嘱执行。张妈去世后，张东向其他继承人陈述了遗嘱内容，后将遗嘱原件交给张西。遗嘱中提到的四季小区的房屋系张爸、张妈的夫妻共同财产，该房屋登记在张爸名下。

2019年，张西诉至法院，其中一项诉讼请求就是要求法院判决张妈于2013年10月27日书写的遗嘱有效。庭审中，张西认可其将遗嘱中“28-4-403号房”中代表4单元的“4”划掉，并在划掉处的上方修改成“6”，还认可其将遗嘱中的“20-1-101号房”中代表1单元的“1”划掉，并在划掉处的上方修改成“2”，且张西表示遗嘱中的“101号”房门牌号书写有误，应为“102号”。

关于张妈遗嘱的效力问题，张中、张东、张北均认可遗嘱的真实性。张南承认遗嘱系张妈书写但主张该遗嘱非张妈的真实意思表示，应为无效，其理由是遗嘱中的房间号、单元号有错误，是张妈故意写错的，102号房屋的门牌号也错写成了101号，故该遗嘱不能体现张妈的真实意愿，是张西引诱张妈写的，张妈故意写错是希望其他子女抓住这点争取房产。张西将遗嘱中的“28-4-403号房”改成“28-6-403号房”、“20-1-101号房”改成“20-2-101号房”属于篡改遗嘱，应当丧失继承权，由其他四子女按照法定继承分割财产。张南还主张张妈书写遗嘱时78岁了，而且有多种病，如果她书写遗嘱的时候清醒，就不会将单元号写错。但张南对其主张未提供证据。

法院经审理后认为，张妈所留《遗嘱公证书》符合法律关于自书遗嘱的规定，张西要求确认该遗嘱有效，于法有据，法院予以支持。关于张南主张遗嘱无效的答辩意见，因其未提供相应的证据证明，法院不予采信。涉案遗嘱中所出现的单元号和门牌号的错误，因张爸、张妈在四季小区和华府小区28号楼各仅有一处房屋，且张妈在生前将遗嘱交给了执行人，故应属笔误，可以认定该自书遗嘱系张妈的真实意思表示。

法院判决：被继承人张妈于2013年10月27日书写的《遗嘱公证书》有效。

法理分析

本案的争议焦点就是涉案自书遗嘱的效力问题，而影响效力判断的关键是涉案遗嘱中的单元号和门牌号的错误如何认定，即涉案遗嘱是否为张妈的真实意思表示。下面，笔者就先为大家介绍自书遗嘱有效的条件，随后就本案进行具体分析。

（一）什么是自书遗嘱

自书遗嘱系由遗嘱人亲笔书写并亲笔签名的遗嘱。遗嘱人有文字书写能力的，可以依照法律规定，独立地书写遗嘱，对自己死亡时遗留的合法财产进行处分。

（二）自书遗嘱有效的条件

1. 遗嘱人必须要有完全民事行为能力。《民法典》第1143条第1款规定：“无民事行为能力人或者限制民事行为能力人所立的遗嘱无效。”另外，需要指出的是，患有盲、聋、哑等生理缺陷而无精神疾病的成年人，他们是有完全行为能力的，因此他们也可以立遗嘱。

2. 遗嘱人所立的遗嘱必须是其真实意思表示。《民法典》第1143条第2款、第3款、第4款规定：“遗嘱必须表示遗嘱人的真实意思，受欺诈、胁迫所立的遗嘱无效。伪造的遗嘱无效。遗嘱被篡改的，篡改的内容无效。”

3. 遗嘱的内容必须合法。遗嘱中所处分的财产须为遗嘱人死亡时遗留的个人合法财产；遗嘱应当对缺乏劳动能力又没有生活来源的继承人保留必要的遗产份额；遗嘱不得违反社会公共利益和社会公序良俗。

4. 遗嘱的形式必须合法。由于遗嘱是单方民事法律行为，而且是遗嘱人死亡后才能发生效力的意思表示，因此，为保证遗嘱的内容确为遗嘱人的真实意思，我国法律对自书遗嘱的形式予以严格的规定。（1）须由遗嘱人亲笔书写遗嘱全文。这样既可以充分而真实地表达遗嘱人的意思，又可以防止他人伪造、篡改遗嘱内容，避免出现不必要的继承纠纷。（2）须由遗嘱人亲笔签名。这样可以和遗嘱内容中的笔迹相对应。（3）必须注明年、月、日。一方面，以此来证明遗嘱制作的时间，在发生纠纷时有可能利用这个时间来确定遗嘱人在订立遗嘱时是否有遗嘱能力，从而来判断遗嘱的法律效力；另一方面，如果遗嘱人立有数份内容相抵触的遗嘱，法律规定以最后的遗嘱为准。

5. 自书遗嘱应当是遗嘱人关于其死后财产处理的正式意思表示。如果遗嘱人不是正式自书遗嘱，仅是在日记或有关的信件中提到准备在其死后对某遗产如何处理，则不应认定该内容为自书遗嘱。

（三）个案分析

具体到前述的案例中，我们对应上述自书遗嘱的有效条件来判决涉案遗嘱是否有效。

1. 张妈在立遗嘱时为完全民事行为能力人。张东、张西、张中、张北四个子女均认可遗嘱的真实性，即均认可张妈在写遗嘱时是具备立遗嘱能力的。只有张南质疑张妈在立遗嘱时的民事行为能力，但其未提交充分证据佐证，故法院未采信张南的说法。

2. 遗嘱是否为张妈的真实意思表示？而回答此问题的前提是涉案遗嘱中所出现的单元号和门牌号的错误如何认定，这也是本案当事人争议的焦点。法院从保障遗嘱人意思表示真实的角度出发，考虑到张爸、张妈在四季小区和华府小区 28 号楼各仅有一处房屋，且张妈在生前将遗嘱交给了执行人张东，故法院认为涉案遗嘱中所出现的单元号和门牌号的错误认定为笔误更合常理，因此法院判决该自书遗嘱系张妈的真实意思表示。

3. 涉案遗嘱的内容未违反法律规定。张妈在遗嘱中处分的是个人合法财产，且遗嘱不违反社会公共利益和社会公序良俗。另外，张妈的继承人中无缺乏劳动能力又没有生活来源的人。

4. 涉案遗嘱符合自书遗嘱的法定形式。张妈系亲笔书写了涉案遗嘱，且亲笔签名，并落款了年、月、日。

5. 涉案遗嘱是张妈的正式意思表示。张妈书写了题为《遗嘱公证书》的遗嘱，并将遗嘱交给执行人，要求执行人按照遗嘱内容执行。

综上，张妈书写的遗嘱合法有效。

知识拓展

对于存在内容或形式瑕疵的遗嘱，其效力不能一概而论。我们在作出判断以弥合存在的瑕疵时，应结合遗嘱人的知识水平、年龄、身体状况、精神状态及当地的风俗习惯、物价房价等诸多因素，探究遗嘱人的真实意思表示。下面笔者通过三个例子具体介绍。

（一）遗嘱中分配的房屋面积有误

田老汉育有二子，后其与妻子调解离婚。1993 年田老汉购买了成都市内一建筑面积为 55.10 平方米的单位房改房，1998 年 11 月取得房屋产权证书。其小儿子在 1995 年 1 月登记结婚并一直与其共同生活。1998 年 5 月 20 日，田老汉自书遗嘱载明："某机械厂住房 4–3–5–2 号，住房一套面积 5.3.5，转交继承人小儿子。"2008 年 4 月田老汉去世后，田老汉的大儿子则认为从遗嘱上看出，其父只是将房屋的 5.35 平方米给其弟继承，其他面积则应按法定继承。但田老汉的小儿子则认为，遗嘱上"5.3.5"是笔误，遗嘱应是指整套房屋由其夫妇继承，故起诉要求法院确认争议房屋归其夫妇所有。

法院经审理后认为，田老汉书写遗嘱时 68 岁，从其自书遗嘱的文字书写质量看，自书遗嘱人田老汉的文字书写能力很差，笔迹生硬不流畅，标点符号及面积单位均未规范书写。但从文字表达的意思看，可以清楚表达其将房屋留给原告（田老汉小儿子）继承的意思。由于田老汉书写遗嘱时尚未取得产权证书，其对房屋建筑面积可能不是很清楚，其后来产权证记载的建筑面积为55.10平方米，按照一般人的常识是不会立遗嘱指定继承5.35平方米，而5.35平方米还不足一间房屋面积，且遗嘱上“5.3.5,”之间都有点，结合田老汉书写能力差的情况及遗嘱上“住房一套面积5.3.5,”的提法，将“5.3.5,”理解为53.5平方米较为合理合情。法院认为被告的主张证据不足且不合常理，故不予采纳。综上，法院认定涉案遗嘱有效。

（二）落款日期仅有年份，缺少具体月日

宋老汉有一个女儿宋甲，有一个儿子宋乙，宋乙生育一女宋小乙。宋乙在2013年去世，宋老汉在2017年去世。宋老汉生前在2014年立有遗嘱一份，称：“本人宋老汉，我私有住房四间38.5平方米，坐落在××区×胡同九号。我百年之后应归我的女儿宋甲继承，特立此遗嘱。”上述遗嘱落款处为：立遗嘱人宋老汉，继承人宋甲，公证人之后为空白，公元2014年月日，月日之前为空白。原告宋小乙主张此遗嘱不但不符合法律规定的有效遗嘱的必备要件，而且违背被继承人一贯的书写习惯，并非其真实意思表示，应属无效。被告宋甲以宋老汉所立遗嘱系其真实意思表示，并不违反法律或公共利益为由，认为遗嘱有效而不同意宋小乙的诉讼请求。

法院经审理后认为，本案宋老汉所立遗嘱虽然在形式上存在瑕疵，缺少具体月日的表述，但就其内容而言，该遗嘱系宋老汉亲笔书写，遗嘱所处分的财产系其本人所有的合法财产，遗嘱内容是其真实意思表示，且不违反法律及社会公共利益，宋小乙未就其主张提供相反证据，同时未对遗嘱是宋老汉亲笔书写提出异议，应认为宋老汉所立遗嘱为合法有效遗嘱。

（三）财产分配不明，且无落款日期

严先生与结发妻子领养了一个儿子，取名严格。妻子早逝后，严先生购买了单位的一套房改房，又与周女士结婚。后来因周女士年事已高无法照顾严先生，严先生与养子媳妇关系又不好，就住进了养老院。严先生去世后，

严格持遗嘱诉至法院。该遗嘱中称："我名下房产系我一人所有，在我死后由周女士使用，但没有所有权，其处分应由严格。"遗嘱最上方有严先生的签字，但没有日期。严格要求该房产归自己所有，但周女士对该遗嘱提出质疑。

法院经审理认为，该遗嘱虽由严先生书写，但遗嘱内容不明确，未写明房产归谁所有，而且书写随意，也没有写明日期。最终法院认定该遗嘱无效，由严格和周女士二人按照法定继承平分该房产。

普法提示

虽然审判实践中，法院在判断遗嘱效力时以尊重遗嘱人真实意思表示为原则，但如果遗嘱内容表达得过于隐晦，其法律效力也是难以认定的。因此，为了避免遗嘱瑕疵引发不必要的纷争，笔者建议在自书遗嘱时应注意以下事项。

1. 确保遗嘱人具备完全民事行为能力，也即具备立遗嘱的能力。无论立何种形式的遗嘱均要确保遗嘱人行为能力不存在瑕疵，如果有精神残疾或者脑部疾病患者可能影响民事行为能力的应提前启动相应鉴定程序。

2. 遗嘱人应将自己的真实意思表示表达明确。遗嘱人在书写自书遗嘱时应当尽量言简意赅、言辞准确，表述清楚遗嘱人身份、立遗嘱的时间地点、继承人身份、分配的财产范围及具体项目、涉及的房屋权属和具体坐落位置、遗产分配方案等关键要素，避免出现财产指向含糊、继承人不明确、分配方案存在歧义等问题。同时遗嘱人在立遗嘱时一定要细致，避免出现错别字、逻辑错误、财产份额不均等问题。另外，遗嘱内容应尽量避免修改，如果确实需要修改，应当在涂改、增删内容的旁边注明涂改、增删的字数，且应在涂改、增删处另行签名并注明年、月、日。

3. 自书遗嘱的内容必须合法。遗嘱人应当准确把握和陈述遗产的范围，既不能出现遗漏，也不要将不属于个人所有的财产写到遗嘱中，遗嘱不能处分国家、集体或者他人的财产；对于缺乏劳动能力又没有生活来源的继承人，遗嘱人在分配遗产时应当为其保留必要的份额。另外，遗嘱内容不得侵害社会公共利益，也不得违反公序良俗。

4. 自书遗嘱的形式必须合法。公民应妥善选择并严格遵守自书遗嘱形式的法定要求，即由遗嘱人亲笔书写并签名，落款年月日。司法实践中，自书遗嘱是否为遗嘱人“亲笔书写”往往成为继承中的争议焦点，自书遗嘱本身的私密特点此时也成了它的弊端。在自书遗嘱笔迹鉴定程序中，鉴定机构通常要求遗嘱的对比样本形成时间与遗嘱形成时间跨度不能过大，而日常生活中老年人鲜有书写习惯或是晚年书写困难，导致遗留的对比样本材料有限。即使老人留有一些笔迹，有的继承人不配合鉴定机构提供合适的对比样本，或是不认可其他继承人提交的样本，又或是对比样本本身存在物理瑕疵或数量不足，这些都给笔迹鉴定造成了困难。因此笔者建议，一方面遗嘱人可以在自书遗嘱上签字的同时按捺手印，另一方面遗嘱人和继承人都应当尽量留下足够客观中立的对比检材，如在遗嘱人常去的银行、医院材料中尽量保存书写工整清晰的签名材料，在将来继承人对遗嘱的笔迹产生争议时可以作为参考，有备无患。

按照以上要求书写遗嘱，可以大大减少遗嘱的瑕疵从而最大限度地保障遗嘱的有效性。但如果不幸遗嘱内容确实出现争议，那么继承人应当从尊重遗嘱人真实意思表示为出发点和落脚点，来作出合情、合理、合法的解释，不能因为有瑕疵就一概否定遗嘱的有效性，使得遗嘱人的遗愿落空。

案例三

遗嘱形式瑕疵的效力认定和证据补强

——以自书遗嘱为例

贾曾翔[①]

自书遗嘱作为一种使用频率较多的遗嘱类型，由于部分立遗嘱人缺乏对法律的了解，也不能及时得到法律的帮助就会书写出大量有形式瑕疵的自书遗嘱。而遗嘱中大多涉及立遗嘱人在其家族中对其生前所有的财产进行的分配，如果该自书遗嘱存在形式瑕疵，各继承人之间会在认定该遗嘱的效力问题上引起巨大的波澜，甚至引发一系列的社会问题。为平衡遗嘱自由和遗嘱形式要件之间的关系，保护立遗嘱人的真实意愿，应该在坚持遗嘱形式要件的基础上，充分利用证据补强规则给予有形式瑕疵的自书遗嘱以效力补正的机会。

案情回顾

陶华与安安生育陶龙和陶虎，55 号房屋是陶华和安安在婚后共同购买所得。陶华于 2008 年因病去世，并于 2004 年留有自书遗嘱让陶虎继承 55 号房产，该遗嘱内容为："为了百年后家庭和睦，我把后买的房（即 55 号房屋）给老儿子（陶虎），恐后无凭，立此为据。陶化 2004.5。"

其母亲安安依然在世，也当庭表示该自书遗嘱是陶华的真实意愿，该遗嘱也是陶华本人亲自书写的，安安也同意将 55 号房屋中属于自己的份额赠与次子陶虎。陶龙对其父亲陶华书写的自书遗嘱不认可，理由有两点：1. 其父亲的真实姓名为陶华而非陶化。2. 该自书遗嘱只写明年、月，没有注明具体的日，无法认定该自书遗嘱形成的具体时间。基于上述两个原因，认为该遗嘱不具备自书遗嘱的生效要件，因此该遗嘱不发生法律效力，其

① 北京市平谷区人民法院民事审判一庭法官助理。

父亲在55号房屋的房产份额应按照法定继承在其子女中进行分割，并主张其应得的份额。

一审中，陶龙提交其父亲陶华的户口簿复印件证明其父亲陶华的名字是“陶华”并非“陶化”。陶虎和安安称“陶华”在其生前是村里的会计，有时为了书写简便会有将“陶华”书写为“陶化”的习惯，但均未提供证据证明该主张。陶虎提交上文中由其父亲陶华亲笔书写的遗嘱原件，证明其父亲将55号房屋中的份额通过自书遗嘱的方式均已赠与自己。陶虎还提交房屋翻建协议、转账记录、收据、结算单等证据证明55号房屋在1999年翻建时自己的出资情况。

一审法院认为根据《继承法》① 的相关规定，自书遗嘱要满足三个形式要件即遗嘱人亲笔书写、签名、注明年月日。而署名为“陶化”的字条签名是“陶化”，与“陶华”户口簿上的名字不符，陶虎未能提供充足的证据证明“陶华”平时有将自己的名字书写为“陶化”的情况存在，且双方均没有申请对该遗嘱进行笔迹鉴定，故无法认定“陶化”的字迹是“陶华”书写，且该字条上只注明了年、月，没有具体日期，不符合自书遗嘱的生效要件，对于该字条不能认定是陶华的遗嘱。陶华的遗产即其在55号房屋中的份额，应当按照法定继承办理。一审判决后，安安和陶虎对该判决不服，上诉至二审法院。

二审中，陶虎提交新证据：1. 陶华在2006年至2008年的诊断书等病历材料证明其父陶华在2006年8月确诊肺癌，在其确认肺癌之前陶华意识清楚，但因病情严重于2008年1月5日去世。2. 陶华于1999年至2005年在幸福村担任会计期间的手写材料11张，签字处均为“陶化”。3. 该区派出所证明，证明陶华的曾用名为陶化。4. 与陶华曾一起在村会计室工作过的赵贵、王书香等证人均出庭作证证明陶华有将自己名字简化书写为“陶化”的习惯。5. 陶虎在二审中提出对该遗嘱进行笔迹鉴定，经鉴定该遗嘱确为陶华亲笔书写。

---

① 已于《民法典》颁布施行后废止。

二审法院认为，继承从被继承人死亡时开始。继承开始后，按照法定继承办理，有遗嘱的按照遗嘱继承办理。本案中，陶虎在一审过程中提交署名为“陶化”的字条，认为系陶华的自书遗嘱，涉案房屋应按照遗嘱继承归陶虎所有。虽然该字条中签名是“陶化”，与陶华户口簿上的名字不符，但陶虎在二审中提交新证据，证明字条中的“陶化”即为陶华。首先，根据陶虎提交的派出所证明可知陶华的曾用名为陶化。其次，陶虎提交幸福村的会计材料和赵贵、王书香的证人证言均能证明陶华有使用“陶化”这一名称的情况，且该情况被周围人熟知。最后，该字条经过笔迹鉴定确为陶华亲笔书写。陶龙虽对上述证据不予认可，但未能提供相反证据证明其主张。综上，一审法院认为署名为“陶化”的字条不能作为陶华的遗嘱错误，本院予以纠正。同时，安安在庭审过程中表示，同意将涉案房屋中其所占有的份额给予陶虎，故安安、陶虎上诉要求改判涉案房屋归陶虎所有的主张成立，本院予以支持。二审撤销原判，改判 55 号房屋归陶虎所有。

法理分析

本案的争议焦点：自书遗嘱的形式要件有哪些？当自书遗嘱存在形式要件瑕疵时其效力如何？该类遗嘱是否可以通过证据补强规则补正其效力？

上述问题，主要涉及的法律法规是《民法典》第 1133 条、第 1134 条，《最高人民法院关于民事诉讼证据的若干规定》第 88 条。

遗嘱瑕疵包括遗嘱形式瑕疵和遗嘱内容瑕疵。遗嘱形式瑕疵在司法实践中的主要表现为：1. 自书遗嘱未签名或者摁指印、盖章；2. 遗嘱未注明日期或者日期不全；3. 通话过程中录制的录音遗嘱，见证人并不在现场；4. 代书遗嘱中某一见证人不适格或者部分见证人未签名；5. 代书人系通过打印代书等。

所谓证据补强规则就是如何补充，强化案件主证据的证明力，增强案件事实认定准确性的证据运用规则，也就是当某一证据由于其本身在某些方面存在瑕疵或弱点，必须与其他证据合并提出，才能借以担保其真实性或证明价值的规则[①]。诉讼过程既是一个发现、收集、运用证据的客观活动过程，也是一个判断证据，认识与案件有关事实的主观活动过程。证据补强规则产生的原因是为了在诉讼过程中对那些证明力薄弱的证据赋予其他证据予以补强，提高该证据的可靠性，以更好地查明案件事实。该规则最早来源于刑事诉讼法中对被告人口供的补强，即为了防止误认或者其他危险，在运用这些证明力薄弱的言辞证据认定案情时，必须存在其他证据予以补强，支持其证明力的证据运用规则。[②]

补强证据有如下特征：其一，补强证据同样需要具备证据的三个基本属性：客观性、关联性、合法性；其二，不受主证据的支配，该证据是独立存在；其三，不是来源于佐证的证据，即补强证据必须有独立的信息来源或者信息渠道，且该来源与被补强的主证据之间不是同一的。例如，上述案例中陶虎提交的其父陶华在工作期间留有的签名为陶化的书面材料，证明其父亲有使用陶化作为其姓名的习惯，该证据并非来源于遗嘱本身。

因补强证据就是为了补充、增强、肯定证据的证明力，该类证据要与待补证的证据结合起来，说明案件的全部或者部分事实，因而凡是来源合法，且能够作为证据的物证、书证、视听资料、证人证言、鉴定意见、电子数据等都可以作为补强证据，由当事人在庭审中提交，用以补强形式瑕疵遗嘱的证明力。

证据补强的程度，即在运用补强证据时应该达到的证明程度，也就是补强证据在什么程度上有证明力。在司法实践中对补强证据证明力的标准为要求补强证据对案件事实具有间接证明作用，只要担保主证据的真实性并与其共同证明案件事实的发生具有高度盖然性即可。

本案中，根据陶虎提交的字条上的内容："为了百年后家庭和睦，我把后买的房（即55号房屋）给老儿子（被告陶虎），恐后无凭，立此为据。陶化2004.5。"可知该字条属于自书遗嘱。但由于字条的签字为"陶化"非"陶

① 徐美君：《口供补强法则的基础和构成》，载《中国法学》2003年第6期。

② 聂昭伟：《同案被告人口供的证据价值研究》，载《现代法学》2005年第6期。

华”，且该字条的落款时间仅有年、月无具体的日，故陶龙不认可该字条为其父亲的自书遗嘱，且该遗嘱因签名和落款日期均不符合我国法律关于自书遗嘱形式要件的规定，主张该遗嘱无效。安安和陶虎认为该遗嘱为陶华亲笔书写，且字条内容清晰明确。至于签字和落款日期的问题是因为陶华有简化自己名字为陶化的习惯，此外因陶华不了解法律有关自书遗嘱的具体规定，认为写上年、月即可，故没有注明具体的日。可见陶龙和安安、陶虎对该遗嘱发生争议的原因是我国《民法典》第 1134 条自书遗嘱要满足三个形式要件即遗嘱人亲笔书写、签名、注明年月日。

因该字条的签字和落款日期存在问题，我们将该遗嘱认定为有形式瑕疵的遗嘱，那么该瑕疵遗嘱的效力如何？从《最高人民法院关于贯彻执行〈中华人民共和国继承法〉若干问题的意见》[①] 第 35 条规定出发，结合司法实践，该条实际上给予存在形式瑕疵的遗嘱效力补正的机会，当该遗嘱内容合法，又可以通过证据补强规则，补强该遗嘱的证明力，证实该遗嘱确为遗嘱人真实意思表示时，可以认定为遗嘱有效。即从遗嘱人的真实意思表示出发，结合案情、运用证据补强规则给予瑕疵遗嘱一定的补正机会，而不是对存在形式要件瑕疵的遗嘱一概认定为无效。关于本案具体分析如下：

（一）从遗嘱制度设立宗旨和严格要式性规定的初衷分析

遗嘱设立的立法初衷是让立遗嘱人在生前处分自己的合法财产，并且该法律行为在其死亡时发生法律效力。但在现实生活中，由于遗嘱人文化水平的高低不一，对相关法律规定了解程度也深浅不一，会导致遗嘱人真实意思的自书遗嘱在形式上可能出现不同程度的瑕疵。一味严格机械地套用法律条文，不对各种情况加以甄别、区分，则可能导致既否定了遗嘱人的真实意愿，也违背了法律设立遗嘱严格要式性制度的初衷。故对于形式存在些微瑕疵，但内容合法，确为遗嘱人真实意思表示，又可以通过证据补强规则弥补形式上瑕疵的自书遗嘱，应认定为有效。

---

① 已废止。

（二）从本案自书遗嘱的形成过程分析

自书遗嘱形式要件三要素为：亲笔书写、签名、注明年月日。

立法者之所以要用亲笔书写的方式来定义自书遗嘱，目的在于让立遗嘱人从遗嘱形成到遗嘱固定均起着决定性的作用，想通过“亲笔书写”这种行为来防止遗嘱被伪造和篡改，从而确保立遗嘱人的意思表示能真实地反映在遗嘱当中。现在自书遗嘱也可以借助技术手段即笔迹鉴定的方式，来补正遗嘱是否为立遗嘱人亲自书写，从而辨别该遗嘱的真假。该遗嘱经过笔迹鉴定，确为陶华亲笔书写而成。

立遗嘱人在遗嘱上亲笔签名，是代表对遗嘱上的内容进行确认的意思，与此同时也在该遗嘱上留有人格痕迹。从司法实践来看遗嘱人的签名方式包括但不限于在遗嘱上盖章、摁手印、写姓名、使用与立遗嘱姓名不一致的“假名”等。本案中陶华在遗嘱中使用的“陶化”的签字视为立遗嘱人使用“假名”的情况。根据陶虎提供的书证和证人、证言均能证明立遗嘱人陶华在日常生活中经常使用其假名陶化，并且使用该假名的情况是被其周围人熟知的，在该区派出所也有“陶化”为陶华的曾用名的记录，故可以认定“陶化”也属于陶华签写姓名的一种方式。

注明立遗嘱的时间，一方面是为了判断立遗嘱人在订立遗嘱时是否具有遗嘱能力，即立遗嘱人是否具有完全民事行为能力；另一方面就是当立遗嘱人生前立有数份遗嘱时，需要用每份遗嘱注明的时间来确定立遗嘱人的最终的意思表示内容。本案中，陶华生前只设立过一份自书遗嘱，不存在有数份遗嘱需要通过立遗嘱的时间来确定最后生效遗嘱的情况。根据陶虎提供的陶华的诊断材料可知陶华在2004年5月即该份遗嘱的立遗嘱期间精神状态正常，属于完全民事行为能力人，具有遗嘱能力。且陶龙未提供证据证明在2004年5月期间其父亲陶华存在缺乏遗嘱能力或者不属于完全民事行为能力人的情况。

（三）从本案自书遗嘱的实质内容分析

本案遗嘱内容表述较为日常化和口语化，符合老年人的口头陈述特征与说话习惯。结合陶华和安安一直由其次子陶虎照顾的情况，且安安在庭审中表示因为陶虎一直照顾着二人的老年生活，她也当庭表示将自己在55号房屋的份额赠与次子陶虎。故该遗嘱符合陶华的心理状态。结合遗嘱的订立过程，立遗嘱人的生活状态、受教育程度，该遗嘱虽然在形式上存在缺陷，但内容合法，符合乡规民俗及立遗嘱人的心理预期，可以确认该遗嘱为立遗嘱人的真实意思表示。综上，陶虎和安安主张的事实和提供的证据与遗嘱内容相互印证，已经形成证据链条，足以证明该自书遗嘱为陶华的真实意思表示，故二审法院最终认定该遗嘱有效。

知识拓展

遗嘱作为一种死因行为，极易被伪造甚至是篡改，加之本身该行为大多掺杂着立遗嘱人对自己死后财产的分配，且该遗产分配也大多涉及与立遗嘱人有血缘关系或者其他亲密关系的人之间，故世界上大多数国家都采取遗嘱形式的法定性以及严格的遗嘱形式主义，是想通过用严格的形式要件在尊重立遗嘱人的真实意思表示的同时保护继承人的继承权利。

但如果采取严格的遗嘱形式主义，其在立法上就会面对遗嘱方式强制和遗嘱自由之间的矛盾困境，但就遗嘱的形式和遗嘱的效力关系而言，各国立法基本上都持以下两种观点。一些国家的法律坚持不符合法律规定的形式要件的遗嘱即为无效遗嘱。其结果是，坚守严格的遗嘱要式性，使那些法律意识淡薄且无法得到法律帮助的遗嘱人的真实意思表示被否定，违背立遗嘱人的初衷。此外对于那些可以通过其他证据补正遗嘱真实性的瑕疵遗嘱而言，如果只是因为形式的瑕疵而一律将该遗嘱视为无效其实就是违背了遗嘱人的真意。为了平衡遗嘱自由和遗嘱要式性之间的矛盾，开始在司法实践中采用遗嘱形式缓和主义（遗嘱形式豁免制度），即分情况对瑕疵遗嘱进行区分并认定其效力：对于欠缺核心要件的遗嘱，法律规定为绝对无效，如遗嘱内容违反公序良俗；对于欠缺一般形式要件的遗嘱则规定为可以补正的遗嘱，可以通过证据补强给予该遗嘱效力补正的机会。从目前我国的司法实践来看，遗嘱形式缓和主义得到了不少司法裁判者的认可，当遗嘱存在形式瑕疵，但遗嘱的实质要件即遗嘱内容真实合法时，虽然遗嘱不符合法定形式要件，但该遗嘱确系立遗嘱人的真实意思表示，通过证据补强足以修复形式缺陷，应当认定该遗嘱有效。

普法提示

经济腾飞的中国使个人及家庭所拥有的财产类型、数额都在不断增加，继承也成了人们获得财富的重要方式。而遗嘱作为立遗嘱人生前的事实法律行为，其效力能否在遗嘱人去世之后得到确认，也成为继承人能否获得财富的关键所在。但现实生活中由于立遗嘱人受教育的程度不同和对法律的了解程度不一，会造成有些遗嘱存在不同程度上的形式瑕疵。因本文篇幅有限，仅针对有形式瑕疵的自书遗嘱，继承人或者受遗赠人在诉讼阶段应从以下几个方面着手去补正该遗嘱的效力。

第一，对写“化名”、“假名”、摁手印的自书遗嘱而言，继承人或者受遗赠人能通过证据补强规则举证证明该“化名”“假名”为立遗嘱人日常生活中使用。例如，该化名是立遗嘱人的曾用名、笔名。或者能提供其他证据证明立遗嘱人使用该化名是在一定程度上被周围的人熟知的。此外继承人或者受遗赠人还可以向法院申请对该遗嘱进行笔迹鉴定，辅助使用该技术手段确认瑕疵自书遗嘱是否为立遗嘱人亲笔书写。对于自书遗嘱中立遗嘱人采用摁手印的方式，继承人要从立遗嘱人当时的身体状况、就诊病例、文化水平、遗嘱内容的表述方式等方面搜集证据，补正该瑕疵自书遗嘱的证明力。

第二，对于注明的遗嘱时间不全的自书遗嘱，继承人或者受遗赠人可以向法庭提交立遗嘱人在订立遗嘱期间的医院诊断证明、订立遗嘱时留有的视听资料，让订立遗嘱的见证人出庭作证等方式证明立遗嘱人在订立遗嘱期间意识是否清醒，是否属于完全民事行为能力人，是否具备相应的遗嘱能力。

第三，继承人和受遗赠人也要充分利用“谁主张、谁举证”的证据规则，从遗嘱人生前的赡养情况、共居情况、生活习惯、与子女关系等对遗嘱内容进行举证，进一步强化遗嘱内容的真实性，弱化遗嘱形式瑕疵，补强遗嘱的证明力。

案例四

如何代书，遗嘱才能了却遗愿

——电脑打印的代书遗嘱法律效力分析

张琳琳①

随着人们生活水平的提高、资产集聚的增加，遗嘱已经成为普通百姓处理、分配自己过世后财产的一种主要手段，而代书遗嘱是遗嘱形式中较为普遍的一种，同时也是产生矛盾较多的一种。代书遗嘱与自书遗嘱相对，是指非由立遗嘱人自行书写、代书人根据立遗嘱人的意思表示代为书写的遗嘱。代书遗嘱的形式是记录和传递遗嘱内容的载体，其采取严格的形式要件主义，由于当事人甚至有些法律工作者对代书遗嘱法律规定的理解不正确、不透彻，导致在司法实践中经常出现代书遗嘱由于欠缺形式要件而被法院确认无效的情形，故有必要明确其形式要件的因素及效力，以规范代书遗嘱设立形式，减少当事人不必要损失，促进社会和谐稳定。

案情回顾

（一）父母离世，兄妹因房屋继承起纷争

刘海与董红共生育一子一女，儿子刘小海，女儿刘小红。2007 年 5 月，刘海因病去世。2018 年 12 月，董红也因病死亡。老两口留下海洋小区房屋一套。刘小海与刘小红因为继承问题协商没能达成一致，故诉至法院要求解决。刘小海主张自己与爱人均无正式工作，且无住房，故要求房屋归其所有，他给付刘小红房屋价值一半的折价款。刘小红主张其母亲留有遗嘱，载明房屋分给刘小红。

---

① 撰写案例时任北京市平谷区人民法院民事审判二庭法官助理，现任北京市第一中级人民法院法官助理。

（二）母亲的代书遗嘱，真假如何辨别

刘小海主张刘小红提交的遗嘱是打印形式的，而且也不是其母亲自己打印的，是他人打印的，立遗嘱时其母亲已经神志不清，故不认可遗嘱的法律效力，主张应当按照法定继承进行。刘小红向法庭提交了立遗嘱当日董红与别人聊天时的录像，证明董红立遗嘱的过程以及当时董红意识清醒，又找来证人王生、朱强作证，证明立遗嘱时董红是完全民事行为能力人，当时是在王生、朱强在场见证的情况下，朱强按照董红的真实意思用电脑打印的遗嘱内容，而且，董红、朱强、王生都在遗嘱上签字确认，遗嘱上也注明了年、月、日。

（三）代书遗嘱效力如何，法院有说法

一审法院判决董红遗嘱有效，法院认为：继承开始后，按照法定继承办理；有遗嘱的，按照遗嘱继承办理，遗嘱未处分的遗产按照法定继承办理。刘海生前未留有遗嘱，故对于刘海的遗产按照法定继承处理。被告提交了董红所立的代书遗嘱，该代书遗嘱由两个见证人即王生、朱强在场见证，并由朱强代书，注明年、月、日，并由代书人朱强、其他见证人王生和遗嘱人董红签字，符合法律规定，法院认定该代书遗嘱有效。

刘小海主张董红立遗嘱时意识不清醒，但并未提供充足的证据证明，而刘小红向法庭提交的证据证明立遗嘱当时董红意识清醒，达到了高度盖然性的证明标准，故法院认定董红在立遗嘱时具有完全民事行为能力。刘小海主张打印的遗嘱不符合法律规定的代书遗嘱的形式要件，因缺乏法律依据，法院不采纳。故对于董红在遗嘱中涉及的遗产即董红在海洋小区的房屋中的份额，按照遗嘱继承处理。

因该房屋是刘海和董红的夫妻共同财产，刘海死亡后，该房屋的一半作为董红的财产，一半作为刘海的遗产，刘海的遗产按照法定继承在刘海的法定继承人即董红、刘小海和刘小红之间平均分割，具体为董红享有六分之四的份额，刘小海和刘小红各享有六分之一的份额。董红死亡后，董红在海洋小区的房屋中的份额按照其所立的遗嘱，由刘小红继承。刘小海与刘小红对

于海洋小区的房屋价值达成一致，并同意房屋归刘小海所有，刘小海给付刘小红相应的折价款，法院不持异议。

一审法院依据《继承法》[①] 第 2 条、第 5 条、第 10 条、第 13 条、第 26 条第 1 款的规定，判决位于海洋小区 10 号楼 2 单元 3 号的房屋由刘小海继承，刘小海给付刘小红折价款 100 万元。

一审判决作出后，刘小海不服，提出上诉。二审法院判决驳回上诉，维持原判。

法理分析

本案的争议焦点为董红所立遗嘱的法律效力。该遗嘱既不是董红本人出具，也不是手写遗嘱，而是他人用电脑打印的代书遗嘱，其效力需要结合现行的法律规定与审判实践予以分析。若该遗嘱有效，则按照遗嘱的内容发生继承。若该遗嘱无效，则应依法启动法定继承，按照法律规定在各继承人之间分配遗产。

一般而言，遗嘱遵循严格的要式性，这样才能尽可能地“确保遗嘱人的意愿表示可证明是他自己的，这些意愿是他作为临终意愿认真准备好的，这些意愿是保持完整的”。[②] 对于代书遗嘱而言，更需严守形式要件。

（一）涉案代书遗嘱的法律形式要件分析

遗嘱是一种要式法律行为。我国《民法典》第 1135 条规定：“代书遗嘱应当有两个以上见证人在场见证，由其中一人代书，并由遗嘱人、代书人和其他见证人签名，注明年、月、日。”第 1140 条规定：“下列人员不能作为遗嘱见证人：（一）无民事行为能力人、限制民事行为能力人以及其他不具有见证能力的人；（二）继承人、受遗赠人；（三）与继承人、受遗赠人有利

---

① 该法已于 2021 年 1 月 1 日《民法典》施行后废止。

② ［英］巴里·尼古拉斯：《罗马法概论》，黄风译，法律出版社 2010 年版，第 270 页。

害关系的人。”

结合上述法律规定，可将代书遗嘱的构成要件分析如下：

1. 代书遗嘱的立遗嘱人，须为完全民事行为能力人。本案中，为证明董红为完全民事行为能力人，刘小红提交了立遗嘱当时董红与他人聊天的录像，并由两位见证人证明，共同达成了证明目的。在董红为完全民事行为能力人的基础上，才能保证遗嘱内容是董红的真实意思表示。

2. 见证人为两人以上，由其中一人代书。由“其中一人代书”的要求是代书遗嘱的核心要素，该要素保证了被继承人遗产处分意愿由口头形式转换为书面形式的直接性和准确性。本案中，王生、朱强共同作为见证人，并且由朱强代为打印遗嘱，符合了该要件。

3. 见证人须全程同时见证立遗嘱过程。立遗嘱的过程中，见证人必须全程参与，而且两名见证人需要同时在场见证立遗嘱的过程。实践中有的代书遗嘱是遗嘱书写完毕后，又叫来见证人签字；或者两名见证人先后见证，先后签字。上述情形均会被法院认定为遗嘱无效。

4. 见证人的资格限制。见证人必须为完全民事行为能力人，有认识、辨别能力。且见证人不能为利害关系人。实践中有的代书遗嘱，是在几名继承人以及亲戚的见证下书写的，这样的代书遗嘱一旦呈现在法庭上也会被认定无效。

5. 立遗嘱人、代书人、其他见证人均须签名，并注明年、月、日。代书遗嘱完成后，立遗嘱人一定要在上面亲笔签字，这是对遗嘱内容的最后确认。代书人、其他见证人也要签字，这是对遗嘱的一个见证证明确认。本案中，董红、王生、朱强均在遗嘱中亲笔签名，并注明年、月、日，这是对代书遗嘱形式要件的遵循。

6. 遗嘱的内容须合法，不违背法律、行政法规和相关政策规定。我国虽坚持遗嘱自由原则，但也有一定的边界，除去法律规定的必留份制度之外，遗嘱的内容必须符合其他法律、行政法规的规定，符合我国相关政策的精神，不违背公序良俗。

7. 遗嘱处分的财产须为立遗嘱人所有的合法财产。比如，夫妻共有的房屋应先析产，处分属于一方所有的房屋份额部分，不能连带配偶的份额一并处分。本案中，董红处分的遗产只是其所占的份额部分，对于原属于其丈夫刘海的部分，法院预先给析出，按照法定继承处理。

（二）本案中电脑打印的代书遗嘱效力认定

本案中，董红的代书遗嘱完全具备了法律规定的代书遗嘱的构成要件。问题在于，该份遗嘱不仅为代书遗嘱，其还是打印遗嘱。它的效力该如何认定?

关于打印遗嘱的效力问题，在《民法典》出台之前，《北京市高级人民法院关于审理继承纠纷案件若干疑难问题的解答》第 18 条对打印遗嘱的性质与效力问题，作了如下规定：打印遗嘱是在电脑日益普及下出现的新的遗嘱形式，由于法律对其没有进行明确界定，实践中存在很多争议。对于使用电脑等电子产品书写并打印的遗嘱，主要涉及是否可以按照自书遗嘱或代书遗嘱予以认定的情形。

对于由遗嘱人之外的他人按照遗嘱人的意思，代为操作电脑、打印机等工具输入并打印形成的遗嘱，因判决时原《继承法》及司法解释对于代书遗嘱的书写及形成工具并未明文规定，故该类打印遗嘱并不违反代书遗嘱的形式要件，如该打印遗嘱符合原《继承法》第 17 条第 3 款规定的代书遗嘱的全部形式要件，该遗嘱应认定为有效。

我国《民法典》第 1136 条规定：“打印遗嘱应当有两个以上见证人在场见证。遗嘱人和见证人应当在遗嘱每一页签名，注明年、月、日。”

本案中，该遗嘱虽为电脑打印的代书遗嘱，但是符合《民法典》第 1135 条、第 1136 条规定的全部形式要件，应认定为有效。

知识拓展

（一）代书遗嘱遵循严格的形式主义

一般认为，法律对代书遗嘱的形式有明确规定，遗嘱人只能按照法律规定的形式制作遗嘱，不按照法律规定的形式设立的遗嘱，不能发生法律效力。之所以对代书遗嘱的形式要件规定得如此严格，目的就是充分保障立遗嘱人真实、自由地处分自己的财产，以防被他人伪造和篡改。欠缺任何一个形式要件的遗嘱都会被法院认定为无效。

在此，笔者认为还有几个问题需要探讨。

1. 遗嘱人确认遗嘱的方式：签字还是摁指印？

我国《民法典》继承编明确规定了见证人、代书人、遗嘱人确认遗嘱的方式为签名，其中关于见证人、代书人签名的形式在实践中争议不大，而关于遗嘱人是否只能依据签名的形式确认遗嘱争议较大。

一种观点认为，关于代书遗嘱中遗嘱人确认遗嘱的形式除签名外可以将摁指印包括在内。理由为：其一，因为《民法典》继承编关于此规定未明文规定可摁指印，可以民法中无禁止即许可的原则，认可摁指印和签字的相同效力。其二，我国新一代身份证增加指纹信息内容，遗嘱人死后仍然可以凭借身份证上的指纹信息鉴定遗嘱上指印的真实性，手印凸显人格痕迹，与亲笔签名具有同等的法律效力。其三，强制要求立遗嘱人亲笔签名与现实中许多遗嘱人不会书写，无法完成亲笔签名的情形相抵触，故从实际出发，认可摁指印的代书遗嘱形式。

另一种观点认为，应仅限于法律规定的文义解释，只认可遗嘱人签名的确认形式。因为亲笔签名是最具有人格痕迹的证据，亦是代书遗嘱成立、有效的最关键的证据，通过签名可以认可遗嘱内容是其真实意思表示，使遗嘱发生效力，也可确认增减涂改。采取其他方式极易造假，不能最有效地反映遗嘱人的真实意思表示。

笔者赞同第二种观点，因为遗嘱人确认遗嘱的方式是遗嘱是否成立、有效，是否能客观地反映遗嘱人的真实意思表示，是遗嘱的核心要素，应严格依照法律规定，不允许进行扩大解释。签字最能证明遗嘱人的真实意思表示，鉴定真伪也较为容易，故应将遗嘱人的签名作为确认遗嘱的唯一形式。但如果遗嘱人确实年事已高、因病或其他原因无法书写，在使用代书遗嘱的同时，可通过录像、录音方式加以辅助补强，同时留存好无法书写的病例或诊断材料等证据。

2. 见证人门槛：不识字是否可以见证？

（1）法定的人数及资格限制：我国《民法典》第 1135 条规定，见证人必须为两人以上，这是对代书过程的真实性的保障。从我国《民法典》第 1135 条、第 1136 条的规定可以看出，见证人主体资格的限制在于两个方面，一方面是自身能力的限制，即其应为完全行为能力人，具有完全民事行为能力，以履行其见证职能；另一方面是其身份的限制，即其不应是直接的受益人或与受益人有关的利害关系人，以防止为了利益而影响遗嘱人真实意思的表达。

（2）补充的资格限制：除以上条件外，笔者认为文盲及对遗嘱所使用的语言掌握不够的人或其他具有足以影响其对事物本质进行判断有意识障碍的人也应该排除在见证人之外。依照我国《民法典》继承编规定，订立代书遗嘱须有两个以上的见证人见证且代书人须为见证人之一，由此可知，除了代书人之外在大多数情况下实际上就存在一个人对代书行为进行见证。

笔者认为，若见证人为文盲或其他无法辨识代书文字的人，则无法辨认代书人代书的遗嘱内容是否与遗嘱人口述的内容一致，是否是遗嘱人真实意思表示的体现，此种情况下，该代书遗嘱的内容就很有可能存在被伪造风险，故为防止这种风险的存在，有必要将文盲排除在见证人主体资格之外。《民法典》第 1140 条规定："下列人员不能作为遗嘱见证人：（一）无民事行为能力人、限制民事行为能力人以及其他不具有见证能力的人……"其明确指出不能作为遗嘱见证人的范围包括"其他不具有见证能力的人"。

（二）从严把握代书遗嘱形式要件的法理基础

遗嘱的形式，就是遗嘱人处分自己财产的意思表示的方式。法律对于遗嘱的形式予以明确规定的立法本意在于充分保证遗嘱真实，以维护遗嘱自由原则。具体而言，遗嘱形式遵循严格法定主义的法理依据在于：

1. 严格形式主义保证遗嘱内容的真实严肃

遗嘱是遗嘱人对其财产的终意处分，且在其死后才能得以执行，因此，为了确保其真实性和严肃性，法律必须对遗嘱设以严格的要式性要求，来最大限度地防止他人伪造、篡改遗嘱内容。代书遗嘱本身就是他人代为书写，立遗嘱人虽有签名，但其意思表示要通过他人的代书来表达，其表达个人意思的自由度会有所降低，如果没有其他形式要件的约束，立遗嘱人在他人胁迫或诱导下签名或者他人伪造遗嘱的情形就容易发生。

2. 严格形式主义确保立书过程的有据客观

法律对于代书遗嘱的形式要求虽然严格，但并非苛刻，并不需要立遗嘱人付出太大代价即可实现。即立遗嘱人意图通过代书遗嘱的形式来处分其身后的财产，只需找到两个以上的无利害关系的人来见证并由其中一人代书即可。如果这一相对简单的形式要求都无法满足，便不能保证该代书遗嘱反映的是立遗嘱人的真实意图，遗嘱的真实性和客观性就不易得到保证，遗嘱自由原则也就会落空。因此，务必对代书遗嘱法定形式要件予以从严掌握。

普法提示

订立遗嘱是公民处分个人财产的一种方式，可以有效避免继承人之间因分割遗产而引起纠纷。我国法律对各类遗嘱的内容和形式都作了规定，公民在订立遗嘱时一定要遵照法律的规定执行，尤其是作出代书遗嘱时更需谨慎。必要的时候可咨询专业的法律人士，保证所立的遗嘱符合法律规定的要件，具有法律效力，确保自己对财产的处分合法有效。

（一）关于代书遗嘱，你不可不知的七个要点

关于代书遗嘱，在此提醒大家特别注意以下七点：1. 代书遗嘱必须有两个以上的见证人在场见证。2. 见证人的见证必须是全程见证、同时见证。也就是说，见证人必须从始至终一直在场，并且同时在场，不能先后见证。3. 见证人必须是具有完全民事行为能力的人，能清楚表达自己的真实意思。4. 见证人不能是与继承人或者受遗赠人有利害关系的人，如亲戚、朋友、债权人等。5. 代书遗嘱必须由见证人之一代书，而且最好采用亲笔书写的形式。6. 立

遗嘱人必须亲笔签字，最好签字后再摁上自己的指印。见证人也必须在遗嘱上签名。如果是打印形式的代书遗嘱，立遗嘱人、见证人务必在每一页上都签字。7.代书遗嘱应当精准注明年、月、日。

（二）莫让“失之毫厘”，导致“谬以千里”

实践中，很多代书遗嘱由于不注重细节，“失之毫厘”，从而导致“谬以千里”，所以采用代书遗嘱时务必慎之又慎。一份有效的代书遗嘱会达成立遗嘱人的最后心愿，而一份无效的代书遗嘱会让继承人之间产生猜疑、争执、怨恨甚至对簿公堂。在此提醒大家：细节决定成败。留意细节，才会减少不必要的纷争。

案例五

经律师见证的遗嘱竟无效

——律师见证遗嘱之见证规则

董小明[①]

现实生活中为了实现立遗嘱人的本意，保证所立遗嘱具有法律效力，最便捷和稳妥的方式是委托熟悉法律事务的律师见证遗嘱。实践中律师在见证过程中因未提供完善的法律服务，致所立遗嘱无效的情况并不少见。此种情况不仅违背了遗嘱人自由处分自己财产的意愿，侵害了继承人依据遗嘱继承遗产的利益，也会引发律所的损害赔偿。

案情回顾

说起来张华也是少见的痴情人，在恋人意外坠崖身亡后仍践行着对恋人“一生一世一双人”的承诺。随着张华的四个弟弟和一个妹妹都相继成家，父母对张华的逼婚愈演愈烈，张华不惜与父母决裂，终身未娶。随着父母的相继离世，张华的生活越来越拮据，多年来一直租住在新华家园 3 号楼 502 室，直到 2002 年张华才获得购房资格，并用一生的积蓄购买了此房屋。张华年纪越大越觉得孤单，有时也会想如果身边有个人，生活会不会不一样？然而生活没有如果。

晚年的张华身患重疾，生活诸多不便，妹妹张依和弟弟张峰倒也关心张华，在张华生病期间更是常去医院陪伴。为了感谢张依和张峰的照顾，张华向他们表示，自己死后唯一的住房由张依和张峰共同继承，每人各继承一半。为了避免其他兄弟因房屋继承发生纠纷，张华提出可以找个律师立份遗嘱。2017 年 2 月 28 日，张峰来到北京某律师事务所咨询立遗嘱事宜，律师刘长接待了他，张峰表示哥哥张华想立遗嘱把名下的房屋归自己和妹妹张依

---

① 北京市平谷区人民法院立案庭（诉讼服务中心）法官。

继承，因张华患病住院，就让自己来办理。刘长表示同意，双方当即办理了委托手续，张峰向律所交了见证费6000元。

刘长告知张峰需提供遗嘱人张华以及继承人张依、张峰的身份证和张华房屋的房产证，张峰当即联系张华、张依，顺利拿到了二人的身份证和房产证，并交给了刘长。当天下午刘长带着律师李文和助理王鑫，三人一起到了医院住院部找到张华，为张华订立遗嘱。张华表示父母早已去世，自己单身一人，无儿无女。亲人只有一个妹妹张依和四个弟弟张峰、张国、张强、张帅。张依和张峰对自己诸多照顾，所以在自己死后将新华家园3号楼502号房屋由张依和张峰共同继承，二人各一半的产权。刘长与张华交谈时，助理王鑫进行了拍照，但没有录音录像，也没有写谈话笔录。

了解张华对财产的处理意愿后，刘长三人就回到了律所，王鑫凭着印象把张华口述的内容，整理成文字并打印了三份，遗嘱写着：在我百年后，将我拥有的新华家园3号楼502号房屋产权，给我的弟弟张峰（身份证号：×××）和妹妹张依（身份证号：×××）两个人继承，每人各继承一半。代书人刘长，见证人刘长和李文。后刘长带着打印好的遗嘱再次回到医院找到了张华，向张华宣读了遗嘱的内容，并要求张华在遗嘱立遗嘱人处签名，张华表示手无力握笔，无法签名，最后刘长在立遗嘱人处签字，让张华摁了手印。遗嘱一式三份，律所、张华及张峰各保管一份。几天后张华因病去世，因为房屋的继承问题，兄弟姐妹发生了争议，无奈张依和张峰将张国、张强、张帅诉至法院。

张依和张峰向法院提出诉讼请求：要求判令二原告继承被继承人张华名下新华家园3号楼502号房屋的产权，二原告各继承50%产权份额，并要求三被告配合办理产权变更登记手续。二原告认为被继承人张华在2017年2月28日立下见证遗嘱，遗嘱内容为张华去世后诉争房屋由张依和张峰继承，各占50%的产权。遗嘱由律师代书，并有两位律师见证，也有被继承人的手印和日期，是合法有效的。故要求按照遗嘱继承，由二原告各继承房屋50%产权份额。

被告张国、张强、张帅均辩称，我们与二原告都是被继承人张华的合法继承人。系争房屋原来是被继承人张华承租的公房，不清楚如何获得产权。二原告没有告诉我们张华患病的情况，我们也不知道被继承人立遗嘱的事情。从委托办理遗嘱开始，张峰作为利害关系人全程参与，遗嘱原件甚至交给张峰。立遗嘱的日期和被继承人死亡日期很接近，不清楚立遗嘱时被继承人是否有民事行为能力。代书遗嘱要求两个见证人全程参与，遗嘱并不是当场制作当场签字确认的，而是见证律师事后打印安排摁指印的，不能证明律师全程进行了见证。另外遗嘱应该由遗嘱人签名，不能用摁指印的形式代替签名。律师作为见证人对代书遗嘱的有效条件是明知的，但该遗嘱从委托、见证过程到遗嘱形成都不符合代书遗嘱的要求，故应认定遗嘱无效。要求按照法定继承，房屋产权归原、被告共有，各占 20% 产权份额。

法院经审理认为：公民的个人财产的继承权受法律保护。继承开始后，按照法定继承办理；有遗嘱的，按照遗嘱继承或者遗赠办理。本案的争议焦点在于原告提交的代书遗嘱的效力问题。代书遗嘱应当有两个以上见证人在场见证，由其中一人代书，注明年、月、日，并由代书人、其他见证人和遗嘱人签名。遗嘱应由遗嘱人当场口述遗嘱内容，其他人不得代为传达；代书人负责对口述内容进行记录，记录内容必须全面、完整地反映遗嘱人的真实意思表示，不得加入代书人自己或他人的意思，即代书遗嘱应当场制作当场订立，符合时空一致性。系争遗嘱并非代书人在遗嘱人口述遗嘱内容时的当场记录，而是代书人根据自己的记忆在事后整理的版本，整理过程中也没有遗嘱人口述时的谈话笔录、录音录像等资料可供参考，并不符合时空一致性的要求，无法证明遗嘱系立遗嘱人的真实意思表示。且遗嘱应由遗嘱人签名确认，原告未提供遗嘱人立遗嘱时无法握笔的证据，故遗嘱人仅在遗嘱上摁指印并不符合代书遗嘱的形式要求。综上，系争遗嘱形成过程和形式均不符合法律规定，内容上也无法反映遗嘱人真实意思表示，故认定原告提交的 2017 年 2 月 28 日被继承人的遗嘱无效。由于系争遗嘱无效，故被继承人的遗产依法应由原、被告五人按法定继承分割。故判决涉案房屋产权由二原告和三被告按份共有，各占 20% 份额，房屋过户所需费用由原、被告五人平均负担。

一审判决后，二原告不服提起上诉。二审法院认为，被继承人张华所订立的代书遗嘱，并非代书人在被继承人口述遗嘱内容时的当场记录，而系代书人返回律所后根据记忆整理而成，且无整个过程的录音、录像等证据予以佐证，故不符合代书遗嘱的时空一致性要求，也无证据证明该遗嘱系被继承人的真实意思表示，一审法院据此认定该遗嘱无效且按法定继承处理本案，并无不当，二审予以确认。关于法定继承的份额，张依、张峰二审中虽认为其尽了主要扶养义务应当多分遗产，但未能提供充分证据予以证明，依法应当承担举证不能的不利后果，故对该意见，未予支持。二审维持了原判。

那么，律师在见证遗嘱时应遵循哪些规则从而避免见证的遗嘱无效呢？律师见证遗嘱无效后有什么后果呢？

法理分析

（一）律师见证遗嘱的规则

遗嘱是遗嘱人生前在法律允许的范围内，按照法律规定的方式处分其个人财产或者处理其他事务，并在其死亡时发生效力的单方法律行为。律师对遗嘱见证是律师按照法定程序证明遗嘱人设立遗嘱行为真实、合法的活动。经律师见证证明的遗嘱为律师见证遗嘱。律师在见证遗嘱时应遵循以下的原则。

第一，律师见证遗嘱应当由两名律师共同在场办理，并由两名见证律师在见证书及遗嘱中签名并加盖律师事务所公章或见证专用章。同时见证律师不能是继承人或受遗赠人，且与继承人、受遗赠人之间不存在债权、债务或者其他法律上的利害关系。此原则为保证遗嘱人的所立遗嘱系其真实意思表示而设立的。实践中经常存在一个律师见证，或者虽然两名律师见证但未签名，或者律师仅在见证书中签字却未在遗嘱中签字，从而导致律师见证的遗嘱无效的情形。

第二，律师见证的时间是律师见证行为发生之时，见证的空间是指律师亲眼所能见到的范围。律师见证的时间与空间都不能超出这个范围。故律师见证遗嘱时见证律师必须亲临现场，目睹监督当事人的整个订立遗嘱的过程，需要从始至终在现场见证整个过程，保证时间、空间的高度一致性，必要时可以全程录音录像。如中途开始见证或见证途中因故离场后又返回签字等，均不符合全程见证的要求，因无法了解遗嘱内容是否为遗嘱人的真实意思表示而导致遗嘱无效。上文案例中的遗嘱之所以被法院认定无效，主要是违反了见证所要求的时空一致性。同时见证的时空一致性也决定了律师见证只能是受托律师本人进行见证，而不能委托他人代为见证。

第三，律师见证遗嘱时，其见证人身份的取得是基于委托，因此见证律师在提供见证服务时，应尽心尽职地完成委托的事项，最大限度地维护委托人的合法权益。故律师在见证的过程中发现见证的遗嘱不符合法律规定的形式要件或者遗嘱的内容存在瑕疵，应当充分向委托人提示遗嘱被认定无效的法律风险，并向委托人提供法律建议。因律师见证属于私证的范畴，庭审中需要经过当事人举证、质证和法官的认证，才能作为定案的依据，这也就解释了为何在遗嘱继承纠纷中常有见证律师以证人身份出庭作证的情况，这也决定了见证律师在见证过程中应在法律允许的范围内最大程度地为委托人提供专业的见证服务，确保实现见证遗嘱有效的目的。

第四，律师见证遗嘱应依法对遗嘱内容进行审查，审查的内容包括但不限于遗嘱人及继承人的身份情况，遗嘱人的精神状况，遗嘱人所处分的财产是否为个人的合法财产，是否已从夫妻财产或者家庭财产中析出，财产是否设立抵押、有无被查封等限制性权益，遗嘱人是否有其他的遗嘱或者遗赠扶养协议并对财产进行了处分，提供的遗嘱是自书遗嘱还是代书遗嘱、是否为遗嘱人本人书写并签名、遗嘱人处分财产的意思表示是否真实、是否存在强迫或受欺骗等情形，律师在对遗嘱内容审查完成后应在见证的当场出具见证书或代书遗嘱，并向遗嘱人宣读确认。

（二）律师见证遗嘱无效的法律后果

根据 2021 年 1 月 1 日起施行的《民法典》中继承编的相关规定，继承开始后，按照法定继承办理；有遗嘱的，按照遗嘱继承或者遗赠办理；有遗赠扶养协议的，按照协议办理。遗产按照下列顺序继承：第一顺序：配偶、子女、父母；第二顺序：兄弟姐妹、祖父母、外祖父母。继承开始后，由第一顺序继承人继承，第二顺序继承人不继承；没有第一顺序继承人继承的，由第二顺序继承人继承。同一顺序继承人继承遗产的份额，一般应当均等。对生活有特殊困难的缺乏劳动能力的继承人，分配遗产时，应当予以照顾。对被继承人尽了主要扶养义务或者与被继承人共同生活的继承人，分配遗产时，可以多分。

本案中的律师见证遗嘱被认定无效后，最直接的后果就是按照法定继承规则处理。因为被继承人张华父母已去世，张华未婚无子女，故无第一顺序的继承人，应由第二顺序的继承人即张华的兄弟姐妹继承。虽张依和张峰平日对张华的照顾较多，但一审中未基于此提出要求多分的主张，也未向法庭提交该方面的证据予以证明，且法律规定是“可以多分”，故法院判令房屋产权由所有继承人按份共有，各占 20% 的份额。

律师见证遗嘱无效的第二个后果就是张依、张峰作为张华所立遗嘱的受益人，若遗嘱有效，可以依据遗嘱取得诉争房屋的所有权，但因律师在见证过程中存在过失，未能为死者提供合法、有效的遗嘱，导致遗嘱无效，二人按照法定继承损失了诉争房屋 60% 的产权份额。故在遗嘱继承人与律所之间产生损害赔偿之债。后张依、张峰以财产损害赔偿纠纷为由将北京某律师事务所诉至法院，要求赔偿经济损失。法院经审理认为，律师违法执业或者因过错给当事人造成损失的，由其所在的律师事务所承担赔偿责任。律师事务所赔偿后，可以向有故意或者重大过失行为的律师追偿。张华立遗嘱行为的本意，是要将遗嘱中所指的财产交由张依、张峰继承。现张依、张峰不能按遗嘱继承张华遗产的根本原因，是北京某律师事务所没有给张华提供完善的法律服务，以致张华立下了无效遗嘱。北京某律师事务所在履行自己职责中的过错，侵害了张依、张峰依遗嘱继承张华遗产的权利，由此给张依、张峰造成损失，应当承担赔偿责任，赔偿范围为张依、张峰因遗嘱被生效判决确认为无效而被减少的继承份额，故法院判决北京某律师事务所赔偿张依、张峰经济损失 118 万元。

知识拓展

实践中律师见证的遗嘱被认定无效的情形多种多样，在此以举例的形式分析常见的律师见证遗嘱无效的几种情形。

（一）律师见证时未核实遗嘱人的精神状况

马力委托某律师事务所律师赵华为其父亲马荣光订立遗嘱，并告知马荣光因老年痴呆住院，有时意识不清醒的事实。后赵华与同律所的律师郑小柔一同在医院为马荣光订立遗嘱。马荣光去世后，马力持遗嘱诉至法院，法院经审理认为赵华在为马荣光订立代书遗嘱时未核实马荣光多年前已持有残疾证，显示智力残疾 3 级的事实，且无法确认马荣光在订立遗嘱时的精神状况是否能够完全、独立地作出真实意思表示，故认定遗嘱无效。

（二）律师见证时作为代书人、见证人未签名

李杉找到某律师事务所，表示要订立遗嘱，将名下的所有财产给姐姐李珊继承。签订委托协议后，律师周旭根据李杉的要求打印了遗嘱，李杉在遗嘱上签字，周旭在“代书人”“见证人”栏分别加盖了律师名章和律师见证专用章，另一律师金哲也在“见证人”栏加盖了见证专用章，但均未亲笔签名。后李珊持遗嘱诉至法院，法院经审理认为因该代书遗嘱缺少代书人和见证人的签名，不符合代书遗嘱的形式要件，认定无效。

（三）律师见证时仅一名律师在场见证

王宝欲立遗嘱将名下房屋由儿子王建继承，特与某律师事务所律师赵合签订了代理非诉讼委托书，委托事项及权限为代为见证，后赵合出具了见证书并附王宝的遗嘱，见证书的内容为“王宝在我面前的遗嘱上亲自签字，该签字系其真实意思表示，签字行为真实有效”。落款处赵合签名并加盖了律师事务所的公章。后王建持遗嘱诉至法院，法院经审理认为律师事务所作为专门从事法律服务的机构，明知王宝委托律师的目的是通过律师提供专业法

律知识使其所立遗嘱具有法律效力，即对所立遗嘱进行见证并使之有效，而不是仅对签字的行为进行见证，故应当指派两名以上的律师作为王宝立遗嘱时的见证人，最终认定遗嘱虽有王宝的签名、赵合的签名及律所的公章，但因不符合两个以上见证人在场见证的要求，故认定遗嘱无效。

普法提示

律师见证遗嘱最重要的是见证，这往往决定着见证的遗嘱是否有效。什么是律师见证呢？律师在见证过程中应注意哪些问题呢？

律师见证是指律师应客户的申请，根据见证律师本人亲身所见，以律师事务所的名义依法对具体的法律事实或法律行为的真实性、合法性进行证明的一种活动。

律师在见证过程中应首先要确定见证人具有律师资格，持有律师执业证并在有效期内，故实习律师及被吊销律师执业证的人员不能作为见证人。其次律师见证的时候应符合回避的规定，即不能办理与本人、配偶或其他近亲属有利害关系的见证事项，这与我国法律规定的继承人、受遗赠人，与继承人、受遗赠人有利害关系的人不能作为遗嘱见证人的规定有异曲同工之效。再次律师见证需要审核委托人是否有民事权利能力和民事行为能力，委托人的意思表示是否真实，所要求见证的事项是否合法，提供的材料和文件是否真实、完整。最后律师见证应坚持自愿、公平、直接和客观、真实、合法的原则，不能违背社会公德，侵害他人合法权益，在见证中应勤勉尽责，谨慎地对见证事项合法性进行形式和实质的审查，以期实现见证的目的，维护委托人的合法权益，规避律师的职业风险。

案例六

立遗嘱是否可以想把财产给谁就给谁

——必留份制度对遗嘱自由的限制

谢颖霞[①]

法律赋予了个人自由处分自己财产的权利，因此很多人就认为，我自己挣的钱，我想怎么花就怎么花，我去世后想给谁就给谁。那么这种想法完全正确吗？如果真的这么做了，能够完全得到法律的支持吗？是否会受到某些限制呢？请看以下案例。

案情回顾

（一）兄妹关系不融洽，父母财产遭惦记

老王头和老伴包老太结婚后，分别于1952年和1964年生了两个孩子——大儿子王大海和小女儿王二丫，二丫打小就有点不太正常，后经鉴定是二级精神残疾，这可让老王头和包老太愁白了头，琢磨着要给二丫找个上门女婿。1987年10月，老王头在自己的宅基地上建了一处老宅子，老两口和儿子大海、儿媳洪蕊、孙女莉莉以及女儿二丫一起居住。1991年，二丫结婚了，女婿于大壮也一起住在老宅子里。由于生活琐事，儿子和女儿两家关系一直不好，老两口夹在中间日子也不好过。1996年9月，老王头又买了一套新楼房，并带着老伴和女儿、女婿一起搬过去住了，原来的老宅子留给了大儿子一家三口住。但大海和二丫两家的关系还是不融洽。随着老两口的身体越来越差，大海和二丫两家人都开始惦记上了这两套房子，都让老人们出具了遗嘱，各自攥在手里。

① 北京市平谷区人民法院立案庭（诉讼服务中心）法官。

（二）父母死后争遗产，多份遗嘱现公堂

2015年9月，包老太因病去世并在新楼房里办理了丧事。2017年1月，大海将父亲从二丫家接到老宅子里住，当年11月，老王头也病逝了并在老宅子里办理了丧事。父母死后，大海和二丫一家都还像以前一样各自住在老宅子和新楼房里。

2019年年初，王大海和媳妇洪蕊共同将妹妹王二丫告到法院，要求法院判令新楼房归二人所有，责令王二丫限期腾房并且支付房租6万元。大海夫妻认为，因王二丫患有严重精神疾病，长期住院治疗，不能尽赡养义务，且她与父母的关系也不好，因此父母晚年都是自己二人在赡养。2013年10月25日，父母在公证处分别立下了公证遗嘱，将两处房子留给了自己二人继承，与他人无关。现父母均已去世，王二丫与他们二人就房屋所有权产生争议并拒绝腾房，擅自独占应由他们二人继承的房屋，给他们造成了经济损失，应上交房租。

王二丫的丈夫于大壮作为法定代理人出庭应诉，提出答辩并反诉称，自己和二丫结婚后就和原告夫妇以及岳父、岳母一起住在老宅，婚后第二年开始，原告夫妇就经济独立了，岳父、岳母是和自己两夫妻共同生活，自己的工资也由岳父掌管。1996年买了新楼房以后，岳父岳母一直和自己夫妻二人一起居住在新楼房，岳父是在2017年1月才被原告接去老宅居住的，岳父居住几个月后就病逝了。2005年，岳父岳母自己立了书面遗嘱，将新楼房留给了王二丫和自己继承。岳母病逝后，岳父于2015年12月又通过法律服务工作者代书订立了补充遗嘱并且有一名非利害关系人作为见证人在代书的补充遗嘱中签字，遗嘱中重申了2005年的遗嘱自愿真实有效，并再次声明新楼房全部由王二丫夫妻二人共同继承。而原告夫妇一家在老宅居住。老宅是岳父、岳母申请批准并出资建设，二老生前并没有说如何处置老宅子，因此老宅子应当按照法定继承进行继承。因此，不同意原告的诉讼请求，并反诉要求继承老宅子的相应份额。

王大海针对反诉辩称，父母立了公证遗嘱，应当按照公证遗嘱执行。

（三）公证遗嘱虽管事，不留份额不应当

一审法院经审理认为，新楼房是老王头在婚姻关系存续期间出资购买并登记在自己名下，虽然本案原、被告双方都主张对新楼房进行了出资但提交的证据均不能予以证明，故新楼房应认定为老王头夫妻的遗产。关于遗嘱，遗嘱人以不同形式立有数份内容相抵触的遗嘱，其中有公证遗嘱的，以最后所立公证遗嘱为准。但是王二丫是二级精神残疾人，未参加工作，缺乏劳动能力，没有收入来源，生活拮据。老王头夫妻最后所立的公证遗嘱未保留二丫的遗产份额，因此，在对遗产进行处理时，应当为王二丫留下必要的遗产。最终判决：老宅子由王大海及洪蕊继承，新楼房由王二丫继承。

王大海不服并提出上诉，认为王二丫每月享受国家发放的补助 1200 元，医药费由国家全部报销，她还有丈夫、儿子养着，因此有生活来源。而且即便公证遗嘱应为王二丫留有必要份额，将新楼房全部份额判给王二丫也判的过多，应当只判三分之一给王二丫，三分之二应该判给王大海夫妻二人。二审法院最终维持一审判决。

法理分析

（一）必留份制度对遗嘱自由的限制

这个案例中出现了自书遗嘱、代书遗嘱、公证遗嘱等多份类型不同的遗嘱，关于多份遗嘱的效力问题，2021 年 1 月 1 日起施行的《民法典》中的规定与之前的原《继承法》中的规定有所不同。根据原《继承法》第 20 条的规定，立有数份遗嘱，内容相抵触的，以最后的遗嘱为准。自书、代书、录音、口头遗嘱，不得撤销、变更公证遗嘱。因此，在出现多份遗嘱时，最后成立的公证遗嘱效力最高，即便在公证遗嘱之后存在其他非公证遗嘱，也不影响公证遗嘱的效力。但根据《民法典》第 1142 条的规定，立有数份遗嘱，内容相抵触的，以最后的遗嘱为准。也即公证遗嘱与其他形式的遗嘱相比不再具有优先性，立有数份遗嘱的，以最后所立遗嘱为准。但由于本案所引发纠

纷发生在《民法典》施行前，根据《最高人民法院关于适用〈中华人民共和国民法典〉时间效力的若干规定》第1条第2款的规定，民法典施行前的法律事实引起的民事纠纷案件，适用当时的法律、司法解释的规定，因此，对本案遗嘱效力的认定，应适用原《继承法》的规定，以最后成立的公证遗嘱为准。但即便通过订立遗嘱，被继承人是否就能想把遗产留给谁就给谁呢？[①]

《民法典》第1141条规定，遗嘱应当对缺乏劳动能力又没有生活来源的继承人保留必要的遗产份额。此外，《民法典》第1155条还规定，遗产分割时，应当保留胎儿的继承份额。这是我国法律上的必留份制度。根据这种制度，如果继承人中有缺乏劳动能力又没有生活来源的（简称为“双缺”）和胎儿的，遗嘱必须为这两类人保留最低限度的财产份额，而不能完全按其主观意愿自由处分，否则未保留部分的遗嘱无效。

本案争议最大的问题在于：1.2013年的公证遗嘱是否应保留王二丫的份额？ 2.如果应当保留而未保留，遗嘱效力如何？该如何分配遗产？

（二）“双缺”继承人的界定

首先来看第一个问题，2013年的公证遗嘱是否应保留王二丫的份额？这个问题的关键在于，王二丫是否属于法律规定的“缺乏劳动能力又没有生活来源”的“双缺”继承人？

对于如何界定“缺乏劳动能力又没有生活来源”，目前法律并无明确规定。本案中，王二丫有丈夫和儿子，能够享受近亲属的扶养和赡养，同时每月还能领取国家的救济1200元，那么王二丫是否属于“没有生活来源”？

司法实践中的普遍观点是：有没有生活来源主要看继承人本人有没有稳定的、能维持当地群众生活水平的收入。没有生活来源应当是指本人没有合法收入，不包括近亲属对他的赡养、抚养和扶养。[②]因为这种必留份权和受

① 自此处以下的其他问题，《民法典》及《最高人民法院关于适用〈中华人民共和国民法典〉继承编的解释（一）》中的规定与之前的《继承法》及相关司法解释的规定一致，因此接下来将引用《民法典》及相关司法解释的相关内容。

② 贺州市中级人民法院（2017）桂11民终576号民事判决书，来源于中国裁判文书网。

扶养权是两种不同性质的权利，同时受法律保护，不能因为受到其中一种权利的保护就否定另一种权利的存在。[①] 比如，武大去世了，武大生前立下遗嘱，将自己所有的财产都留给弟弟武二继承，但武大还有一个 5 岁的女儿，此时，虽然武大的老婆金莲还能靠打工来养活其娘俩，但武大在立遗嘱时也应当给 5 岁的女儿留下必要的份额，因此，武大的这份遗嘱是有问题的。本案中，二丫虽然有丈夫和儿子，但这并不能说明二丫就有生活来源。

再接着说每月 1200 元国家救济的事。王二丫每月能领取 1200 元国家救济是否就意味着二丫有生活来源呢？从字面上来看，似乎确实如此。但是，对法律条文的理解不能过于教条，而要考虑法条的立法目的以及案件所处的社会经济条件，否则很容易导致因机械适用法律而造成的不公平。法律为什么要制定必留份制度呢？是为了保障特定类型的被继承人的基本生活，防止遗嘱人通过立遗嘱的方式将应当由家庭承担的义务推向社会。[②] 本案中，即便王二丫每月能够获得国家救济，但该救济显然无法满足王二丫的正常居住生活，如果不通过必留份制度对遗嘱进行限制，就会导致王二丫因无法从父母那里获得财产而生活更加贫困，最后由社会来为二丫的贫困买单，但王二丫的原生家庭成员却因此免除了其应尽的互相扶助义务，这显然是不公平的。因此，即便有的缺乏劳动能力的继承人有一定的经济收入，但该收入如果达不到当地群众的平均生活水平（一般根据当地当时的居民人均生活费数额判断）[③]，在司法实践中也会被认定为“没有生活来源”。因此一审和二审法院都将王二丫认定为“缺乏劳动能力又没有生活来源”的继承人，并认为 2013 年的公证遗嘱应当给二丫保留必要的份额。

（三）“双缺”继承人的权利保障

再来看第二个问题，遗嘱没有保留“双缺”继承人的份额，是不是意味

① 参见刘伶：《我国遗嘱自由限制研究》，哈尔滨理工大学 2018 年硕士学位论文，第 15 页；参见（2014）浙杭民终字第 2971 号民事判决书。

② 王利明主编：《民法》（第五版），中国人民大学出版社 2011 年版，第 537 页。

③ 贺州市中级人民法院（2017）桂 11 民终 576 号民事判决书，来源于中国裁判文书网。

着这份遗嘱就作废了呢？如果没有作废，又该如何分遗产呢？

《最高人民法院关于适用〈中华人民共和国民法典〉继承编的解释（一）》第 25 条规定："遗嘱人未保留缺乏劳动能力又没有生活来源的继承人的遗产份额，遗产处理时，应当为该继承人留下必要的遗产，所剩余的部分，才可参照遗嘱确定的分配原则处理。继承人是否缺乏劳动能力又没有生活来源，应按遗嘱生效时该继承人的具体情况确定。"

那么，如何理解"必要的遗产"呢？目前我国法律也没有明确的规定。在实践中，法官将根据案情自由衡量，一般会以缺乏劳动能力且无生活来源的继承人能获得足够的生活条件为衡量标准。[①] 本案中，老王头和包老太的遗产主要就是两处房子，这两处房子都是两居室，可以供一个四口之家正常生活，面积也都差不多。综合两套房屋的面积、价值，再考虑到王大海一家一直居住在老宅、王二丫一家一直居住在新楼房的历史和现状，一审法院酌定由两家人各自继承现在居住的房屋，二审法院亦予以支持。

知识拓展

（一）遗嘱是否为"双缺"继承人保留必要遗产份额的判断标准

认定遗嘱中是否对"双缺"继承人保留了必要的遗产份额，不能仅仅看遗嘱的形式上是否指定其继承遗产。只要遗嘱人在处分遗产时为缺乏劳动能力又没有生活来源的继承人今后的生活作出了特别安排，就应当认定遗嘱为"双缺"继承人保留了必要的遗产份额。请看以下例子[②]：

2011 年 1 月，陈渔、陈樵和陈耕之父陈扶风死亡。陈扶风生前为家族企业老板，留有遗嘱。因其配偶已先于陈扶风死亡，故陈扶风在遗嘱中为其长

---

① 吴国平：《我国遗嘱继承制度的不足与完善》，载《南通大学学报（社会科学版）》2011 年第 27 期，第 46 页。

② 刘德权主编：《最高人民法院司法观点集成（民事卷Ⅴ）》，中国法制出版社 2017 年版，第 3193—3194 页。

子陈渔、次子陈樵各留有公司股份的30%，小儿子陈耕本来一直与陈扶风共同经营企业，但三年前因车祸重伤，丧失行为能力。考虑到陈耕的再婚妻子胡美艳在其遭遇车祸丧失行为能力后曾经提出过离婚，只是因为当时尚未对陈耕今后的生活作出妥善安排而被法院驳回，且胡美艳已经实际上与陈耕分居，为了保障小儿子陈耕今后的生活，陈扶风将家族企业股份的35%留给了陈耕之子陈南岳并限制陈南岳在陈耕有生之年转让股份。陈扶风在遗嘱中要求陈南岳照顾其父陈耕的生活，陈渔、陈樵对此负有监督之责，有权从陈南岳每年应分得的收益中直接划扣陈耕在疗养院的全部生活护理费用。

2011年2月，胡美艳以陈耕的法定代理人的身份起诉陈渔、陈樵、陈南岳，请求法院认定陈扶风的遗嘱无效，按照法定继承的原则分割陈扶风的遗产，理由是陈扶风的遗嘱没有给丧失劳动能力的法定继承人陈耕留有遗产。陈渔、陈樵和陈南岳则认为，陈扶风的遗嘱合法有效。陈扶风正是考虑到已经丧失行为能力的陈耕主要靠其子陈南岳照顾，且胡美艳已经与陈耕分居的事实，为了使陈耕今后的生活得到经济保障，才通过遗嘱作出上述安排，不能因为遗嘱在形式上没有给陈耕留有遗产，就认定该遗嘱无效。

（二）胎儿必留份的遗产处理方式

上文已经提到，我国法律上的必留份制度还包括对胎儿，也即我们说的"遗腹子"的必留份。那么，如果遗嘱中并没有对胎儿预留份额，遗产该如何处理呢？

根据《民法典》第1155条的规定，遗产分割时，应当保留胎儿的继承份额。胎儿出生时是死体的，保留的份额按照法定继承办理。《最高人民法院关于适用〈中华人民共和国民法典〉继承编的解释（一）》第31条第2款规定，为胎儿保留的遗产份额，如胎儿出生后死亡的，由其继承人继承；如胎儿娩出时是死体的，由被继承人的继承人继承。《民法典》第16条规定，涉及遗产继承、接受赠与等胎儿利益保护的，胎儿视为具有民事权利能力。但是胎儿娩出时为死体的，其民事权利能力自始不存在。

因此，如果遗嘱人在立遗嘱时知道有"遗腹子"的，应当给胎儿留下份额。如果胎儿出生的时候就是死胎，那就相当于这个孩子从来没有存在过，为这个孩子预留的份额就按照法定继承的规则再次分配。但如果胎儿出生的时候是有过生命但很快又去世了的（哪怕只存活了一分钟），给孩子预留的财产也应该由这个孩子继承，孩子死亡后，这份财产再由孩子的继承人按照法定继承的规则进行继承。

但如果遗嘱人在立遗嘱时不知道有胎儿的存在或者因其他原因没有给胎儿留下继承份额的该怎么处理呢？《最高人民法院关于适用〈中华人民共和国民法典〉继承编的解释（一）》第31条第1款规定："应当为胎儿保留的遗产份额没有保留的，应从继承人所继承的遗产中扣回。"因此，如果遗嘱中未保留胎儿的份额，孩子出生后，其法定代理人就应当替孩子要求其他获得了遗产的继承人将孩子的份额还给孩子。

普法提示

个人财产不受侵犯，个人有权自由处分自己的财产，这是宪法赋予的权利，遗嘱自由也是财产处分自由的具体体现，因此，只要是具有完全民事行为能力的人都有权通过遗嘱来分配自己的财产。

但是，这种遗嘱自由是有限制的。遗嘱应当遵守法律规定，给特定类型的法定继承人保留必要的份额。不论特定类型的法定继承人是否对立遗嘱人尽过赡养义务，也不论立遗嘱人对特定类型的法定继承人的感情如何，在遗嘱中都应当对特定类型的法定继承人有所安排，保证其享有必要份额，否则所立遗嘱将因违反法律关于必留份制度的强制性规定而部分无效。

案例七

遗嘱与遗赠扶养协议的效力

何雨亭[①]、唐丽珺[②]

案情回顾

在我国农村地区，养儿防老的观念和意识仍然大量存在，老人在家庭中主要由儿女供养。但是，人生总会充满意外。本案即基于养儿防老的传统观念的影响而发生，当独子早逝，丧偶儿媳与他人婚后共同承担了赡养老人的义务，始终未尽赡养义务的女儿却手持继承遗产的遗嘱，在此情况下，老人与扶养人签订了遗赠扶养协议。老人逝世后，女儿与儿媳对簿公堂，庭审中，遗嘱与遗赠扶养协议将产生怎样的碰撞，老人的遗产又何去何从，且听作者慢慢道来。

李利民和徐桂兰是平谷区某村的普通农民，两人育有一子一女，女儿李梅比儿子李强大一岁。李梅 20 岁时便出嫁到邻村，因为生活并不富裕，除了过年过节鲜少回娘家。李强 23 岁时经人介绍与外地人王芳结婚，按照本地的生活习俗，二人婚后与李利民、徐桂兰共同生活，一家四口其乐融融，老两口盼望着王芳能够早日怀孕生子，为李家传宗接代。2003 年，徐桂兰因病去世，李强、王芳为母亲料理了后事。2005 年王芳终于生下一个女儿，取名李小琴。不料，孩子刚满 1 周岁，李强就因为突发疾病死亡，留下了年迈的父亲和年幼的孩子。因为小琴是李利民唯一的孙女，李利民恳请王芳留在李家，王芳也不想丢下身体不好的公公和年弱无辜的幼女，便继续在李家生活。但没了李强的收入，生活的重担都压在了王芳一人身上，王芳渐渐感觉力不从心，李利民看在眼里，也催促王芳找个老实人结婚，不要一人扛。三

① 北京市平谷区人民法院审判管理办公室（研究室）工作组组长、法官。

② 北京市平谷区人民法院刑事审判庭（未年成人案件审判庭）副庭长、法官。

年后，王芳终于找到了一个同意共同照顾公公和女儿的男人马良。马良虽然也是外地人，但踏实肯干、老实善良，不嫌弃李利民年老体弱、疾病缠身，对小琴亦是视若己出。李利民同意了王芳和马良的亲事，二人办理了结婚登记，马良搬到了李家，与王芳共同照顾李利民，两人孝老爱亲，成为村内的一桩佳话。

平静而幸福的生活维持了六年，2013 年，李利民突然病重，瘫痪在床，老人的医药费花销和小琴的生活费用都增加了不少，马良对此没有半句怨言，更加努力挣钱，王芳也尽心尽力照顾老人和孩子。然而，李梅得知父亲病重，以照顾父亲为由将李利民接到家中，两个月后又送了回来。李利民回家后常常发愣，有时欲言又止，最终李利民向王芳和马良说出了实情。原来李梅将李利民接到家中后苦言相劝，声称自己才是李利民的亲骨肉，不能让家中的老房落到外人手中，并承诺会好好对待小琴。经过几日的软磨硬泡，李利民写下了遗嘱，将老房赠与女儿李梅。王芳和马良得知此事后对此非常气愤，而且李梅拿到遗嘱后并没有履行赡养义务，径自将李利民送回老房，李利民对女儿也寒了心。经过商量，李利民决定重新立遗嘱，为了对抗女儿手中的遗嘱，也为了保障自己的晚年生活，李利民决定与王芳、马良签订遗赠扶养协议，李利民委托律师起草了协议草案，载明："乙方（王芳）、丙方（马良）一直和甲方（李利民）一起居住，赡养甲方。现甲方年事已高，体弱多病，经与乙方、丙方协商，就遗赠扶养事宜达成协议如下：一、由乙方、丙方承担甲方的衣食住行、医疗、殡葬等费用，使老人安度晚年，直至甲方去世。二、甲方自愿将老房中属于甲方的份额自愿赠与乙方、丙方所有。三、如甲方的上述房屋日后得以拆迁，拆迁补偿款等各项费用在其去世之后归乙方、丙方所有，其他人不得享有。四、二扶养人同意接受遗赠人的赠与，并承诺为甲方养老送终。"李利民、王芳、马良分别签名后，由村委会主任在见证人处加盖了村委会印章。其后，王芳、马良一如既往地照料李利民的生活起居，按照约定履行了对李利民的赡养义务。两年后，李利民因病经医院抢救无效死亡，王芳和马良进行了安葬。

李利民去世后，李梅拿着遗嘱要求王芳、马良搬出老房，被王芳、马良拒绝，两个月后李梅将王芳、李小琴起诉到当地法院，要求按照遗嘱继承老房财产。法院受理后，依法追加马良作为共同被告参加诉讼。

庭审中，原告李梅坚称自己手中的遗嘱是李利民亲手所写，是其真实意思表示，对方手中的遗赠扶养协议系伪造，且签署时李利民患有严重疾病，意识不清，不具有法律效力。而王芳、马良、李小琴一方则认为李梅手中的遗嘱来历不明，有涂改痕迹，不能证明是李利民自书遗嘱，即使是亲手所写亦是受到李梅的威逼利诱，而己方所持协议经过村委会见证，是合法有效的协议，而且王芳、马良亦按照协议约定对李利民履行了生养死葬的义务，应当继承老房。为了查明案件事实，法庭前往村委会，找到了当初在协议上盖章的村委会干部，两名干部一致表示当天李利民和王芳、马良一起来到村委会，李利民要求村委会干部做个见证，要将老房赠与一直照顾自己的王芳和马良，王芳和马良也表示一定尽心照顾李利民，并给老人送终。村委会干部见三人都是自愿的，出于家庭和睦、孝老爱亲的考虑，在见证人处盖上了村委会的印章。之后，虽然听说一家人有一点小摩擦，但是总体上王芳和马良对李利民是按约履行了生养死葬的义务的。

法院经审理后认为，继承从被继承人死亡时开始。公民可以立遗嘱处分个人财产，也可以与扶养人签订遗赠扶养协议，按照协议，扶养人承担该公民生养死葬的义务，享有受遗赠的权利。立有数份遗嘱，内容相抵触的，以最后的遗嘱为准。被继承人生前与他人订有遗赠扶养协议，同时又立有遗嘱的，继承开始后，如果遗赠扶养协议与遗嘱没有抵触，遗产分别按协议和遗嘱处理；如果有抵触，按协议处理，与协议抵触的遗嘱全部或部分无效。本案中原告提交自书遗嘱，被告方提交遗赠扶养协议，且内容相互抵触，是原、被告双方争议的焦点。首先，原告提交的自书遗嘱为书写体，有李利民签名，并注明了年、月、日，虽有改动，但遗嘱意思清楚，符合农村的书写习惯，在无相反证据证明的情况下，可以认定为李利民本人书写，但原告对于遗嘱的来源在两次庭审中陈述不一、相互矛盾，因此，该份遗嘱的效力无法认定。其次，对于被告方提交的遗赠扶养协议，系双方真实意思表示，不违反法律和行政法规的强制性规定，合法有效，对当事人具有法律约束力，受法律保护。对于原告主张遗赠扶养协议系伪造和李利民签订协议时意识不清的意见，原告并未提供充足的证据证明，而村委会干部的证言等证据能够证明李利民在签订遗赠扶养协议时意识清醒，具有民事行为能力，故对于原告的该项意见，不予采纳。被告王芳、马良在签订遗赠扶养协议前后与李利民共同生活，履行了对李利民的生养死葬义务，有证人证言、丧葬费票据等证据证明，依法予以认定。最后，即使原告提交的遗嘱系李利民的真实意思表示，但其内容与遗赠扶养协议内容冲突，因为遗赠扶养协议的法律效力高于遗嘱，且遗赠扶养协议签订时间在遗嘱书写时间之后，按照法律规定，应当按照遗赠扶养协议处理。综上，法院认定李利民对涉案房屋享有的份额按照遗赠扶养协议处理，由被告王芳、马良继承所有。

法院判决后双方均表示服判息诉，老人的遗产得到了妥善处理，而姑嫂之间的亲情也在矛盾的一步步化解中得到了重建与回温。本案支持并肯定了遗赠扶养协议的效力，而遗赠扶养制度在为被继承人养老送终方面发挥了独特的作用，使被继承人的晚年生活和财产处分权以及受遗赠人的受遗赠权能够得到有效保护和保障，对于养老、扶老，减轻国家和社会负担，稳定社会秩序都具有重要意义。

法理分析

在我国，遗产继承的方式主要有法定继承、遗嘱继承、遗赠、遗赠扶养协议四种。一般情况下，对于老人来说，遗产均由自己的子女继承。但有些老人，因为一些特殊原因，扶养人并不是自己的子女，在此情况下，如果老人想将自己的遗产给予扶养人，就要签订遗赠扶养协议。那么，什么是遗赠扶养协议？遗赠扶养协议的特点有哪些？遗赠扶养协议的效力如何？下面就向大家介绍一下。

（一）遗赠扶养协议的内涵

遗赠扶养协议是指受扶养人和扶养人之间订立的关于扶养人承担受扶养

人的生养死葬义务，受扶养人将自己全部或部分财产遗赠给扶养人的协议。根据《民法典》第1158条的规定，自然人可以与继承人以外的组织或者个人签订遗赠扶养协议。按照协议，该组织或者个人承担该自然人生养死葬的义务，享有受遗赠的权利。

《民法典》将扶养人的范围扩大为继承人以外的组织和个人，符合现实需要。首先，我国人口老龄化现象突出，据统计，2019年年末全国60岁及以上人口约为17603万人，占总人口的18.1%，而且老年人口比重持续上升，在很长一段时间内，如何解决老年人养老问题都是重要的民生问题，而中国的社会保障制度尚未达到完全解决养老问题的程度；其次，在农村地区，农村集体经济组织社会保障能力逐渐减弱，应该在农村广泛倡导以签订遗赠扶养协议的方式实现对老年人和需扶养的人的生活保障问题；最后，在城市地区，老年人口多是退休职工，与其在岗时的企业或组织签订遗赠扶养协议具有合理性，非集体所有制的养老机构普遍存在，应该被赋予遗赠扶养协议的扶养人资格。因此，《老年人权益保障法》第36条也扩大了遗赠扶养协议的扶养人范围，规定老年人可以与集体经济组织、基层群众性自治组织、养老机构等组织或者个人签订遗赠扶养协议或者其他扶助协议。

（二）遗赠扶养协议的法律属性

1. 遗赠扶养协议的主体有限制。受扶养人只能是自然人，扶养人则必须是法定继承人以外的自然人或者组织、机构，而且须具有扶养能力和扶养条件，同时扶养人没有法定的扶养义务。遗赠扶养协议双方不应有《民法典》第1127条所列举的具有法定继承关系的亲属关系。

2. 遗赠扶养协议是合同行为。遗赠扶养协议双方没有法定继承关系存在，是平等主体之间意思自治基础上形成的，落脚点在于财产权益的实现，具有合同的性质。具体体现在协议必须建立在双方意思表示一致的前提下，协议生效后任何一方都没有任意变更或撤销协议的自由，它的解除以及违约责任的承担都需依照协议内容或者法律规定进行。

3. 遗赠扶养协议是双务法律行为。协议双方互相承担权利和义务。扶养人负有对受扶养人生养死葬的义务，享有在受扶养人死后取得协议约定的财产的权利；受扶养人享有在生前接受扶养人照顾的权利，负有将其遗产遗赠给扶养人的义务。

4. 遗赠扶养协议具有有偿性。遗赠扶养协议中扶养人对受扶养人财产的最终享有权以扶养人对受扶养人善意地履行了扶养义务为前提，也就是说，协议是有偿的，若未履行扶养义务，则应当剥夺扶养人受遗赠的权利。在上述案件中，遗赠扶养协议签署后，王芳和马良亦尽到了生养死葬的义务，因此依照协议享有继承遗产的权利。

5. 遗赠扶养协议是诺成性合同。双方意思表示一致即成立，不需以交付标的物为成立要件。但，遗赠扶养协议一般应为书面形式，并经双方签字生效，以便明确双方的权利义务，有利于协议的履行。遗赠扶养协议可以进行公证，也可以不公证，完全取决于当事人自己的选择。

6. 遗赠扶养协议成立即生效。遗赠扶养协议从协议成立之日起开始发生法律效力，是生前生效行为与死后生效行为的结合，而遗嘱和遗赠是从立遗嘱人死亡之日起发生法律效力，属于死后生效的行为。本案中，立遗嘱人李利民所立的遗赠扶养协议直接导致了其所立的遗嘱无效，这种无效是因为立遗嘱人生前行为直接予以否定。

（三）遗赠扶养协议的法律效力优先性

上述案件争议焦点和处理重点在于遗嘱与遗赠扶养协议的效力问题。我国《民法典》第1123条规定："继承开始后，按照法定继承办理；有遗嘱的，按照遗嘱继承或者遗赠办理；有遗赠扶养协议的，按照协议办理。"另，我国《最高人民法院关于适用〈中华人民共和国民法典〉继承编的解释（一）》第3条规定："被继承人生前与他人订有遗赠扶养协议，同时又立有遗嘱的，继承开始后，如果遗赠扶养协议与遗嘱没有抵触，遗产分别按协议和遗嘱处理；如果有抵触，按协议处理，与协议抵触的遗嘱全部或者部分无效。"从法律规定上看，在财产继承中，如果各种继承方式并存，应首先执行遗赠扶养协议，其次是遗嘱或遗赠，最后为法定继承。遗赠扶养协议的法律效力高于遗嘱继承、法定继承和遗赠。

从遗赠扶养协议的内容看，遗赠扶养协议是身份行为与财产行为的结合，在遗赠扶养协议中，既包含了遗赠人死后依约定将遗产无偿转让给扶养人的内容，也包含了扶养人生前对遗赠人尽赡养义务的内容，而赡养行为本身属于身份行为的范畴，它既包括为遗赠人提供物质上的帮助，也包括对遗赠人的生活料理、精神抚慰等多项非财产性质的行为。遗赠扶养协议一经签订，双方特别是扶养人必须遵守协议的规定，认真履行扶养义务，如果扶养人不尽义务，或者以非法手段谋取被扶养人的财产，人民法院可以依法剥夺扶养人的受遗赠权。如果扶养人不认真履行扶养义务，致使被扶养人生活困难、缺乏照料，人民法院可以酌情对遗赠财产的数额给予限制。同时，如扶养人履行了相应义务，被扶养人也应当按照协议将约定的财产遗赠给扶养人，其生前有权占有、使用、收益该项财产，但不得通过变卖、赠与、设定抵押等方式擅自处分该财产。

综上，上述案件中的遗赠扶养协议是双方当事人之间的真实意思表示，理所当然是有效的，而原告方所持遗嘱因遗赠扶养协议的签署而归于无效，也是基于遗嘱是单方法律行为，立遗嘱人可以随时予以变更，遗赠扶养协议对原遗嘱变更后，原遗嘱便无效了。遗赠扶养协议的优先效力是合同社会效应的体现[①]，同时也是为了防止遗赠人假借遗嘱、无偿遗赠等形式恶意转移财产，损害扶养人权益。

知识拓展

（一）遗赠扶养协议之间的效力之争

上文中论述了遗赠扶养协议与其他继承方式的效力优先性，若遗赠人生前与多位扶养人订立数份遗赠扶养协议的，其效力应当如何确定呢？

---

① 王旭光、王明华：《论继承契约的效力》，载《人民司法》2013年第19期，第68页。

笔者认为应当视情况而定。首先，若数份遗赠扶养协议的标的是遗赠人的不同遗产时，则各扶养人的受遗赠权均互不影响，即便数份协议签订的时间不同，或者扶养人并不明知还有其他协议，也不影响协议的效力。其次，若数份遗赠扶养协议的标的相同，则受扶养人构成对扶养人的欺诈。若扶养人在受扶养人生前发现这一情况，有权以欺诈为由，解除与受扶养人的遗赠扶养协议，并有权要求补偿其支付的供养费用；若扶养人是在受扶养人死后发现这一情况的，则可以按照数位扶养人承担扶养义务的程度来分割受扶养人的遗产。

（二）遗赠扶养协议不能对抗必要遗产份额规定

《民法典》第 1141 条规定，遗嘱应当为缺乏劳动能力又没有生活来源的继承人保留必要的遗产份额。如果公民订有遗赠扶养协议，扶养人的受遗赠权是否应让位于缺乏劳动能力又没有生活来源的继承人对必要遗产份额的请求权呢？

笔者认为，遗赠扶养协议不能对抗必要遗产份额规定。必留份制度的设置是基于法定继承人的亲属身份关系，其目的在于维护亲属身份的伦理价值，保护一定范围的近亲属的继承期待权，从而维护家庭的稳定，实现家庭养老育幼的职能。① 因此，为了保障无劳动能力且无经济来源的法定继承人的基本生活，同时维持亲属身份的伦理价值，遗赠扶养协议中约定的遗产，若影响到无劳动能力且无经济来源的继承人所保留的必要遗产份额时，扶养人的受遗赠权应当让位于该继承人对必要遗产份额的请求权。

普法提示

遗赠扶养协议的内容必须具备真实性、合法性和可履行性，条款应当尽量完备。为了更好地保护协议双方的权益，在拟定遗赠扶养协议的过程中，

① 夏吟兰：《特留份制度之伦理价值分析》，载《现代法学》2012 年第 5 期，第 16 页。

应当包含以下内容：

1. 遗赠人与扶养人的基本情况

应分别写明双方的姓名、性别、出生年月、民族、籍贯和住址等基本信息。扶养人已婚，或有成年子女与之共同生活的，要征求其配偶及成年子女的意见，并应与其配偶共同为一方，与遗赠人签订协议。如扶养人为法人或其他组织，则应写明法人或组织的名称、住址、法定代表人及其代理人的姓名、职务。

2. 当事人自愿达成协议的意思表示

在协议中明确当事人缔约目的，如受扶养人无子女或子女不具有扶养条件、能力等，因年事已高、生活不能自理、无人照料等原因，需要扶养人照顾其生活起居。应当注明，协议经受扶养人与扶养人自愿协商一致后达成。

3. 双方当事人的权利义务

该部分是遗赠扶养协议的核心内容，应力求做到明确、具体、详尽。如协议签订后，受扶养人在日常生活中需要扶养人照顾、受扶养人患病时须进行救治并承担相应费用、受扶养人死亡后扶养人须进行妥善的后事料理，以及扶养人在受扶养人死亡后将取得哪些财产权利等事项均应予以规定。

4. 遗赠人的遗赠财产情况

为避免日后发生争议，遗赠扶养协议还应当注明遗赠财产的详细情况，包括财产的名称、种类、数量、质量、价值、坐落或存放地点、产权归属等。遗赠的财产应当是特定物，且不易消耗、不易灭失。需要特别提示的是，签订协议前需确保遗赠财产的权利属于遗赠人，遗赠人必须保证财产权属确无争议，口粮田、农村宅基地是不能继承的。

5. 遗赠财产的保护措施

签订协议后，遗赠人负有妥善保管遗赠财产的义务，遗赠财产的风险由遗赠人承担。协议签订后，受扶养人不得将该项财产赠与或出卖给他人，也不能通过立遗嘱等方式将该项财产另行处理。若遗赠财产灭失，应当及时签订新的遗赠扶养协议或者解除遗赠扶养协议，并对扶养人的扶养义务不对等部分进行适当补偿。

6. 协议的变更、解除及争议的解决

遗赠扶养协议经双方签字生效后，如有任何一方提出变更、解除协议的，必须征得对方同意，并重新签订解除协议或变更协议，按变更后的协议履行或解除。如受扶养人提出解除协议，应当根据扶养人已尽的扶养义务进行补偿。

7. 违约责任

协议双方当事人应严格按照合同约定履行合同义务。受扶养人在世时，扶养人应依约扶养受扶养人，受扶养人死亡后，扶养人应妥善料理后事。受扶养人应依约妥善保管遗赠财产，更不得违反协议，擅自处分遗赠财产。任何一方违反合同约定都应当承担违约责任，情节严重的可允许非违约方单方解除合同。

案例八

侄子受赠婶母财产被拒，婶母之女提起解除之诉

——遗赠扶养协议履行引争议

信小静①

案情回顾

杜丽是杜奕昕、贾艳华的唯一子女。2003年3月，杜奕昕病故并留有口头遗嘱，百年后的丧事由侄子杜勤操办，自己名下的房产、责任田、存款均由杜勤继承。杜勤依据杜奕昕、贾艳华、杜丽的心愿为杜奕昕操办了丧事并依照风俗做了大、小祭日。2004年4月8日，杜勤（甲方）与贾艳华（乙方）在杜奕明、杜丽、杜芬、杜奕民的见证下签订了协议书，内容为："根据杜奕昕生前口头遗嘱，乙方的房产、责任田、存款由甲方继承，甲方应尽到以下义务：1.现有三间瓦房由甲方负责翻新，甲方必须给乙方留出居住房和厨房各一间，直到乙方寿终为止；2.甲方每月给付乙方生活费50元并负责乙方的吃住、看病等一切花销，做到养老送终。此协议自2004年4月8日生效。"杜勤、贾艳华及见证人杜奕明、杜丽、杜芬、杜奕民均在协议书上签了字。

协议书签订后，杜勤依照协议每月给付贾艳华生活费50元至2006年6月。2004年8月，杜勤将贾艳华三间瓦房翻建成二层楼房并为贾艳华留有一间住房和一间厨房。2006年6月，贾艳华被查出患了肺病，杜勤积极给贾艳华治疗，支出了医疗费及相关费用6000元。同年8月，因杜丽将其父母的责任田租给别人耕种，杜勤与杜丽产生矛盾。2006年10月，杜丽将贾艳华拉回自己家中，杜丽支出医疗费用和相关费用12000元。后杜勤上门要求接回贾艳华扶养，杜丽拒绝。2006年11月11日，杜丽与贾艳华在律师见证下办理了见证遗嘱："1.因杜勤不承担遗嘱人贾艳华的医疗费用和赡养费，因

① 北京市平谷区人民法院立案庭（诉讼服务中心）工作组组长、法官。

此立遗嘱人贾艳华声明2004年4月8日与杜勤所签订的协议书无效；2.立遗嘱人贾艳华的所有遗产由其女杜丽继承……”2006年11月30日，贾艳华病故。杜勤亲自到杜丽家中商量欲将贾艳华遗体拉回办丧事遭到拒绝，村委会协调未果。后杜丽为贾艳华办理了丧葬事宜，支付了丧葬费用。

2007年，杜丽将杜勤诉至法院，要求解除杜勤与贾艳华之前的遗赠扶养协议关系。杜丽认为，杜勤与贾艳华签订的遗赠扶养协议违反法律的相关规定，不应受法律保护。遗赠扶养协议是扶养义务在先，只有受赠人完全履行了扶养义务，为遗赠人养老送终后才能接受遗赠财产。因杜勤未履行相应义务，应取消其接受遗产的权利。另外，遗赠人贾艳华生前以见证遗嘱的形式明确表示遗赠扶养协议无效，故法院应确认杜勤与贾艳华之间签订的扶养遗赠协议无效，恢复被继承人财产的原状，应由唯一合法继承人杜丽继承。

杜勤辩称：遗赠扶养协议是杜勤、贾艳华、杜丽在几位见证人见证下协商一致达成的，协议中有三方亲笔签字，应是双方的真实意思表示。遗赠扶养协议签订后，杜丽、贾艳华未曾提出过任何异议。事实上，杜勤已全部履行了杜奕昕百年后的义务，且自杜奕昕去世后一直负责贾艳华的衣食住行，其未能全部履行对贾艳华看病埋葬义务，是因杜丽将杜奕昕的责任田转租给别人引起的矛盾，杜丽以此为借口将病危的贾艳华拉回自己家中，其多次要求履行扶养义务，并请村干部协调请求承办婶母贾艳华的丧事均被拒绝，其未能完全履行扶养送终义务不是不愿，而是被拒绝。故不同意杜丽的诉讼请求。

原审法院认为，杜丽之父杜奕昕死亡前留有遗嘱，至杜勤与贾艳华签订协议书间隔有1年多的时间，如果杜丽、贾艳华存在重大误解，在杜勤为其叔父杜奕昕办理丧事并继承遗产时，可以反悔提出异议，但二人不仅没有提出不同意的意见，还与杜勤签订协议书，杜丽也在协议书上见证签字。贾艳华、杜丽与杜勤签订协议书的行为，可以得出协议书是二人的真实意思表示。另外，杜勤已完全履行了对杜奕昕百年后的义务。至贾艳华诊断为肺病前，杜勤对贾艳华已履行了与相应时间相适应的大部分协议义务，从贾艳华诊断为肺病至其病逝，因杜丽将母亲贾艳华接回自己家中，杜勤要求履行扶养义务、承办丧事均遭到拒绝，杜勤未能履行扶养义务不是不愿而是不能，故驳回杜丽的诉讼请求。

二审法院经审理认为，杜勤与贾艳华签订的协议书是建立在杜奕昕口头遗嘱的基础上，并且杜勤已实际履行义务的前提下，杜丽及其他见证人在场时共同协商签订的，是当事人的真实意思表示。协议签订后，杜勤依双方签订的协议书履行了大部分的扶养义务，对贾艳华原有房屋进行了翻建，对贾艳华尽了扶养义务。杜勤后期未能完全履行扶养义务的原因系杜丽将责任田转租给他人，因而引起双方矛盾。双方产生矛盾后，杜丽将病危的母亲拉回自己家，贾艳华的扶养及去世后的丧事办理，杜勤主动上门要求操办及村干部进行协调，均因杜丽拒绝而杜勤未能如愿。杜勤未能完全履行协议内容并不是不愿，而是不能。故二审法院维持了一审法院的判决结果。

法理分析

（一）遗赠扶养协议的要件分析

遗赠扶养协议，是遗赠人与扶养人签订的、由扶养人承担遗赠人生养死葬的义务，遗赠人将自己的合法财产的一部分或全部于其死后转移给扶养人所有的协议。

遗赠扶养协议作为民事法律行为，需要具备民事法律行为的有效要件。根据《民法典》第143条之规定："具备下列条件的民事法律行为有效：（一）行为人具有相应的民事行为能力；（二）意思表示真实；（三）不违反法律、行政法规的强制性规定，不违背公序良俗。"如果遗赠扶养协议成立且生效，需要符合前述规定。

1.行为人具有相应的民事行为能力，即指当事人需具备与其所从事的民事法律行为相应的能力，通俗来讲即指当事人能否为自己的行为负责。集体经济组织的行为能力没有太大争议，在此不做详细介绍，笔者主要介绍自然人的行为能力认定。我国法律依据年龄、心智发展健康状况将自然人的民事行为能力分为三个等级：

（1）完全民事行为能力人：年满18周岁且心智正常的人；16周岁以上的未成年人，以自己的劳动收入为主要生活来源的，视为完全民事行为能力人。完全民事行为能力人可自主决定是否签署遗赠扶养协议。

（2）限制民事行为能力人：8周岁以上不满18周岁的未成年人（不含已满16周岁以自己劳动收入为主要生活来源的未成年人）；不能完全辨认自己行为的成年人。限制民事行为能力人的遗赠扶养协议，可由法定代理人为保障限制民事行为能力人的合法利益而代为签订。另外，限制民事行为能力人签订的遗赠扶养协议亦可以经其法定代理人同意、追认而有效。

（3）无民事行为能力人：不满8周岁的未成年人；不能辨认自己行为的人。无民事行为能力人不能签订遗赠扶养协议，只能由法定代理人实施，法定代理人也必须尽到善管义务，不得损害无民事行为能力人的利益。

2. 意思表示真实。与之相对应的概念是意思表示不真实，常见的情形有：因重大误解签订的遗赠扶养协议；受胁迫、欺诈签订的遗赠扶养协议；遗赠扶养协议的内容显失公平。遗赠扶养协议出现前述情形，当事人或利害关系人可以主张撤销。

3. 不违反法律、行政法规的强制性规定，不违背公序良俗，也就是民事法律行为的内容需要合法。

本案中，首先，杜勤、贾艳华均为年满18周岁的成年人，可以独立从事民事法律行为，即签订遗赠扶养协议。其次，杜丽之父杜奕昕病故前作出了口头遗嘱，由杜勤办理丧事并继承其名下财产，杜勤已完全履行了对杜奕昕百年后的义务，杜勤此时已按杜奕昕的遗嘱继承了协议书中指明财产的一半。如果杜丽、贾艳华认为杜奕昕做出的口头遗嘱不妥，完全可以提出异议并要求确认该项民事法律行为无效或撤销该民事法律行为。相反，杜丽、贾艳华不仅同意了杜勤办理丧事，且在一年后均参与了遗赠扶养协议的签订，杜勤也依照遗赠扶养协议履行了部分义务，直至双方因责任田产生矛盾，说明遗赠扶养协议内容是二人的真实意思表示。最后，遗赠扶养协议书中的内容，侄子赡养婶母，婶母的财产在其百年后由侄子继承，符合法律规定，亦不违背公序良俗。综上，从民事法律行为的要件分析，杜勤与贾艳华签订的遗赠扶养协议是有效的，而非杜丽主张的无效。

（二）遗赠扶养协议的解除及后果

遗赠扶养协议一旦签订并生效，双方均应如约遵守，但如一方或双方不履行遗赠扶养协议或出现遗赠扶养协议不能履行时应如何处理？当事人是否有权要求解除遗赠扶养协议？

笔者认为遗赠扶养协议虽涉及生养死葬及财产处理等，但其本质上是附条件、义务的协议，既然是协议在一定条件下是可以解除的。遗赠扶养协议的解除通常可分为合意解除、单方解除和法定解除三种。

1. 合意解除。审判实践中，存在扶养人与遗赠人均认可解除遗赠扶养协议的情形。既然遗赠扶养协议是双方基于意思自治达成，也可以双方协商一致解除。至于遗赠扶养协议解除后，由哪方进行补偿或者不予补偿，皆可赋予当事人双方自由处置的权利。法律应尊重缔约自由的精神，不应过于干涉当事人的协议自由。

2. 单方解除。由于遗赠扶养协议对遗赠人、扶养人主观意愿的依附性非常高，为保障遗赠扶养协议的充分履行，笔者认为遗赠人、扶养人应均有单方解除协议的权利。

（1）遗赠人的单方解除权

遗赠扶养协议中的扶养人，其扶养义务自协议生效时即发生效力，且是持续性的，直至遗赠人死亡时止，中间不得中断。如果扶养人无正当理由不履行扶养义务，或不认真履行扶养义务，致使遗赠人的生活经常处于缺乏照料的状况，或扶养人虐待遗赠人，则遗赠人有权要求解除遗赠扶养协议。遗赠扶养协议解除后，扶养人不能享有受遗赠财产的权利，其已经支付的扶养费用一般也不予补偿。审判实践中，是否充分履行扶养义务为此类案件的主要争议焦点。

（2）扶养人的单方解除权

由于遗赠扶养协议是以遗赠人将其约定的财产于死后为扶养人取得为条件而接受扶养的，因此，扶养人对于协议中约定的遗赠人财产享有期待权。

为了保障协议的履行和扶养人的财产期待权，未经扶养人同意，遗赠人不得擅自处分协议中约定的财产，如果擅自处分约定的财产，致使扶养人无法取得遗赠人财产的，或使约定的财产受到损害的，扶养人有权要求解除遗赠扶养协议，并可要求遗赠人补偿已经支付的扶养费用。审判实践中，主要表现的情形为：遗赠人生前另签订遗赠扶养协议，与他人形成遗赠扶养关系；遗赠人另立遗嘱将财产处分给他人；遗赠人生前将协议约定的财产出卖或赠与他人；遗赠人无正当理由不接受扶养，经扶养人催告仍然不接受等。

3. 法定解除。鉴于扶养行为本身具有特定的身份属性，当扶养人丧失扶养能力或先于遗赠人死亡的，协议自动解除。如果遗赠人与扶养人的继承人达成继续履行协议的，也可以由扶养人的继承人继续履行遗赠扶养协议。

（三）遗赠扶养协议解除的后果

遗赠扶养协议解除后，尚未履行的权利义务终止履行；已经履行的权利义务，根据履行的实际情况和引起协议解除的原因分别进行处理。首先，在双方合意解除或法定解除情况下，遗赠人通常应当对扶养人已经履行的扶养义务予以适当金钱补偿，但需充分尊重双方的意思自治，扶养人放弃补偿也是允许的。其次，单方解除遗赠扶养协议的，如因扶养人的过错致协议解除的，扶养人不得就其已履行的义务要求遗赠人补偿；协议解除如系遗赠人的过错所致，遗赠人应对扶养人已经履行的扶养义务的价值进行全额补偿，扶养人请求损害赔偿的，可视遗赠人的履行能力酌情考虑。最后，遗赠扶养协议解除以后，负有法定赡养义务的继承人仍然需要对遗赠人承担赡养的法定义务。

具体到本案中，杜勤与杜丽因责任田产生矛盾，杜丽将母亲贾艳华接到自己家中，后杜勤上门主动协调扶养或处理丧葬的事宜，杜丽均拒绝。村委会也组织了协调，均未果。可见，杜勤并不是不想履行扶养义务，而是履行扶养义务受阻，即杜丽的行为客观上阻止了杜勤的扶养义务，再结合贾艳华在被杜丽接回家中之前，杜勤提供了住房并依约负担生活费和医疗费的情形，故不能认定杜勤无正当理由未尽扶养义务。故不能解除杜勤与贾艳华之间的遗赠扶养协议。

知识拓展

（一）遗赠人死亡后，扶养人未尽扶养义务时如何处理

遗赠人具有完全民事行为能力时，扶养人不履行扶养义务或不认真履行扶养义务，遗赠人自己可以自主选择是否解除遗赠扶养协议。如果遗赠人为限制行为能力人时，可以由法定代理人行使解除权，均可实现对遗赠人权利的保护，以期实现遗赠人订立协议的最初预期。一旦遗赠人死亡，无法行使解除权，如果扶养人未尽扶养义务，遗赠人的权利如何保障?

遗赠人的利害关系人可以提出取消扶养人受遗赠权利之主张。如果遗赠人已经死亡，其解除遗赠扶养协议的权利可以由其继承人或者有关单位行使。审判实践中，解除遗赠扶养协议或取消扶养人受遗赠的权利多由遗赠人的法定继承人提起。如果取消了扶养人的受遗赠权，实际上也就是由利害关系人终止了遗赠扶养协议或解除了遗赠扶养协议，协议中指明的财产恢复继承前状态，由遗嘱继承或法定继承处理。

利害关系人提出解除遗赠扶养协议的主要情形：①扶养人在遗赠人生前未尽扶养义务或虐待、遗弃遗赠人；②扶养人在遗赠人死亡后未尽丧葬义务；③协议订立后，遗赠人变成无民事行为能力或限制民事行为能力的人，无法维护自身权益。对于利害关系人要求解除协议或取消扶养人接受遗赠的诉讼，法院一般会根据不同的情形具体处理：①如果扶养人确实没有对遗赠人尽到生养死葬义务的，可酌情减少其受遗赠财产的数量；②扶养人完全没有对遗赠人尽到生养死葬义务，或者以非法手段谋取遗赠人财产的，则可以取消扶养人获得遗赠财产的权利；③如果扶养人对已变成无民事行为能力或限制民事行为能力的遗赠人不履行或不认真履行扶养义务，则可视案件情况判决解除遗赠扶养协议，扶养人已经支付的供养费用可酌情补偿。

（二）口头遗赠扶养协议的效力认定

遗赠扶养协议的形式要件，我国《民法典》未明确规定。在我国农村地区，以口头方式所订立遗赠扶养协议的情形较为常见，如仅以非书面形式否认其效力也缺乏明确的法律依据，同时不利于矛盾的有效解决，故不应一概否认口头遗赠扶养协议的效力。但因遗赠扶养协议指明的财产多涉及房产这样的不动产，裁判者应对口头遗赠扶养协议进行更多的审查，对扶养人一方提高证明标准。扶养人不但需要对遗赠扶养协议的订立有相关证明，还需提供已对遗赠人尽到充分的扶养义务。如果扶养人尽到这些证明标准，可以认定遗赠扶养协议成立。

为保证遗赠人与扶养人的合法权益，笔者建议遗赠扶养协议采用书面形式，明确双方权利义务、财产范围等。如双方存在纠纷，调查取证也更为便利，以实现遗赠人希望通过订立契约保障其生养死葬的初衷。

普法提示

遗赠扶养协议无效即指不符合法律规定的有效条件不生效；遗赠扶养协议解除是建立在协议生效基础之上，基于某种事由导致协议提前终止履行，如果遗赠扶养协议存在重大误解、欺诈、胁迫、显失公平的情形，当事人可以提出撤销协议，使已经生效的协议归于无效。详见下表：

协议效力类型	成立时	最终结果
遗赠扶养协议无效	无效	无效
解除遗赠扶养协议	有效	审查是否符合解除条件，符合条件解除；不符合条件不能解除
可撤销的遗赠扶养协议	有效	存在重大误解、欺诈、胁迫、显失公平，可以撤销，合同自始无效；否则不能撤销

确认遗赠扶养无效以及撤销遗赠扶养协议均需要通过诉讼进行解决。合意解除或法定解除遗赠扶养协议，可不通过诉讼处理，如果双方产生争议，可通过诉讼解决。单方解除遗赠扶养协议，从情感上来看，遗赠扶养协议以

契约为基础，缺乏像家庭成员之间的天然情感，责任感脆弱。又因遗赠人与扶养人之间长期存在供养关系，难免出现生活矛盾，双方的信赖基础缺乏，以致矛盾发生后，双方的纠纷只能通过诉讼的方式解决。

本案中的杜丽在诉讼中反复提出遗赠扶养协议无效的概念，基于的事由是重大误解，很显然这属于可撤销遗赠扶养协议的范畴；同时，贾艳华在见证遗嘱中陈述因杜勤不履行扶养义务而遗赠扶养协议无效，这应属于解除遗赠扶养协议的情形。杜丽和贾艳华出现不同的陈述，就是不熟知三个概念的区分，希望公众能够准确区分三个概念，根据不同情形提出对自己有利的主张。

第四章

遗产的处理

案例一

遗赠的接受和放弃

——收养关系不成立，“养女”能否以遗赠方式获得遗产

史磊鑫[①]

案情回顾

孔丽丽与陈大明结婚多年，因种种原因，婚后二人一直未生育子女。为了居住和养老需要，陈大明和孔丽丽二人在婚后共同购买了花园小区的一套房产（房屋1号），并将该房产登记在陈大明名下。陈大明在2018年1月26日因病去世，在此之前，陈大明的父母已经去世。陈大明去世后，孔丽丽前往公证处办理继承公证，要求继承陈大明对房屋1号所享有的50%的份额以及陈大明名下的银行存款，但是在办理公证时，公证处人员提出，公安局的户籍证明中显示陈大明还有一名养女陈红（原名李红），陈红享有继承权，所以孔丽丽无法获得陈大明的全部遗产，孔丽丽认为陈红并非陈大明的养女，不能继承陈大明的遗产，故孔丽丽起诉至法院要求继承陈大明对房屋1号所享有的50%的份额以及银行存款。

针对孔丽丽的起诉，被告陈红答辩称，陈红是陈大明的外甥女，但后因陈大明与孔丽丽婚后一直没有生育子女，所以陈大明收养陈红为养女，陈红按照习俗跟随陈大明的姓氏。在1980年6月1日，陈红作为陈大明的养女将户籍迁入陈大明处。陈红表示其作为养女，在陈大明与孔丽丽均有退休工资的情况下，每年仍给其5000元至6000元的生活费。在陈大明去世后，还另给付孔丽丽1万元作为办理丧葬事宜的费用，陈红对陈大明、孔丽丽尽到了赡养义务。另外，陈红还提出陈大明在生前已立有遗嘱，遗嘱称，陈大明与妻子孔丽丽共有房屋1号，各占50%的份额，属于陈大明的50%份额的

① 北京市平谷区人民法院立案庭（诉讼服务中心）法官助理。

房产由其外甥女陈红继承，属于孔丽丽的50%份额由其自行处置。《遗嘱》立遗嘱人处有陈大明签名并署日期2017年12月14日。签名下方另起一行内容为："要求陈红尽自己责任所同孔家一起照顾好舅妈晚年。此约绝无反悔。"下方另有陈大明签名并署日期2017年12月14日下午2点。

庭审中，孔丽丽认可了遗嘱的真实性，但是孔丽丽提出，陈红是陈大明的外甥女，与陈大明不存在父女关系，《遗嘱》中陈大明就称陈红为其外甥女，这恰恰证明了陈红并非陈大明的养女，所以陈红提交的《遗嘱》的内容属于遗赠，根据《继承法》[①]第25条的规定，受遗赠人应当在知道受遗赠后两个月内，作出接受或者放弃受遗赠的表示。到期没有表示的，视为放弃接受遗赠。陈红没有在法律规定的期限内作出接受遗赠的意思表示，应视为放弃接受遗赠，陈大明的遗产应当按照法定继承的方式由孔丽丽继承。况且《遗嘱》中写明陈红应尽自己责任照顾孔丽丽晚年，所以该遗嘱系附条件的遗嘱，因为陈红并未对孔丽丽尽到赡养义务，故不能按照《遗嘱》继承。

陈红辩称其是陈大明的养女，根据法律的规定，其无须作出接受遗产的意思表示，作为继承人，陈红没有表示放弃就应视为接受继承，另外，《遗嘱》中要求陈红照顾孔丽丽晚年的内容，是写在遗嘱签名和日期的下方，不是遗嘱的内容，应理解为对陈红的嘱咐，并不是陈红继承陈大明遗产的条件。

原审法院经审理后认为，双方当事人均认可陈大明和孔丽丽对系争房屋各享有50%的产权份额，故法院予以确认。继承开始后，按照法定继承办理；有遗嘱的，按照遗嘱继承或遗赠办理。在庭审中，双方当事人对《遗嘱》系陈大明所书均无异议，该遗嘱系陈大明的真实意思表示。孔丽丽虽主张陈红未在法律规定的期限内作出接受遗赠的意思表示，但陈红在当时认为自己系陈大明的养女，属于法定继承人之一，无须作出接受遗赠的意思表示亦符合常理。孔丽丽认为该遗嘱附条件，但综观遗嘱全文，并无附条件或者附义务的意思表示。综上，陈大明对系争房屋享有的产权份额应当按照《遗嘱》的内容由陈红继承。

---

① 该法已于《民法典》施行之日废止，相关规定见《民法典》第1124条。

对于陈大明与陈红是否形成事实上的收养关系的问题，除公安局户籍证明中的记载外，并无其他证据可以证明，该证据系孤证，故一审法院无法认定陈大明与陈红之间的养父女关系。因此，陈大明名下除系争房屋外的其他财产应当按照法定继承的方式由孔丽丽继承。故原审判决被继承人陈大明对房屋1号所享有的产权份额归陈红所有，被继承人陈大明名下的存款本息由孔丽丽继承。

原审法院判决后，孔丽丽不服，上诉至中院。二审法院经审理后认为，除公安局户籍证明中的记载以及陈红于1980年改姓的事实外，并无其他证据可以证明陈红是陈大明的养女，且陈大明与陈红之间未办理收养手续。根据陈红陈述，其与陈大明、孔丽丽也未长期共同生活，故双方并未形成亲密的养父母子女关系。且陈大明在遗嘱中称呼陈红为外甥女，并要求陈红尽自己责任照顾好舅妈孔丽丽的晚年，故孔丽丽所陈述陈大明为陈红返城创造条件而将其登记为养女的解释更具可信性。法院认定陈大明与陈红之间非养父女关系。关于陈红是否应在法律规定的期限内作出接受遗赠的意思表示，因为陈红基于公安局户籍证明中的记载认为自己系陈大明的养女，其认为自己属于法定继承人之一并无须作出接受遗赠的意思表示。对此心态，本院认为符合常理。故陈大明对系争房屋享有的产权份额应当按照《遗嘱》的内容由陈红继承。一审法院认定正确，本院予以维持。

法理分析

关于本案有几个问题需要进一步解析。

（一）陈大明与陈红是否形成收养关系

本案判决陈红是基于遗赠获得诉争房屋的份额，也就是说陈红并非陈大明的法定继承人，当时陈红已经将户籍迁入陈大明处，在户籍显示为陈大明养女，为何陈大明与陈红之间没有形成养父女关系？收养关系形成的条件是什么？

根据《民法典》第1105条第1款规定："收养应当向县级以上人民政府民政部门登记。收养关系自登记之日起成立。"也就是说，收养关系自登记之日起成立，未办理登记，收养关系不成立。但是在本案中，陈红迁入陈大明户口的时间是1980年，陈红主张其与陈大明的收养关系在1980年形成，这时候收养法尚未出台，这时双方之间是否形成收养关系，主要是看是否有收养关系事实的存在，双方之间是否以养父母和养子女的身份长时间地共同生活，是否形成了稳定的父母子女关系。本案中，孔丽丽和陈红都表示双方并未长期共同生活，陈红也没有其他证据证明收养双方形成了稳定的父母子女关系，故不能认定陈大明和陈红之间存在收养关系。

（二）陈红能否继承陈大明的遗产

陈大明的遗产可以分为两部分，一部分是订立遗嘱进行处分的，另一部分是在遗嘱中未处分的。陈大明生前订立遗嘱确定其享有的房屋1号50%份额由其外甥女陈红继承，陈红作为外甥女，并非陈大明的法定继承人，其只能依据陈大明的遗赠方式继承遗产。根据《民法典》第1124条规定："继承开始后，继承人放弃继承的，应当在遗产处理前，以书面形式作出放弃继承的表示；没有表示的，视为接受继承。受遗赠人应当在知道受遗赠后六十日内，作出接受或者放弃受遗赠的表示；到期没有表示的，视为放弃受遗赠。"本案陈红虽然未在知道受遗赠的60日内作出接受的表示，但是根据审理发现，陈红一直认为其与陈大明系养父女关系，在公安局的户籍上也登记为陈大明的养女，虽然法院并未据此认定双方的养父女关系，但是陈红认定其与陈大明存在养父女关系有合理的依据。陈红在认为其是法定继承人的情况下没有表示放弃，就是表达接受继承的意思表示，虽然后来法院认定其与陈大明之间不存在养父女关系，但是这不影响其表示接受遗赠的意思表示，故陈红可以通过遗赠获得诉争房屋的份额。

对于未处分部分的遗产，根据《民法典》第1154条规定："有下列情形之一的，遗产中的有关部分按照法定继承办理：（一）遗嘱继承人放弃继承或者受遗赠人放弃受遗赠；（二）遗嘱继承人丧失继承权或者受遗赠人丧失受遗赠权；（三）遗嘱继承人、受遗赠人先于遗遗嘱人死亡或者终止；（四）遗嘱无效部分所涉及的遗产；（五）遗嘱未处分的遗产。”故陈大明遗嘱未处分的遗产应当按照法定继承办理。本案中法院认定陈红是陈大明的外甥女并非陈大明的养女，故陈红并非陈大明的法定继承人，不能直接参与遗产的分割，陈大明父母均先于陈大明去世，陈大明也没有子女，其第一顺序法定继承人只有妻子孔丽丽一人，故依据法律规定，陈大明遗嘱未处分部分遗产即名下银行存款应由其妻子孔丽丽继承。

知识拓展

我们再深入了解一下与本案有关的法律问题。

（一）遗赠的相关法律问题

遗赠是指设立遗赠人通过设立遗嘱将自己的财产赠与国家、社会组织或者法定继承人以外个人的一种法律行为。遗赠是一种单方、无偿的法律行为，该法律行为于遗嘱人死后发生法律效力。根据《民法典》第1133条规定，自然人可以依照本法规定立遗嘱处分个人财产，并可以指定遗嘱执行人。自然人可以立遗嘱将个人财产指定由法定继承人中的一人或者数人继承。自然人可以立遗嘱将个人财产赠与国家、集体或者法定继承人以外的组织、个人。可见，遗嘱继承和遗赠的载体都是遗嘱，那么具有遗赠内容的，形式内容合法有效的遗嘱就是发生遗赠的前提，故遗赠的行使不得违反法律规定。因此遗赠必须具备以下要件才能发生法律效力：

第一，遗嘱人须有订立遗嘱的能力。只有具有遗嘱能力的完全民事行为能力人才能进行遗赠，无民事行为能力人、限制民事行为能力人不能进行遗赠。第二，遗赠人须为缺乏劳动能力又没有生活来源的人以及胎儿保留必要的份额。《民法典》第1141条规定，遗嘱应当为缺乏劳动能力又没有生活来源的继承人保留必要的遗产份额。第1155条规定，遗产分割时，应当保留胎儿的继承份额。胎儿娩出时是死体的，保留的份额按照法定继承办理。第三，遗赠人所订立的遗嘱需要符合法律规定的形式。因为遗赠是以遗嘱的形式订立的，因此设立的遗嘱必须符合法律规定的形式。第四，受遗赠人符合法律规定。受遗赠人应当是法定继承人范围以外的人且在遗嘱发生效力时具有民事权利能力的人，先于被继承人死亡或者同时死亡的自然人，不能成为受遗赠人。比如说将胎儿作为受遗赠人，如果胎儿出生的时候是死体，遗赠自始无效。第五，遗赠人死亡。遗赠只有在遗赠人死亡才发生效力，如果遗赠人未死亡，则不生效，遗赠人可以随时修改和撤销遗嘱。

那么受遗赠人有什么权利义务呢?

根据《民法典》第1124条规定，继承开始后，继承人放弃继承的，应当在遗产处理前，以书面形式作出放弃继承的表示；没有表示的，视为接受继承。受遗赠人应当在知道受遗赠后60日内，作出接受或者放弃受遗赠的表示；到期没有表示的，视为放弃受遗赠。该法条明确规定了受遗赠权的行使方式，受遗赠人应当在知道受遗赠后60日内作出接受的意思表示，否则就分不到遗产。《民法典》第1144条规定，遗嘱继承或者遗赠附有义务的，继承人或者受遗赠人应当履行义务。没有正当理由不履行义务的，经利害关系人或者有关组织请求，人民法院可以取消其接受附义务部分遗产的权利。遗赠是可以附条件或者附义务的，在附条件的遗赠中，受遗赠人在完成义务以后方能接受遗产。《民法典》第1162条规定，执行遗赠不得妨碍清偿遗赠人依法应当缴纳的税款和债务。另外遗赠也应当遵守有关赠与的法律规定，缴纳相应的税收。

根据以上法律规定，受遗赠人的权利主要包括：表示接受或者放弃遗赠的权利、要求遗赠执行人按照遗嘱规定给付遗赠财产的权利以及在遗赠权受到侵害时请求法律保护的权利。受遗赠人的义务主要包括：对特定人群保留特定份额的义务、依法纳税的义务、不得妨碍清偿遗赠人依法应当缴纳的税款和债务的义务、表示接受或者放弃遗赠的义务以及在附义务的遗赠中完成遗嘱所附有的义务。

（二）遗嘱继承与遗赠的区别

遗嘱继承与遗赠的区别主要包括以下三方面：第一，接受遗产的身份不同。遗赠受领人是法定继承人以外的组织或者自然人，遗嘱继承人是法定继承人范围之内的人。遗赠受领人的主体可以是国家、集体和法定继承人以外的个人，遗嘱继承人的主体只可能是个人。主体不同是区别遗嘱继承和遗赠最明显的方式，如果受领人并非自然人，那么一定是遗赠，如果受领主体是个人，再通过辨别受领主体是否在法定继承人范围内，就可以确定是遗嘱继承还是遗赠。第二，接受和放弃的期限和方式不同。受遗赠人应当在知道受遗赠后60日内，作出接受或者放弃受遗赠的表示。到期没有表示的，视为放弃受遗赠；而遗嘱继承人在继承开始后，遗产处理前，没有明确表示放弃继承的，视为接受继承。第三，获得遗产的内容不同。遗赠受领人不能参与遗产的分配，只能依据遗嘱获得相应的遗产。遗嘱继承人除了能够依据遗嘱获得财产之外，对于遗嘱未处分遗产也有继承权。

（三）遗赠与遗赠扶养协议的区别

《民法典》第1158条规定，自然人可以与继承人以外的组织或者个人签订遗赠扶养协议。按照协议，该组织或者个人承担该自然人生养死葬的义务，享有受遗赠的权利。公民可以与集体所有制组织签订遗赠扶养协议。按照协议，集体所有制组织承担该公民生养死葬的义务，享有受遗赠的权利。

遗赠和遗赠扶养协议都是通过订立遗嘱将财产赠与受遗赠人的行为，但是两者又有一定的区别，主要包括以下三个方面：第一，遗赠是单方法律行为，不需要他人的同意即可发生法律效力；遗赠扶养协议是双方法律行为，双方在自愿基础上协商一致才能成立，协议的设立、变更和解除都需要双方协商一致。第二，遗赠是无偿的，遗赠扶养协议是有偿的，遗赠不需要以遗赠受领人承担义务为获得遗赠的前提，遗赠扶养协议则是遗赠受领人在履行相应的义务后才能获得遗赠。第三，两者的撤销方式不同。遗赠人可以单方面变更和撤销自己的遗嘱或者订立新的遗嘱，遗赠扶养协议的变更和解除必须征得扶养人的同意。

在既有遗嘱又有遗赠扶养协议并且两者相冲突时如何办理？根据《最高人民法院关于适用〈中华人民共和国民法典〉继承编的解释（一）》第3条规定，被继承人生前与他人订有遗赠扶养协议，同时又立有遗嘱的，继承开始后，如果遗赠扶养协议与遗嘱没有抵触，遗产分别按协议和遗嘱处理；如果有抵触，按协议处理，与协议抵触的遗嘱全部或者部分无效。因此，在遗嘱与遗赠扶养协议有抵触时，应当按照协议处理，与协议抵触的全部或部分无效。

普法提示

随着经济社会的发展，人民经济水平的提升，人们积累了越来越多的财富，个人财产的数量不断增加，种类也越来越复杂，除了传统的房产、存款以外，还包含了股权、知识产权、对外的债权等隐性的资产，再加上疾病、意外等情形有可能发生，那么个人资产可能很难完全有继承人继承，订立遗嘱明确遗产的范围是非常必要的。况且，订立遗嘱是遗嘱人自由意志的体现，遗嘱人可以根据实际情况，通过遗嘱对遗产进行处分，或者通过设立遗赠扶养协议，对财产进行处分的同时也对自己的晚年生活进行保障。

案例二

遗产继承人如何为被继承人清偿债务

——遗产债务的认定、清偿责任与必留份

刘东遥[①]

案情回顾

（一）男子生前车祸背负侵权债务

夫妻关系存续期间，夫妻一方因个人原因驾驶车辆发生交通事故，驾驶人在事故中去世，事故不仅给双方家庭带来精神伤害，同时产生死者的侵权债务。继承遗产时，该债务究竟是视为夫妻共同债务，用夫妻共同财产偿还，还是视为死者个人债务，用死者个人遗产偿还，是司法实践中经常遇到，遗产继承人以及债务追偿人经常感到困惑的问题。本文所述案例即一起男子生前酒驾引发交通事故产生侵权债务的案件。

2011 年 3 月 23 日晚，李玉山醉酒驾驶“名爵”牌轿车，沿东沽路由南向北行驶，车前部右侧撞上前方张大海顺向驾驶的“中华”牌轿车后部左侧，两车相撞后，李玉山驾驶的轿车翻入路边河内，造成李玉山死亡及两车车损的交通事故。此事故经交通事故认定书认定，李玉山承担事故全部责任，张大海不承担责任。事故发生后，张大海车辆受损，支付修车费、事故作业费、车检、酒检等费用 13677 元。张大海认为，李玉山的妻子张艳双、父亲李玉丰、母亲刘云和儿子李玉龙作为其财产继承人，妻子张艳双又是事故车辆的所有人，应当承担赔偿责任，故诉至法院，提出如下诉讼请求：1. 被告张艳双、李玉丰、刘云、李玉龙及第三人金太阳保险公司赔偿自己财产损失 13677 元。2. 四被告承担本案诉讼费。

---

① 北京市平谷区人民法院大华山人民法庭法官助理。

四被告答辩称：不同意原告诉请，请求法院依法驳回原告诉请。第三人金太阳保险公司答辩称：李玉山醉酒驾车，保险公司仅需赔偿医疗费用，不赔偿其他费用。故不同意原告诉请，请求法院依法驳回原告请求。

另查，原告张大海驾驶的“中华”牌轿车，车主是张大海。李玉山驾驶的“名爵”牌轿车，车主是被告张艳双。该车在第三人金太阳保险公司投保交强险，事故发生在保险期间，合同约定死亡赔偿限额 110000 元、医疗费赔偿限额 10000 元、财产损失赔偿限额 2000 元。庭审中，被告张艳双、李玉丰、刘云表示放弃对李玉山遗产的继承权。

（二）法院审理结果

一审法院认为李玉山酒驾发生交通事故给张大海造成的损失属于夫妻共同债务，判决被告张艳双给付原告张大海各项经济损失 13677 元。

被告张艳双不服，以张大海为被上诉人提出上诉。二审法院认为，李玉山酒驾发生交通事故，造成张大海财产损失，经交通管理部门认定，李玉山承担事故全部责任，张大海不承担责任。李玉山作为过错方应对张大海因交通事故支出的合理费用予以赔偿。张艳双作为李玉山驾驶车辆的登记所有人，因没有证据证明其对交通事故的发生存在过错，其不应承担赔偿责任。李玉山在本次交通事故中死亡，其继承人应当在继承遗产的范围内承担给付义务。鉴于张艳双、李玉丰、刘云书面声明放弃继承，故李玉龙作为李玉山的继承人应依法在其继承遗产的范围内承担给付义务。据此，法院判决：1. 撤销一审判决；2. 原审被告李玉龙在继承李玉山遗产范围内给付被上诉人张大海各项经济损失 13677 元；3. 驳回被上诉人张大海的其他诉讼请求；4. 驳回上诉人张艳双的其他诉讼请求。

（三）本案争议焦点及主要法律问题

侵权债务人死亡，遗产继承人如何继承其遗产并偿还其债务，债权人如何寻求救济实现债权，是一个非常棘手的问题。本案争议焦点首先在于确定侵权债务性质。夫妻共同债务应当以夫妻共同财产清偿，夫或妻对夫妻共同债务承担无限连带清偿责任。遗产债务的清偿原则是限定原则，继承人只在继承遗产的价值范围内清偿遗产债务，对超过部分不负清偿责任。本案中，李玉山侵权债务究竟是夫妻共同债务还是遗产债务，这是最重要的争议焦点。其次才是根据债务性质，确定债务清偿责任。

法理分析

（一）关于夫妻共同债务的认定

一般来说，夫妻共同债务是指夫妻双方因婚姻共同生活及在婚姻关系存续期间履行法定扶养义务所负的债务。夫或妻对夫妻共同债务承担无限连带清偿责任，不分份额也不分先后顺序，债权人有权向夫妻一方或者双方要求清偿债务的部分或者全部。

根据《民法典》关于夫妻共同债务的释义，判断属于夫妻共同债务需要满足两个条件：一是需产生于双方婚姻关系存续期间；二是需用于夫妻共同生活或者共同生产、经营活动。

根据实际生活中的情形，夫妻为共同生活所负的债务主要包括：因购置家庭生活用品、支付家庭生活开支所负的债务；修建、购买、装修房屋所负的债务；为履行抚养教育子女、赡养扶助父母等义务所负的债务；夫妻一方或双方为治疗疾病所负的债务；从事双方同意的文化教育、文娱体育活动所负的债务；其他日常家庭生活中发生的债务。

夫妻为共同生产、经营活动所负的债务主要包括：双方共同从事个体工商业、农村承包经营所负的债务；双方共同从事投资或者其他金融证券交易活动所负的债务；经双方同意由一方经营且收入用于共同生活所负的债务；夫妻一方用夫妻共同财产投资，以个人名义从事生产、经营活动，或虽由一方独自筹资但收益用于共同生活所负的债务等。

本案中，李玉山驾驶车辆，并非为了生产、经营以获得收入并用于夫妻共同生活，其纯粹因酒驾这一与家庭生活无直接关系的事由发生的交通事故，该侵权债务不是夫妻共同债务，而是个人债务。

（二）关于遗产债务的范围

遗产是财产权利和财产义务的统一，遗产债务指被继承人生前所欠债务，属于遗产中财产义务的那一部分。继承人继承遗产应当清偿被继承人依法应当缴纳的税款和债务，缴纳税款和债务以遗产实际价值为限。超过遗产实际价值部分，继承人自愿偿还的不在此限。

遗产债务的范围包括：①

1. 被继承人生前依照税收法规应当缴纳的各种税款。如个人所得税、车船使用税、营业税等。

2. 被继承人因未履行合同所负的债务。如买卖合同中未支付货款，借贷合同中未偿还本息等。

3. 被继承人生前因实施侵权行为而对受害方所应承担的损害赔偿的债务。如杀人犯被处决后，还应用他的财产清偿受害人的亲属所要求的民事损害赔偿。

4. 被继承人生前因实施不当得利而负担的返还不当得利的债务。

5. 被继承人生前因是无因管理的受益人，而对管理人所承担的补偿其必要费用的债务。

6. 其他应由被继承人负担的债务。如个人合伙或合伙企业的债务中，属于被继承人应当承担的部分。

本案中，李玉山酒驾导致交通事故，交通管理部门认定李玉山承担事故全部责任。李玉山应该为自己的侵权行为，向张大海赔偿损失。李玉山生前因侵权行为而对张大海所承担的损害赔偿债务属于遗产债务。

虽然李玉山驾驶的车辆登记在妻子张艳双名下，但没有证据证明张艳双对交通事故发生存在过错，应承担侵权责任。根据《民法典》相关规定，除特殊侵权案件，一般侵权案件适用过错责任原则，即侵权人按照自己的过错

---

① 王洪：《婚姻家庭继承法精要与依据指引》，北京大学出版社 2011 年版。

程度对受害人损失承担赔偿责任，没有过错的，不承担赔偿责任。道路交通事故案件属于一般侵权案件，同样适用过错责任原则。本案中，没有证据表明张艳双对交通事故的发生存在过错，不应承担法律规定之车主对出借车辆所负的过错责任。故从侵权角度来看，该侵权债务仍然不属于李玉山与张艳双的夫妻共同债务，而是李玉山个人遗产债务。

（三）遗产债务的清偿责任

《民法典》第 1161 条规定："继承人以所得遗产实际价值为限清偿被继承人依法应当缴纳的税款和债务。超过遗产实际价值部分，继承人自愿偿还的不在此限。继承人放弃继承的，对被继承人依法应当缴纳的税款和债务可以不负清偿责任。"本案中，张艳双、李玉丰、刘云均表示放弃继承李玉山遗产，也无须偿还李玉山所负 13677 元的侵权债务，该笔债务应由继承人李玉龙在继承李玉山遗产范围内给付张大海。

知识拓展

（一）遗产债务的认定

1. 遗产债务与共同债务的区别

认定遗产债务时，应注意与共同债务相区别。遗产债务由继承人在继承遗产的实际价值范围内承担有限清偿责任，共同债务应当用共同财产清偿。常见的共同债务包括家庭共同债务、夫妻共同债务、合伙人共同债务等。债务人死亡时遗留的债务不能以共同财产偿还时，由继承人在继承遗产范围内承担补充责任。明确死者生前所负债务的性质，才能有针对性地明确债务清偿人以及各方清偿责任。

例如，2000 年 10 月，素英的丈夫、王小亮的父亲王显贵为承包一处建筑工程，向张宝玉多次借款。2002 年 2 月，王显贵在施工中意外身亡，其子王小亮继续施工，该工程款至今未结清。张宝玉持王显贵书写的七张借条，向素英、王小亮主张债权未果，故以素英、王小亮为被告，提起诉讼，要求二人共同偿还债务7万元及利息，利息按银行同期贷款利率的四倍计算。法院经审理认为，王显贵向张宝玉借款人民币7万元的借贷关系成立，受法律保护。王显贵所借款项是在夫妻关系存续期间为承包经营而发生的，素英对该夫妻共同债务承担无限清偿责任。王小亮作为王显贵的法定继承人，概括继承了王显贵生前承包的工程，将继承的遗产与个人收益混合，故应在素英未履行还款义务时，在其接受的王显贵工程承包收益的遗产范围内承担补充责任。

2. 遗产债务与丧葬费用的区别

丧葬费用是指为办理丧事、埋葬死者所支出的费用。法律未明确规定道德意义上的丧葬费用由谁承担，但根据权利与义务相一致的原则，当死者留有遗产且未分割时，丧葬费用可先从遗产中扣除；如果死者遗产已经分割，丧葬费用可由继承人或受遗赠人在继承遗产的范围内负担；如果死者遗产不足以支付丧葬费用或没有留下遗产，原则上丧葬费用不列入被继承人的遗产债务，而由继承人承担。

例如，陈渔是赵明的妻子、赵敏的母亲、陈樵的妹妹。陈渔自1997年3月患乳腺癌，2004年2月病逝。陈渔患病期间发生费用包括：医疗费179256.37元、轮椅费579.5元、保健费26660元、电话费2998.25元、交通费413.5元、陈樵误工费2640元、丧葬费3452元，相关票据和付款凭证均由陈樵持有。后陈樵诉至法院，要求赵明、赵敏返还其为陈渔垫付的医疗费、丧葬费、交通费等共计215999.62元。法院认为，陈渔治病期间产生的各项费用应认定为陈渔与赵明的夫妻共同债务，陈渔去世后，应由赵明负责偿还。关于丧葬费用由谁支付，我国法律没有明确规定，但鉴于赵明、赵敏作为陈渔第一顺序继承人，继承了陈渔的遗产，根据权利与义务相一致的原则，在二人有能力负担丧葬费用的情况下，应当由二人支付安葬陈渔的相关费用。但因赵敏系未成年人，虽继承了部分遗产，但远未达到能够独立生活的程度，且本人尚需监护人抚养，出于保护未成年人特殊利益的考虑，判决未成年人赵敏承担丧葬费用并不合适，故法院最终判决由赵明负担丧葬费用。

（二）遗产债务的清偿责任

《民法典》第 1163 条规定："既有法定继承又有遗嘱继承、遗赠的，由法定继承人清偿被继承人依法应当缴纳的税款和债务；超过法定继承遗产实际价值部分，由遗嘱继承人和受遗赠人按比例以所得遗产清偿。"

也就是说，在财产未被分割前，应首先清偿死者的债务，然后再以剩余财产在遗嘱继承人和受遗赠人之间按遗嘱进行分配。如在财产分割后尚未清偿债务时，只有法定继承和遗赠时，先由法定继承人用其所得遗产清偿债务，不足清偿时，由遗赠人用其所得遗产进行清偿；只有法定继承和遗嘱继承时，先由法定继承人用其所得遗产进行清偿，不足清偿时，由遗嘱继承人用其所得遗产进行清偿；有法定继承又有遗嘱继承和遗赠时，由法定继承人用其所得遗产清偿债务，不足清偿时，由遗嘱继承人和受遗赠人按比例用所得遗产偿还；只有遗嘱继承和遗赠时，由双方按比例用所得遗产偿还；只有遗赠时，由受遗赠人用其所得遗产负责全部债务的清偿。

例如，被继承人刘兵，妻子 1991 年去世，女儿刘红 1997 年远嫁他乡。刘兵一直独自生活，可随着年纪增大，生活越来越不方便。这时多亏邻居王梅对其无微不至地照顾。刘兵对王梅十分感激，于是在 2004 年 2 月 23 日立下遗嘱，将自己名下四间房屋全部赠给王梅，自己的 1.8 万元存款留给女儿刘红。2005 年 7 月 26 日，刘兵病故。刘红和王梅按照刘兵的遗嘱分配了遗产。但两个月后，邻居张野声称刘兵生前委托他修理房子，欠自己工钱和料钱 4000 元，有欠条为证。王梅认为自己只有接受遗产的权利，没有偿还义务，拒绝偿还。刘红认为自己没有继承房屋，修理房屋发生的费用与自己无关，同样拒绝偿还。故张野起诉要求二人偿还刘兵生前债务。法院认为，刘兵遗产的接受者只有遗嘱继承人刘红和受遗赠人王梅。这种情况就属于只有遗嘱继承和遗赠。那么，被继承人刘兵的生前债务就应当由王梅和刘红双方按所得遗产的比例来偿还。

（三）遗产债务清偿时注意保留必留份

《民法典》第1141条规定："遗嘱应当为缺乏劳动能力又没有生活来源的继承人保留必要的遗产份额。"遗产继承过程中，应先在遗产中留下对缺乏劳动能力又没有生活来源的人的必留份，其他继承人或者受遗赠人在剩余财产范围内对被继承人生前所欠债务进行偿还。

例如，潘刚系潘邓氏次子。自1999年7月起，潘刚与董丽同居生活。2000年10月13日，潘刚手书"郑重声明"，将自己全部财产赠与董丽。2001年10月9日，潘刚驾车与他人相撞死亡，负事故主要责任。潘刚生前有存款人民币1000元，平房7间，门市房、厢房各两间。另外，潘刚生前因建房分两次向巴彦村委会借款人民币10000元。2001年5月13日，潘刚为购买水泵件，欠段玉货款人民币699元。潘邓氏将董丽诉至法院，要求继承潘刚全部遗产。巴彦村委会与段玉作为第三人，要求用潘刚遗产偿还其生前债务。董丽主张潘刚将全部遗产赠给本人，不同意潘邓氏诉讼请求。法院认为，没有任何证据证明潘刚手书"郑重声明"非其真实意思表示，该声明应按自书遗嘱对待，董丽为潘刚全部遗产的受遗赠人。考虑到潘邓氏在潘刚去世时已是81周岁高龄，自己本身没有诸如养老金、退休金等收入，需依靠子女赡养生活，属于缺乏劳动能力又没有生活来源的继承人，因此，应为潘刚遗产的必留份权人。故法院最终判决，潘刚遗产归董丽所有，董丽给潘邓氏留下10000元必留份财产后，再向巴彦村委会以及段玉偿还债务。

普法提示

根据我国《民法典》继承编相关规定，继承人对被继承人遗产债务实行有限责任清偿。该制度旨在保护继承人利益，限制继承人对被继承人债务的清偿责任，即继承人只需在继承遗产的限额内对被继承人债务负责。这一制度符合现代家庭成员人格独立、责任自负的观念。但继承不仅关系继承人利益，还关系被继承人的债权人利益。为妥善处理被继承人债务，我们提出如下建议：

第一，接受继承的继承人积极承担被继承人的债务清偿责任。遗产既包括财产权利，又包括财产义务。继承人表示接受继承，是对财产权利和财产义务的一并接受，不能只享受财产权利，不承担财产义务。遗产债务属于遗产中财产义务的部分。接受继承的继承人要坚持权利与义务相统一的原则，积极配合债权人履行债务清偿责任。

第二，债权人强化风险意识和留证意识，提高举证能力，及时主张债权，避免因遗产减损等事实发生而导致维权困难。出借款项给债务人时，对债务人清偿能力、信用、家庭状况等进行综合考虑；在债务人财产上设定抵押权、质权、留置权等担保物权；在反映借贷关系的凭证上注明双方当事人信息、借款金额、用途、时间、期限、利息等；及时主张债权，避免因遗产价值减损、遗产与继承人财产混同，导致债权难以实现。

第三，立法层面加强对债权人的利益保护，防止继承人和其他利害关系人利用其继承中的有利地位侵害债权人利益。进一步明确遗产和遗产债务范围，完善继承中接受和放弃继承的制度，完善遗产管理制度，增设对债权人利益保护和权利救济的具体制度，如赋予债权人遗产管理请求权、债权人撤销权等，以平衡遗产继承中继承人与债权人之间的利益关系。

案例三

被继承人债务纠纷案件执行中继承遗产范围由谁确定

——认定在接受继承范围内承担责任生效法律文书执行问题研究[①]

孙瑜[②]

被继承人债务纠纷案件中，继承遗产的范围是确定继承人债务具体数额的关键所在，然而由谁来确定继承遗产范围，目前法律尚无明确的规定。部分执行案件中，执行所依据的生效法律文书未对金钱给付的具体金额进行认定，仅仅确定被告在继承遗产范围内承担给付义务。对于此类法律文书的执行，实践中面临着诸多困难，亦存在多种截然不同的处理方式。现结合一则案例，研究分析如下。

案情回顾

这是一起因借款引起的被继承人债务清偿纠纷案件。

屈秀娟之子王泽与崔大友系朋友关系。经王泽介绍，崔大友于 2016 年 5 月至 9 月分多笔从屈秀娟处借款共计 18.8 万元。崔大友拿到钱以后，以每月 4500 元的金额从 2016 年 5 月偿还到 2016 年 9 月。2016 年 10 月，崔大友死亡，屈秀娟找到崔大友之妻卢兰芳、之子崔小有要求偿还债务，遭到二人拒绝，遂将二人起诉至法院。

在诉讼过程中，屈秀娟对其债权提交了充分的证据加以证明，崔小有、卢兰芳表示不知道崔大友借款一事，也不知道崔大友有遗产，如果有遗产其

---

① 文章来源于《民主与法制时报》2020 年 5 月 14 日第 7 版《继承范围由谁确定——被继承人债务清偿纠纷案件审执问题研究》。

② 北京市平谷区人民法院执行局副局长、法官。

愿意继承。法院经查明案件事实、法律关系，作出判决："一、被告崔小有、卢兰芳于本判决生效之日起七日内在继承崔大友的遗产范围内偿还原告屈秀娟借款150000元及利息（以借款本金150000元为基数，按月息2%计算自2016年10月起至该款付清之日止的利息）；二、被告崔小有、卢兰芳于本判决生效之日起七日内在继承崔大友的遗产范围内偿还原告屈秀娟借款38000元。如未按本判决指定的期间履行金钱义务，应当按照《中华人民共和国民事诉讼法》第253条之规定，加倍支付迟延履行期间的债务利息。案件受理费2030元，由被告崔小有、卢兰芳在继承崔大友的遗产范围内负担（于本判决生效后七日内交纳）。"

判决书生效后，崔小有、卢兰芳未履行给付义务，屈秀娟向法院申请强制执行。因屈秀娟申请执行时，崔大友之遗产范围、继承情况尚未经过法律程序确认，该案执行陷入困境。后屈秀娟向法院提出执行异议，称崔大友生前以其钱款为其子崔小有购买奥迪车一辆，该奥迪车应属于崔大友之遗产，请求对该车辆予以执行。在异议审查过程中，法院查明前述车辆系登记在崔小有名下，且并无过户记录，难以认定其系属继承崔大友的遗产，依法不能直接予以执行。经法院释明相关法律规定，屈秀娟提起代位析产之诉，确认崔大友之遗产范围及崔小有、卢兰芳所继承之份额之后再次申请执行，实现了其胜诉权益。

法理分析

我国《民法典》第1161条规定："继承人以所得遗产实际价值为限清偿被继承人依法应当缴纳的税款和债务。超过遗产实际价值部分，继承人自愿偿还的不在此限。继承人放弃继承的，对被继承人依法应当缴纳的税款和债务可以不负清偿责任。"据此，在我国接受继承的继承人同时接受了债务清偿责任，放弃继承的继承人不承担债务，而且继承人对被继承人的遗产债务仅以继承遗产的实际价值负有限的清偿责任，超过部分可以不予清偿。

《最高人民法院关于适用〈中华人民共和国民事诉讼法〉的解释》第463

条第1款规定："当事人申请人民法院执行的生效法律文书应当具备下列条件：（一）权利义务主体明确；（二）给付内容明确。"在被继承人债务纠纷案件的执行中，确定被执行人继承债务人遗产的范围是确定案件执行内容的前提条件，在被执行人遗产范围尚未经过相关法律程序确定的情况下，债权人仅持概括认定在继承遗产范围内承担责任的法律文书向法院申请强制执行，显然不符合申请强制执行的条件。

那么屈秀娟之胜诉权益应如何得到保障呢？根据《最高人民法院关于继承开始时继承人未表示放弃继承遗产又未分割的可按析产案件处理的批复》，继承开始后，如各继承人都没有表示过放弃继承，应视为均已接受继承，诉争的财产应属各继承人共同共有，他们之间为此发生之诉讼，可按析产案件处理，并参照财产来源、管理使用及实际需要等情况，进行具体分割。本案中，崔小有、卢兰芳均未表示过放弃继承，对于崔大友的遗产，应属各继承人共同共有，按照析产案件进行处理。《最高人民法院关于人民法院民事执行中查封、扣押、冻结财产的规定》第12条规定，对被执行人与其他人共有的财产，人民法院可以查封、扣押、冻结，并及时通知共有人……共有人提起析产诉讼或者申请执行人代位提起析产诉讼的，人民法院应当准许。因此，屈秀娟依法可向法院提起析产诉讼，对崔大友的遗产范围以及崔小有、卢兰芳继承的份额进行确认，确认之后，该案法律文书之给付内容显然可以明确，如此便具备了申请强制执行的条件。

为减轻当事人诉累，保障其合法权益，法院在执行异议程序中对其进行了充分告知，避免了其手持胜诉法律文书却不知如何实现胜诉权益的困境。但是，此案债权人胜诉权益的实现并非圆满，如屈秀娟早一些获知其权益实现路径，尽早提起代位析产之诉，其权益显然能更高效地得到保障。

知识拓展

因被继承人债务纠纷与继承、遗产范围确定系独立的法律关系，且目前无法律明确规定二者的先后、因果关系。在被继承人债务纠纷案件中，存在两种裁判观点：一种观点认为，无须在审理中查明被继承人的遗产，只须在判决主文中确定继承人在继承遗产范围内（或以遗产为限）承担偿还责任；另一种观点认为，遗产范围的查明是判决继承人偿还债务的前提，故此，应在审理查明中或判决主文中，或在判决主文后附表，明确被继承人的遗产范围。实践中，多数审判法官持前一种观点，导致大量生效法律文书中认定“被告某某于本判决生效之日起 × 日内在继承某某遗产范围内偿还原告 ×× 元”。这些案件进入执行程序后，执行部门的处理方式亦存在较多争议，部分法官认为，执行部门或执行审查部门可以结合当事人陈述及案件事实，对遗产范围予以认定；部分法官认为，遗产范围确认应经过相应的法律程序，取得判决书、调解书等法律文书后方能认定，暂不能认定的，应终结执行程序。

对于确定被执行人在继承遗产范围内承担责任的法律文书之执行，分析如下：

（一）执行程序中是否能够对遗产范围予以确认

执行程序是否有权对遗产范围予以确认，涉及执行权的内容问题。执行程序虽独立于审判程序存在，但前提是申请执行人已经取得给付内容明确的生效法律文书，故而执行程序本质上依赖于审判程序对双方权利义务关系的充分界定。

我国法律虽未明确执行权具体范围，但从申请执行的法律文书的条件中可以看出，确定继承遗产范围之判断，不宜由执行程序作出。《最高人民法院关于适用〈中华人民共和国民事诉讼法〉的解释》第463条第1款规定：“当事人申请人民法院执行的生效法律文书应当具备下列条件：（一）权利义务主体明确；（二）给付内容明确。”《最高人民法院关于人民法院立案、审判与执行工作协调运行的意见》（法发〔2018〕9号）进一步明确，给付金钱的法律文书，应当明确数额，需要计算利息、违约金数额的，应当有明确的计算基数、标准、起止时间等；确定继承的，应当明确遗产的名称、数量、数额等。

从以上的规定来看，进入执行程序前，应予执行的事项显然应已明确，而不是在执行程序中才审查、确认执行内容。

（二）执行审查程序是否能够对遗产范围进行确认

部分观点认为，此类案件中，执行法官可以结合当事人陈述、提交的证据以及调查查明的事实，对申请执行人提交的财产线索是否系被执行人继承的遗产范围进行界定，如果被执行人、其他权利人据《民事诉讼法》第225条①、第227条②提出异议，再由执行审查程序对执行财产是否系遗产范围进行审查。从形式上看，此种观点兼顾了依生效法律文书执行的要求和明确执行内容的现实困难，保障了各方当事人的权益。但笔者认为，此种做法也存在诸多问题。

第一，此种观点并未解决债务人遗产难以查找、难以界定的问题。因继承系被继承人家庭内部之事项，债权人一般并不知晓被继承人遗产范围及继承事实，难以提供相应的财产线索；即便能够掌握财产线索，也难以举出相应证据证明其系继承所得。执行机构虽然可以通过网络查控系统查询被执行人之财产情况，但也仅能笼统地获得被执行人名下之财产情况，对所获得的财产线索逐项界定是否系继承所得亦涉及相关证据、事实的调查，“发现财产—界定是否继承遗产范围—强制执行—执行异议”的操作模式不仅会大大降低执行效率、增加执行时间成本，也会导致执行法官无法确定案件是否能够结案、应如何结案，执行审查法官则要面对层出不穷的异议案件，增加了执行程序的不可预期性。

---

① 《民事诉讼法》第225条：“当事人、利害关系人认为执行行为违反法律规定的，可以向负责执行的人民法院提出书面异议。当事人、利害关系人提出书面异议的，人民法院应当自收到书面异议之日起十五日内审查，理由成立的，裁定撤销或者改正；理由不成立的，裁定驳回。当事人、利害关系人对裁定不服的，可以自裁定送达之日起十日内向上一级人民法院申请复议。”

② 《民事诉讼法》第227条：“执行过程中，案外人对执行标的提出书面异议的，人民法院应当自收到书面异议之日起十五日内审查，理由成立的，裁定中止对该标的的执行；理由不成立的，裁定驳回。案外人、当事人对裁定不服，认为原判决、裁定错误的，依照审判监督程序办理；与原判决、裁定无关的，可以自裁定送达之日起十五日内向人民法院提起诉讼。

第二，此种观点与相关法律的现行规定不符。从《最高人民法院关于适用〈中华人民共和国民事诉讼法〉的解释》《最高人民法院关于人民法院立案、审判与执行工作协调运行的意见》等法律规定来看，申请执行的法律文书均应有明确、具体的给付内容，金钱给付类法律文书更是应明确给付金钱的具体金额。从语义上分析，“被告 ××× 在继承 ××× 遗产范围内赔偿原告 ××× 金额 ×× 元”的申请执行事项，虽然有给付金钱数额，但是被“在继承遗产范围”所修饰，显然只是确定了给付金钱义务的上限，具体的数额仍要通过确定继承遗产范围来确定，并不符合给付内容明确的要求。《最高人民法院关于人民法院执行工作若干问题的规定（试行）》第 16 条亦明确规定，人民法院受理执行案件应符合“申请执行的法律文书有给付内容，且执行标的和被执行人明确”的条件。按照此种观点操作，显然与前述规定不符。

（三）被继承人债务纠纷案件审判与执行如何衔接

从以上案例可以看到，被继承人债务纠纷案件的执行，关键在于审判程序与执行程序的衔接，协调确定被继承人遗产范围。对此，《最高人民法院关于人民法院立案、审判与执行工作协调运行的意见》第 15 条规定，执行机构发现本院作出的生效法律文书执行内容不明确的，应书面征询审判部门的意见。同时对征询、答复的方式、时限进行了规定。

以上规定，虽然确定了执行机构对于给付内容不明确的生效法律文书的处理方式，但对于被继承人债务纠纷案件的执行，仍有一些问题尚未解决。一是，遗产范围确认往往涉及债务纠纷以外的法律程序，往往不能在被继承人债务纠纷中确认，故作出法律文书的审判机构很难通过答复或裁定补正的方式解决。二是，经询问审判部门仍不能对强制执行的内容予以明确的，执行程序应如何处理并未规定，是应驳回申请执行人的执行申请，还是受理执行案件后终结执行程序，抑或终结本次执行程序，待遗产范围确认后予以恢复执行？三是，申请执行人往往对通过什么程序实现其权益缺乏充分的法律知识，如果审判部门告知其执行程序中可以认定具体遗产范围，执行程序中又因涉及实体权利义务判断而无法受理、执行，容易给申请执行人留下审、执部门互相推诿的印象，导致其对司法程序不满进而引发涉诉信访、维稳问题，同时也会损害司法权威。

综合考虑以上因素，在前述案例中，法院在充分了解案情的基础上，分析相关法律关系、法律规定，探索出由债权人代位提起析产之诉的途径，打通了该起被继承人债务纠纷案件胜诉权益实现的关隘。但结合该案的执行，笔者认为，为提高被继承人债务纠纷案件执行的效率，更好地保障当事人的胜诉权益，应对被继承人债务纠纷案件的审执衔接进行如下程序优化：

一是，在审理过程中审判机构应尽可能对遗产范围进行认定，不能认定遗产范围的，应当告知债权人通过何种程序确认遗产范围，并明确告知待确认遗产范围后方可申请执行的程序要求。

二是，赋予取得被继承人债务纠纷胜诉、却未明确遗产范围的法律文书案件的债权人直接提起代位析产之诉的权利，避免“执行依据给付内容不明确无法申请强制执行”“不申请强制执行无法提起代位析产之诉”“不提起代位析产之诉无法明确执行依据之给付内容”这三个问题的死循环（如下图所示）。

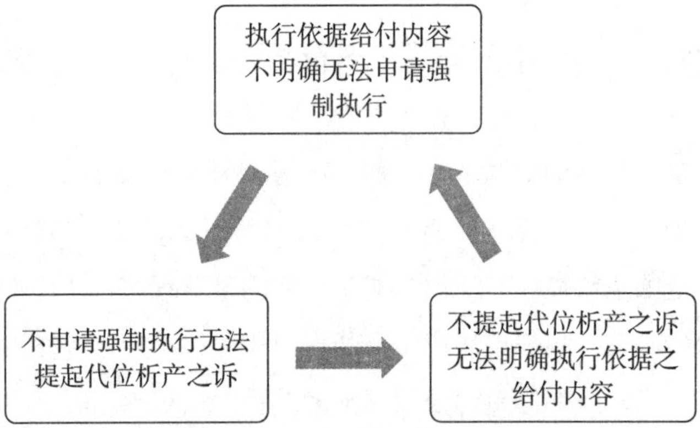

三是，如果当事人提供了确定遗产范围的其他法律文书，足以明确遗产范围的具体金额，为减少当事人诉累、保障当事人胜诉权益，执行机构应有权对执行内容予以确认。申请执行人向法院申请强制执行的，可以将被继承人债务纠纷案件法律文书、确定遗产范围的相关法律文书一并提交执行机

构，由执行机构综合确定执行标的。如此既能将纠纷处理程序、执行程序分离，提高处理效率，又能避免当事人面对繁杂的法律程序无所适从。

普法提示

在借款、民间借贷等法律关系中，债权人应对相关风险充分了解、提前防范，债务人逾期偿还或拒不偿还的，要及时提起诉讼确定债权。如债务人死亡，债权人应尽早提起被继承人债务纠纷之诉，同时尽可能了解债务人遗产的继承情况，及时联系相关的继承人，敦促其积极行使继承权，其怠于行使继承权的，尽早通过代位析产等法律途径，确定债务人遗产范围，以保障自身胜诉权益的高效实现。

第五章

新形式遗嘱

案例一

共同遗嘱

——夫妻共同立遗嘱的效力及能否撤销与变更

李晓彤　王成功[1]

随着国家经济的迅速发展，公民个人的财产也在不断增加，权利意识亦逐渐增强。自古以来，在婚姻关系中，大部分夫妻的财产状态是双方共有的，为了避免不必要的纷争，越来越多的夫妻采用共同订立遗嘱的方式来处理共同财产，因此引发的纠纷也呈增长趋势。下面这个案例，就是老两口订立共同遗嘱后，子女为争家产而对簿公堂的故事。

案情回顾

（一）家庭和睦早立遗嘱

王二小与杨翠花是夫妻，二人结婚多年但膝下无子，为了今后老有所依，夫妻二人于 1974 年收养一子王大帅，1979 年又收养一女王小丽，一家四口日子过得其乐融融。

随着两个孩子不断长大，王二小担心在其百年之后两个孩子会因争家产发生矛盾，遂与杨翠花商量如何处理二人共同所有的房屋问题。经过一番讨论后，2010 年 2 月 12 日，夫妻二人决定立下《房产处理意见书》。意见书由王二小书写，其中写明“王二小、杨翠花的房产一处，房产内有七间北房、三间厢房、两间棚子，在王二小、杨翠花百年之后，归女儿王小丽所有，由王小丽处理”。遗嘱下方有王二小、杨翠花的签字及书写意见书的日期。意见书下方王大帅写有“我同意把父母的房给小丽的意见　王大帅 2010 年 2 月 12 日”。此意见书共有三份，夫妻二人持有一份，王大帅与王小丽各持一份。

---

① 北京市平谷区人民法院政治部司法行政人员、审判管理办公室（研究室）司法行政人员。

（二）日子一长心生悔意

2015年开始，老两口身体大不如前，添了很多病，因王小丽上班的地方离家较远，回去看老两口的时间更是有限，面对这种情况，杨翠花心里越发后悔，不想把房产留给王小丽了，母女俩也因此产生了隔阂。

2017年8月，王二小在进行身体检查时发现患癌，住院治疗1个月后，于9月去世。在王二小患病住院期间，王小丽与杨翠花的关系进一步恶化，于是在王二小去世之后，杨翠花决定重立遗嘱。同年10月，杨翠花找律师帮忙写下一份代书遗嘱，载明在其死亡之时遗留的属于其所有的合法财产全部由儿子王大帅继承，房子属于杨翠花的份额和其继承的王二小的份额全部由王大帅单独继承，王大帅必须承担其生养死葬的义务，保障其晚年生活。代书遗嘱有杨翠花所摁手印，除代书律师在场见场外，还有一位见证人在场。

（三）从此陌路恩断义绝

王小丽偶然间得知杨翠花又订立一份代书遗嘱，心生怨恨，与杨翠花的关系彻底无法修复，甚至反目成仇，王小丽自此再不上门看望杨翠花，也不打电话慰问。2017年11月，杨翠花一气之下一纸诉状将王小丽告上法院，要求解除与王小丽的收养关系，并要求王小丽每月给她生活费3000元。

法院经审理认为，养父母与成年养子女关系恶化、无法共同生活的，可以协议解除收养关系。不能达成协议的，可以向人民法院起诉。2015年开始，王小丽便因房产问题与杨翠花产生矛盾，且双方此前因房屋产权问题产生过诉讼，加上此次诉讼，足以说明双方的关系不但没有改善，反而更加恶化。考虑到杨翠花的年龄及身体状况，如果继续维持收养关系对其身心不利，最终法院于2018年2月判决解除杨翠花与王小丽的收养关系。

此时，因受老伴离去、母女陌路、儿女反目等多重打击，杨翠花对生活失去了渴望，也没什么盼头，导致本已多病的身体彻底失去恢复的希望，2018年5月杨翠花郁郁而终。

（四）为争家产对簿公堂

杨翠花去世之后，王大帅为继承老两口的房产，故提起本次诉讼，将王小丽诉至法院。

一审法院经过审理，认定涉诉房屋是王二小与杨翠花二人的夫妻共同财产，双方共同订立遗嘱决定由王小丽继承房屋，在王二小去世后，杨翠花又重新立下代书遗嘱，指定由王大帅继承遗产，现在对于王二小的部分应该继续按照双方共同订立的遗嘱，由王小丽继承，杨翠花的遗产部分则应以其变更后的代书遗嘱为准，由王大帅继承，最终法院判决王大帅与王小丽各继承房屋 50% 的份额。

一审法院判决后，王大帅与王小丽不服，均提起上诉，二审法院驳回双方的上诉，维持原判。

那么，本案的争议点到底是什么呢？主要在于：1. 老两口一起订立的遗嘱是否有效？ 2. 这份遗嘱能不能撤销或者变更？

法理分析

（一）何为共同遗嘱

共同遗嘱这一概念最早在德、法等习惯法国家出现，大约在 15 世纪后期，在欧洲范围内被大家当作一种遗嘱新类型被广泛应用。共同遗嘱是与普通单独遗嘱相对而言的，又称为联合遗嘱、共立遗嘱，是指两个或两个以上的遗嘱人共同合意订立同一份遗嘱，对其死亡后各自或者共同所有的财产指定由继承人继承的一种遗嘱方式。

共同遗嘱多是基于一定的共同关系而产生，实践中多为夫妻共同遗嘱，鲜少听闻除夫妻外的两个人共同订立一份遗嘱的情况。夫妻共同遗嘱，顾名思义，就是夫妻二人在婚姻关系存续期间达成合意、共同订立一份遗嘱，并在遗嘱中对各自或共同所有的财产作出处分安排，指定由对应继承人在死后继承遗产的一种处理方式。本案中，王二小与杨翠花为处理房产，写下一份

《房产处理意见书》，该份意见书虽然未挂有“遗嘱”二字，但我们从其内容来看，出现了“……百年之后……归女儿王小丽所有……”，由此可以看出，夫妻二人是对去世后共有财产如何处分作出的决定，完全具备遗嘱的性质。遗嘱中出现王大帅同意的意见，实际上是老两口为了减少兄妹之间不必要的纠纷而让王大帅所写，并不会影响其属于遗嘱的实质。该份遗嘱订立主体王二小与杨翠花系夫妻关系，在婚姻关系存续期间双方达成合意，决定由养女王小丽继承房屋。这种合意载于同一份书面遗嘱中，处理的是双方的共同财产，这就是典型的夫妻共同遗嘱。

（二）共同遗嘱的法律效力

我国现行法律中并没有规定共同遗嘱，《民法典》也未增加共同遗嘱的内容，因此对于共同遗嘱的效力，无论是理论界还是实践中均存在颇多争议，但总体上来说，目前大都倾向于有限度的承认，即在内容和形式均合法的基础上，只承认主体为夫妻的共同遗嘱的效力。

笔者亦赞同这种观点，主要根据在于：

1. 承认共同遗嘱的效力是符合私法自治原则的。民法是任意法，应充分尊重财产所有人的意志，遗嘱行为是一种私法上的行为，遗嘱人设立遗嘱的目的，是表明自己死亡后对遗产处分的意愿。在对遗嘱效力确认时，只要是遗嘱人真实意思表示且满足遗嘱的生效要件，应当认定为有效，而不应过分关注其行为的方式。

2. 共同遗嘱是一种双方的合意行为，是基于立遗嘱人之间特定家庭关系而作出的，它不完全等同于契约等合意行为，这种与特定身份关系相联系的共同遗嘱有利于维护家庭稳定。

3. 共同遗嘱符合我国当前的社会习惯，适应我国家庭共同共有财产的性质。现实生活中的夫妻共同遗嘱很常见，且随着公民财产权利意识的增强和私法自治理念的深入，共同遗嘱有不断增加的趋势。

2018 年 6 月 11 日，北京市高级人民法院通过《关于审理继承纠纷案件若干疑难问题的解答》（以下简称《解答》），其中第 19 条规定：以夫妻双方名义共同订立的处理夫妻共同财产的遗嘱，符合遗嘱形式要件的应为有效。由此可以看出，共同遗嘱只能由夫妻双方共同设立，且应当遵守遗嘱的法定形式要求，也就是说，在《民法典》施行以前，夫妻共同遗嘱符合公证遗嘱、自书遗嘱、代书遗嘱、录音遗嘱、口头遗嘱五种形式之一的，应认定为有效；《民法典》将录音遗嘱修改为录音录像遗嘱，并新增打印遗嘱，在其施行之后，夫妻共同遗嘱如符合录像遗嘱、打印遗嘱形式，亦应认定为有效。

具体到本案，王二小与杨翠花老两口 2010 年 2 月 12 日就涉案房屋协商后所订立的共同遗嘱，应该属于哪种遗嘱呢？遗嘱系王二小本人所书写，老两口均在遗嘱上签名，并且注明年、月、日，应当属于自书遗嘱。说到这里，可能会有读者疑问，遗嘱是王二小所写，并不是杨翠花所写，为什么不是代书遗嘱呢？

根据北京高院《解答》第 19 条规定：当事人仅以遗嘱内容为一方书写，不符合代书遗嘱相关形式要件为由请求认定遗嘱无效的，人民法院不予支持。夫妻共同遗嘱基于双方的夫妻关系，本身具有很强的私密性，在司法实践中，广泛存在夫妻一方书写共同遗嘱，另一方签字的情形。夫妻一方亲笔书写的共同遗嘱符合《民法典》继承编关于自书遗嘱的形式要求，另一方在共同遗嘱上签名的，并标注签名日期的，可以认定共同遗嘱的形式要件已经成就，这样规定更能体现出遗嘱自由的原则，也有利于维护家庭和睦、社会稳定。

形式要件已经具备，老两口所订立的遗嘱又是二人真实意思表示，内容合法，处分的房屋是老两口的共同财产，且订立遗嘱当时老两口未因患病而丧失行为能力，故老两口订立的共同遗嘱当属合法有效。

（三）共同遗嘱的撤销与变更

共同遗嘱自订立到最终生效往往要经历一个漫长的过程，其间可能遭遇客观事实的变化导致共同遗嘱需要变更或撤销。根据 2000 年发布的《遗嘱公证细则》第 15 条规定，两个以上的遗嘱人申请办理共同遗嘱公证的，公证处应当引导他们分别设立遗嘱。遗嘱人坚持申请办理共同遗嘱公证的，共同遗嘱中应当明确遗嘱变更、撤销及生效的条件。但是对于未经过公证的共同遗嘱，夫妻双方亦未约定变更或撤销条件的，是否在任何时候都能进行撤销和变更呢？无论是理论中还是实践中，多数意见认为应当区分遗嘱内容是否不可分割、相互具有牵连性而定。

1. 遗嘱内容可分割、不牵连

对于夫妻双方只是将各自的遗嘱记载在同一文件上，各自所立的遗嘱在内容上可以互相独立，遗嘱内容不具有不可分割的牵连性的共同遗嘱，夫妻双方均可以随时撤销和更改自己所立遗嘱，无须征得配偶同意，其法律适用可以参照单独遗嘱的相关规定，即遗嘱人可以撤销、变更自己所立的遗嘱。这种情况下亦不必区分夫妻双方是否均在世，即便一方已经去世，在世一方也可以撤销或变更共同遗嘱中对属于其财产部分，但需要说明的是，生存一方仅可撤销属于自己的财产份额。

具体到本案，王二小与杨翠花订立共同遗嘱处理的是双方共同财产，在没有特殊约定的情况下，老两口对于遗嘱中确定由王小丽继承的房屋各自享有 50% 的份额。财产可分割，表明遗嘱内容亦可分割，在王二小去世之后，杨翠花可以撤销共同遗嘱，但是其撤销财产的范围仅限于自己所享有的 50% 份额，无权处分王二小的份额。

2. 遗嘱内容不可分割、相互牵连

此种情形下，在世一方能否撤销或变更共同遗嘱呢？北京高院在《解答》第 19 条规定，夫妻一方先死亡的，在世一方有权撤销、变更遗嘱中涉及其财产部分的内容；但该共同遗嘱中存在不可分割的共同意思表示，上述撤销、变更遗嘱行为违背该共同意思表示的除外。对于遗嘱内容不可分割的共同遗嘱，因双方有关遗产处分的意愿紧密关联、互相约束，夫妻双方撤销遗嘱处分应当受到一定的限制。但是如果夫妻双方均在世，也是任何一方均可自由撤回其死因处分，无论该处分是否具有相对性，之所以如此规定是因为在一方撤回之后，另一方完全可以根据实际情况选择自己是否同样要撤销共同遗嘱，对于双方来说是公平的。

但是，如果配偶一方去世，由于相应的遗嘱已实际执行，另一方撤回相互性的权利也随之消灭。主要理由是：共同遗嘱属于死因处分行为，遗嘱自由是《民法典》继承编的一个基本原则，在共同遗嘱制度中，赋予夫妻双方在生存期间的同等的撤回遗嘱权利，贯彻了遗嘱自由的立法精神，而且符合夫妻双方可推知的真实意思表示。但是，当配偶一方去世后，同等撤回遗嘱的权利状况消灭，若再赋予生存配偶一方撤回权，不仅有违夫妻双方关于遗产安排的真实意思表示，也不符合等价、公平的民法原则。

综上所述，本案中王二小所享有的50%份额在其去世后按照共同遗嘱由王小丽继承，杨翠花在后代书遗嘱变更了其在前共同遗嘱的处分，故杨翠花所享有的50%份额由王大帅继承。

知识拓展

（一）共同遗嘱的表现形式

实践中的共同遗嘱大致包括三种形式：

1. 相互型夫妻共同遗嘱，即订立遗嘱时均相互指定对方为自己的遗产继承人。

2. 共同指定第三人为受益人的遗嘱，也就是夫妻在订立共同遗嘱时将双方的共同财产或个人财产指定由第三人继承，最常见的就是共同指定子女在其死后继承财产，如同上述案例。

3. 相互指定对方为自己的遗产继承人并规定在后一方去世后将遗产留给某第三人。

（二）共同遗嘱的生效时间

根据我国《民法典》继承编规定，遗嘱是死因行为，一般是从被继承人死亡时开始生效。但共同遗嘱由于其特殊性，生效时间与一般遗嘱有所不同。就共同遗嘱本身而言，因形式不同致使生效时间亦有所不同。第一种形式，法律关系比较简单明确，一旦立遗嘱人一方去世，遗嘱立即生效，遗产由另一方继承。第二种形式，实践中往往夫妻处理的系双方共同财产，而一般情况下夫妻二人不会同时死亡，此时，夫妻中一方的死亡还不能使整个遗嘱发生法律效力，只能使遗嘱中涉及死去一方的财产内容发生法律效力，在双方死亡后遗嘱整体发生效力。第三种形式，只有夫妻都死亡后，遗产才能由第三人继承，这种遗嘱的生效时间也是分为两次：第一次是夫妻一方死亡，在先的相互遗嘱生效，在世一方全部继承遗产；第二次是夫妻双方均死亡后，全部遗产由第三人继承。本案例中，夫妻双方在共同遗嘱中处理的房屋属于可分割遗产，王二小先于杨翠花去世，在王二小去世时其对财产的处分已经发生效力，即房屋中属于王二小的50%份额已经转移为王小丽所有。

（三）夫妻关系破裂对共同遗嘱的影响

夫妻共同遗嘱是订立主体在合法有效的婚姻关系存续期间所订立的，但是“人有悲欢离合，月有阴晴圆缺”，不是每一句“我愿意”都能走到白头，琐碎的生活往往会打败最初的激情。激情褪去，婚姻关系可能走向灭亡，实践中也有不少订立夫妻共同遗嘱后离婚的情况。离婚对双方所订立的“夫妻”共同遗嘱有何影响呢？

笔者认为，婚姻关系的解除并不必然会影响夫妻共同遗嘱的效力。夫妻共同遗嘱订立时虽然生效要件之一是双方具有夫妻关系，但是其生效之后，仅仅因为婚姻关系解除就当然导致无效，对于遗嘱人和继承人都是不公平的，也不符合法律限制遗嘱要件所追求的价值即保护遗嘱人最真实的处分财产的意愿。这种情况下，应该给予遗嘱人一定的自由选择权，不管是哪种形式的共同遗嘱，双方均可以决定是否要撤销或变更，但需要注意，由于离婚涉及双方共同财产的分割问题，可能会与遗嘱所处分的财产有所冲突，对于遗嘱中所确认的共同财产、个人财产等权属有变化时，遗产中与此变化相矛盾的部分按照失效处理较为妥当。

普法提示

（一）共同遗嘱订立须谨慎

由于我国法律并未规定共同遗嘱，司法实践中对于共同遗嘱的效力尚未达到完全统一的地步。夫妻二人在订立遗嘱时，往往会由一方书写，另一方只是签名并注明日期，这种情况下另一方的遗嘱处分财产部分仍有因不符合代书遗嘱形式而被认定无效的风险。为了减少这种风险，建议在订立夫妻共同遗嘱时，拉上两个关系不错的朋友到场见证或者是全程进行录音录像。

（二）专业咨询防止漏事项

夫妻二人如果要订立共同遗嘱，除一般遗嘱的要件写清楚外，最好将共同遗嘱的生效、变更和撤销条件约定清楚，并就相关事项提前向律师、公证处进行咨询，以免因漏掉重要事项导致发生纠纷。同时，就遗嘱内容尽量不要在生前泄露给继承人，以防产生家庭矛盾，遗嘱人可以选择让自己信任的人帮忙保管或者选择公证遗嘱和律师见证遗嘱，这样公证处和律所都有存档，以备查证。

（三）考虑周全方能遂遗愿

订立遗嘱对于遗嘱人和遗产继承人均有很大的影响，遗嘱人在确定遗嘱内容时切不可盲目冲动，不能因为和子女一时赌气或者盲目地听信他人而订立遗嘱。一些老人因为和某个子女的一时口角而剥夺了其继承权，事后又后悔不已再次更改遗嘱，这样既伤害了和子女的感情也浪费了时间和精力。遗嘱人应本着儿女皆爱、公平公正的原则，在客观评价继承人的基础上，对财产作出处理，这样有利于家庭和睦，也可以防止出现自己身故后儿女为争家产闹上法庭的悲剧。

案例二

视频遗嘱

——老伴去世，另一半遗嘱分配房产引发三子女争夺

乌云嘎[1]

案情回顾

张宝山（男）与王翠花（女）夫妻二人育有二儿一女，大儿子张勇强，二女儿张晓娟，三儿子张勇刚。张勇强作为大哥，责任感强，性格直率而激进；张晓娟作为女儿，待人温和，不争不抢；小儿子张勇刚是张宝山与王翠花夫妻的老来子，所以从小就受到了父母的偏爱，哥哥姐姐对他也是百般宠爱，好吃的好喝的都让着弟弟。夫妻二人勤劳朴实，艰苦奋斗，苦心经营着这个大家庭，而三个儿女在父母含辛茹苦的养育之下也都长大成人，并步入社会走向了各自的工作岗位。三个孩子靠着自己的工作基本上都能自食其力，张宝山是个出租车司机，王翠花在菜市场做卖菜的生意，小儿子做点小本买卖，之后大儿子与二女儿先后结婚组成了自己的家庭，小儿子因为一直没有结婚，所以始终都与老夫妻二人同住。

张宝山常年患有高血压和心脏病，身体健康状况欠佳，最终于 2011 年因病去世，享年 71 岁。王翠花于 2018 年 12 月去世，享年 78 岁。在料理完母亲王翠花的后事之后，小儿子召集大哥与二姐两家人召开了家庭会议，就父母二人留下的房屋如何分配的问题进行讨论。三儿子在家庭会议上拿出了王翠花手机上生前自己录制的一个遗嘱视频，视频里王翠花明确表示将其生前所住的房屋一套归小儿子张勇刚一人所有。看完遗嘱视频，大哥张勇强首先表示不同意母亲对家庭财产的分配，说父母在世的时候，自己作为大哥尽心尽力，高中毕业就出去打工挣钱补贴家用，负担起了弟弟妹妹的学费与生

---

① 北京市平谷区人民法院审判管理办公室（研究室）法官助理。

活费，父亲生病的时候也出钱出力了，房子留给弟弟一个人所有，觉得非常不公平，自己作为大哥应该有房子的一份。二姐张晓娟本来觉得房子是父母的，母亲想把房子给谁都行，但是听了大哥说的话，也觉得有点委屈，说虽然自己是女儿而且已经出嫁了，但是她经常回娘家看望父母，贴心照顾，洗衣做饭，收拾房间，能干的家务活她都干，给家里买米买面，经常往家里补贴，几乎没怎么跟父母要过钱和东西，母亲把房子给弟弟一个人，未免太偏心了。但是三弟张勇刚觉得，大哥与二姐都已经结婚有了自己的家庭，他们都有自己的房子，而自己收入不是很高，除了父母的房子他自己没有别的房子可以住，要是把房子折合成钱再分给大哥、二姐，他自己也拿不出这么多钱来，况且这么多年，是他一直与父母同住，尽到了最大的孝道，虽然大哥与二姐也经常回来看望照顾老人，但是肯定不如自己陪伴的时间长，所以，母亲把房子留给他是理所当然的，无可厚非。经过这次家庭会议的商讨，就有关房子的分配问题，三个儿女最终没有形成统一的意见。后来三家人因为房子的问题又吵了大半年，兄弟姐妹之间的感情也因为这个事情弄得越来越差，大哥、二姐与三弟之间也几乎断绝了来往，见面不是生气就是吵架，往日的和谐与美好早已不见。

在这之前，三弟张勇刚经人介绍，认识了一个年轻女孩，这个女孩性格开朗乐观，工作稳定，家庭和睦，是非常理想的结婚对象，两人情投意合，相处非常融洽，很快就到了谈婚论嫁的程度。因为女方家里就一个女儿，女方父母希望自己女儿未来的生活有个保障，就对张勇刚提出一个硬性的要求，那就是张勇刚必须有他自己个人名下的一处房产，这样才能允许自己的女儿嫁给他。张勇刚在知道女方家庭的要求后立即向自己的大哥、二姐表明，房子必须给他，否则他就无法与女方结婚。大哥、二姐表示张勇刚能找到对象特别替他高兴，但是房子不能给他一个人，若是张勇刚结婚需要用钱，大哥、二姐可以给张勇刚出彩礼钱。三人就房子的问题僵持不下，最终大哥与二姐将三弟一纸诉状告到法院，向法院提出诉讼请求：依法继承分割张宝山、王翠花名下位于北京市朝阳区的房屋，主张确认按份共有，二原告各继承占有三分之一的份额，不要求实体分割。

法理分析

家庭作为社会构成的重要单元，我们每一个人都脱离不了家庭而单独存在，而家庭生活会涉及很多的关系，如婚姻关系、亲子关系、继承关系、赡养关系、抚养关系等，所谓“清官难断家务事”，在处理家庭问题的时候，不仅要注重相关法律条文的准确适用，更重要的是要注意家庭成员关系的修复与家人之间感情的维护，家庭生活中会产生各种各样的问题与纠纷，本案就是一个典型的继承纠纷。

（一）视频遗嘱是否具有法律效力

本案的争议集中在房产的分配上，被告张勇刚能否依据被继承人王翠花的遗嘱继承房屋取决于王翠花的视频遗嘱是否具有法律效力。在《民法典》正式颁布之前，以录制视频的方式订立遗嘱，虽然不是法定的遗嘱形式，但是司法实践上并不会直接否定视频遗嘱的效力。本案中，被继承人王翠花在去世前以手机视频的形式记录了其对于房屋的处理，在认定王翠花所立视频遗嘱的法律效力时，要注意两点：第一要看视频内容，关于该份遗嘱的真实性，庭审过程中二原告称当时王翠花精神状态不正常，并不是其真实的意思表示，但是从视频内容中可以看出，王翠花在录制该段视频时表述话语清楚，意思表达符合日常逻辑，而且，二原告也并未就王翠花精神状态存在问题这一主张向法院提交任何的证据予以证明；第二要看其他辅助性的证据，因为法律并未规定视频遗嘱的形式，所以司法实践中多以录音遗嘱的相关规定作为参考。而在本案中被继承人王翠花录制的遗嘱视频当中，还有邻居一对夫妇作为见证人在旁，综上所述，王翠花的视频遗嘱真实有效，其对自身所享有的房产份额所做的分配是有效的。

《民法典》第 1137 条规定，以录音录像形式立的遗嘱，应当有两个以上见证人在场见证。遗嘱人和见证人应当在录音录像中记录其姓名或者肖像，以及年、月、日。

（二）夫妻共同财产作为遗产如何分配

既然王翠花所立的遗嘱是合法有效的，那是不是就意味着小儿子张勇刚就能依据遗嘱继承房屋，取得房屋的所有权呢？答案并不是当然的。本案还有一个必须考虑的案件事实，那就是父亲张宝山先于王翠花去世的事实，经法庭查证，张宝山死亡之前并没有立下遗嘱对其所有的财产进行分配。对于这种没有遗嘱或者遗赠协议的情况，按照法律规定对于张宝山的个人财产应当按照法定继承进行分配。那王翠花作为张宝山的配偶，三个子女作为张宝山的儿女，他们作为第一顺序的继承人都有权继承张宝山的个人财产，而且根据法律的相关规定，四人对张宝山的财产所继承的份额应当是均等的。要对张宝山的财产依照法定继承方式进行分割，还需要对其个人所有的财产进行明确。

根据《民法典》第 1153 条的规定，夫妻共同所有的财产，除有约定的外，遗产分割时，应当先将共同所有的财产的一半分出为配偶所有，其余的为被继承人的遗产。房产作为张宝山与王翠花夫妻共同财产，在进行法定继承分配之前需要先将房产的一半分出来给王翠花，剩下的一半房产作为遗产进行分配。张宝山与王翠花夫妻共有的房产因张宝山的去世被一分为二，在张宝山去世的那一刻法定继承即开始了，张宝山所有的二分之一的房产因第一顺序继承人的人数被平均分配为四等份，妻子王翠花、大儿子张勇强、二女儿张晓娟、三儿子张勇刚各自继承房产的八分之一。

（三）各继承人遗产份额的确定

那王翠花所立遗嘱分配的遗产范围应如何界定呢？王翠花的遗嘱是合法有效的，但是王翠花的遗嘱无法对张宝山所有的那部分房产产生效力，换言之就是王翠花的遗嘱只能对其自己所有的一半的房产发生约束效力，张勇刚只能继承王翠花所有的那一半房产，另一半房产要依照法定继承的方式进行分配。这里涉及一个非常关键的问题，那就是法定继承与遗嘱继承适用顺序问题。根据《民法典》第 1123 条的规定，继承开始后，按照法定继承办理；

有遗嘱的，按照遗嘱继承或者遗赠办理；有遗赠扶养协议的，按照协议办理。本条就是明确了对法定继承、遗嘱继承或者遗赠扶养协议办理的先后顺序。根据文义解释，有遗赠扶养协议的，按照遗赠扶养协议办理；有遗嘱的，按照遗嘱继承或者遗赠办理；没有遗赠扶养协议或者遗嘱的，那就按照法定继承办理。本案中，张宝山去世之前没有立下遗嘱或遗赠扶养协议，那对其个人财产应当依照法定继承的方式办理，而王翠花在生前立下了遗嘱，即对其个人财产应当依照遗嘱继承的方式办理。这里需要注意，对遗产适用何种方式进行办理，要看被继承人自己的情况而定，而无关他人，就本案来说即使王翠花作为张宝山的配偶，其所立的遗嘱只能适用在王翠花自己个人的遗产分配上，而不能适用在张宝山个人遗产的分配上。

综上所述，张宝山去世后，妻子王翠花、大儿子张勇强、二女儿张晓娟、三儿子张勇刚按照法定继承各自分得房产的八分之一。王翠花去世后，大儿子张勇强与二女儿张晓娟依据遗嘱没有可以继承的财产，三儿子张勇刚分得王翠花所拥有的另一半房产。统计下来，大儿子张勇强与二女儿张晓娟各自分得房产的八分之一；三儿子张勇刚分得房产的八分之六。故最终法院判决：1. 张宝山、王翠花名下位于北京市朝阳区的房屋归原告张勇强、原告张晓娟、被告张勇刚按份共有，原告张勇强占有八分之一份额，原告张晓娟占有八分之一份额，被告张勇刚占有八分之六份额。2. 驳回原告张勇强、张晓娟的其他诉讼请求。

知识拓展

（一）继承遗产中父债子偿的问题

中国有句老话，叫“父债子偿”，这句话在法律上不一定行得通。子女继承父母遗产时，偿还父母生前所负的债务需要一定的条件，并在一定的范围之内进行偿还。《民法典》第 1159 条规定，分割遗产，应当清偿被继承人依法应当缴纳的税款和债务；但是，应当为缺乏劳动能力又没有生活来源的继承人保留必要的遗产。第1161条规定，继承人以所得遗产实际价值为限清偿被继承人依法应当缴纳的税款和债务。超过遗产实际价值部分，继承人自愿偿还的不在此限。继承人放弃继承的，对被继承人依法应当缴纳的税款和债务可以不负清偿责任。在继承遗产时，债务的清偿应把握两点：1. 权利与义务一同继承。继承人在享受继承遗产权利的同时，还应承担相应的偿还欠债的义务。当然，放弃继承的，就不用对被继承人应缴纳的税款和债务承担偿还责任。2. 在继承的范围内偿还。继承人偿还被继承人生前税款和债务必须以他的遗产实际价值为限。超过了所继承的财产价值，继承人便无须再偿还此部分的债务，除非继承人自愿偿还。

（二）丧偶女婿、儿媳是否可以成为继承人

《民法典》第1129条规定，丧偶儿媳对公婆，丧偶女婿对岳父母，尽了主要赡养义务的，作为第一顺序继承人。法定继承范围与顺序的确定是以继承人与被继承人之间的血缘关系和婚姻关系为依据的。虽然儿媳与公、婆，女婿与岳父母之间并无血缘关系，属于姻亲，但是若丧偶的儿媳和女婿承担了公婆和岳父岳母的主要赡养义务，则依据法律规定将被作为第一顺序继承人。

“尽主要赡养义务”的具体表现有：1. 在经济上为老人提供了帮助，老人主要依靠其提供的经济援助生活；2. 为老人日常生活提供帮助，如为老人做饭，打扫卫生，在老人生病时进行护理等；3. 对老人的帮助具有长期性。如果只是偶尔的看望、有限的劳务帮助等，不能视为尽了主要赡养义务，不能由此取得第一顺序继承人资格。

（三）男女享有平等的继承权

受传统观念的影响，当今社会特别是广大的农村地区，还留有重男轻女的落后思想。所以在分配遗产的时候自然地就将女性排除在外，剥夺其继承遗产的合法权利。但是男女平等原则，是我国法律制度体系中的一项非常重要的原则。在我国的宪法中就明确规定，中华人民共和国公民在法律面前一律平等。《民法典》第1126条明确规定，继承权男女平等。此条在法定继承

章的第一条，足以凸显立法者对男女享有平等继承权的重视程度，更加表明了女性在继承中所享有的法律地位与男性是同等的。

在法定继承的情形下，在同一顺序的继承人所继承的份额也应当男女平等。在遗嘱继承情形下，继承人也不因为性别的不同而在权利上有所差异。夫妻一方死亡后，应先将共同所有的财产的一半分出给仍在世的配偶所有，其余的财产才为被继承人的遗产。《民法典》的很多规定都体现了男女平等的精神。

普法提示

（一）如何让遗嘱更易实现

随着社会经济的发展，越来越多的人倾向于自立遗嘱，在生前对自己的财产提前进行分配。那遗嘱怎样能够得到较好的实现呢？首先，遗嘱必须合法有效，不论是遗嘱的形式还是遗嘱内容都应该符合法律规定，否则无法得到实现。其次，所留财产及财产线索应明晰。具体而言，遗嘱中不仅要说明自己留有多少财产，还应明确财产的存在形式以及所在之处，不然遗嘱人所留财产将会遭受流失的风险。最后，遗嘱应当得到妥善保管。社会生活中，有的人立了遗嘱之后为了保密，就把遗嘱藏了起来，也没有让任何人知道有遗嘱的存在或者遗嘱的所在之处，这样做虽然保证了遗嘱的秘密性，但是如若立遗嘱人突然离世，在没有人知道遗嘱的存在或者找不到遗嘱的情况下，遗产就不能按照立遗嘱人的生前遗愿得到分配，那遗嘱的价值就无法实现了。

（二）并非所有的遗嘱都有效

并非所有的遗嘱都具有法律效力，根据《民法典》第1143条的规定，无民事行为能力人或者限制民事行为能力人所立的遗嘱无效。遗嘱必须表示遗嘱人的真实意思，受欺诈、胁迫所立的遗嘱无效。伪造的遗嘱无效。遗嘱被篡改的，篡改的内容无效。还有一些情形也会导致遗嘱无效或者部分无效，比如：1.遗嘱处分了遗嘱人无权处分的财产，该无权处分财产的部分无效。

2. 有效遗赠扶养协议导致的失效。3. 多份遗嘱内容冲突导致的失效。4. 遗嘱人生前对自己财产的处分导致的失效。5. 违反强制性法律规定导致的失效。6. 清偿债务导致的失效。7. 遗嘱继承人先于被继承人死亡导致的失效。8. 形式要件欠缺导致的失效等。

（三）回避问题拖延时间，可能导致继承权丧失

许多人在遇到继承方面的纠纷后，因厌诉情绪和人情世故的影响，总是会选择逃避或者拖延，这样很可能导致自身的继承权益无法得到有效维护甚至最后可能无法实现。《民法典》第 188 条规定，向人民法院请求保护民事权利的诉讼时效期间为 3 年。法律另有规定的，依照其规定。诉讼时效期间自权利人知道或者应当知道权利受到损害以及义务人之日起计算。法律另有规定的，依照其规定。但是，自权利受到损害之日起超过 20 年的，人民法院不予保护，有特殊情况的，人民法院可以根据权利人的申请决定延长。3 年的诉讼时效限制，是法律为了督促权利人积极维护自身合法权益，防止怠于维权而遭受不利。在法律规定的 3 年诉讼时效期间届满之后，权利人行使请求权的，人民法院就不再予以保护。因此，当我们遇到有关继承方面的纠纷时，在其他解决方式均无果的情况下应尽快通过诉讼程序予以解决，否则有可能承担不利后果。

案例三

用电脑打印的遗嘱有效吗

——打印遗嘱的效力认定

雷明华　晁岳宁①

目前，电脑、手机已经成为我们日常生活中最为常用的文字处理终端，它们不仅在我们与他人的沟通中发挥着无可替代的作用，同时也是个人意志表达的重要工具。遗嘱是遗嘱人单方作出的意思表示，以打印的方式制作遗嘱，已经成为很多立遗嘱人的新选择，下面我们通过一个案例来讨论打印遗嘱的效力问题。

这里首先要作出说明的是，2021 年 1 月 1 日起开始施行的《民法典》在第 1136 条正式赋予了打印遗嘱以法定遗嘱类型的地位。该条规定：“打印遗嘱应当有两个以上见证人在场见证。遗嘱人和见证人应当在遗嘱每一页签名，注明年、月、日。”

案情回顾

（一）老爸遗嘱将财产全给母亲和女儿，合法妻子却是“零继承”

老李因身患重病不幸去世。家人们将老李安葬后，却对老李遗产的分割问题产生了纠纷。原来，老李和现任妻子文君是再婚夫妻，他们未再生育子女，老李与前妻的女儿小李一直未与他们共同生活，双方之间本来就存在不少矛盾。老李去世后，文君、小李和小李奶奶对于老李的遗产分别有着自己的想法。文君认为，老李的遗产应当由自己、小李和小李奶奶三个人平均分割，每人分得三分之一。小李奶奶却认为，老李的遗产应当全部归自己的孙女小李所有，文君无权分得任何遗产。两人争执不下时，小李拿出一份由老

① 北京市平谷区人民法院综合审判庭法官助理、执行局法官助理。

李签字并注明日期的打印遗嘱，主张应当按照老李在遗嘱中的意思对他的遗产进行处理。

在这份遗嘱中，老李愿将去世后个人公积金账户的余额和单位发放的抚恤金、丧葬费归小李奶奶所有，将登记在自己名下位于北京市西城区的楼房一套、京牌小汽车一辆和银行存款 30 万元等其他所有财产一并由小李继承，文君不得继承任何遗产。文君认为这份遗嘱不是老李的真实意思，也不符合法律规定。双方争执未果之后，小李和小李奶奶一纸诉状将文君起诉到法院，要求按照老李遗嘱的内容分割他的遗产。

（二）审理过程

小李和小李奶奶作为本案的原告，她们认为老李生前立有遗嘱，在遗嘱中老李已经将他去世后财产的归属作了明确安排，也就是只有小李和小李奶奶对老李的遗产享有继承权，文君没有任何继承权。

文君作为本案的被告，认为她是老李的合法妻子，已经与老李共同生活多年，他们有着深厚的夫妻感情，现在的家产与她和老李多年的共同奋斗分不开，老李不会也不可能把属于他俩的财产全部让小李和小李奶奶继承，不给她留一丁点。她觉得这份遗嘱不是老李的真实意思，也不符合有效遗嘱的法律规定，因此本案不应按照遗嘱继承，而应进行法定继承。另外，老李名下的房子、汽车、银行存款等财产理应是她和老李的共同财产，即使法院认定老李的遗嘱有效，也应当先确定这些财产中有一半是属于她个人的，另一半才是老李的，小李和小李奶奶无权分割属于她的那一半财产。

本案审理过程中，经确认，老李去世时他名下登记有位于北京市西城区的楼房一套（价值 900 万元）、京牌小汽车一辆（价值 60 万元），老李的银行卡余额为 30 万元、个人公积金账户余额为 6 万元，老李所在单位发放的抚恤金为 15 万元、丧葬费为 5000 元。经查明，老李的父亲小李爷爷已经先于老李去世，小李为老李购买了墓地并支出了丧葬费用 8 万元，文君支出了丧葬费用 2 万元。

法院的审理结果为：

（1）文君继承位于北京市西城区的楼房一套、京牌小汽车一辆、老李的银行存款30万元、老李的个人公积金账户余额6万元；

（2）文君分别给付小李和小李奶奶继承折价款各160万元；

（3）老李的抚恤金由文君、小李、小李奶奶各分得5万元；

（4）老李的丧葬费5000元归小李所有；

（5）驳回小李和小李奶奶的其他诉讼请求。

案件判决后，双方均未上诉。

法理分析

本案的争议焦点主要有两个：（1）哪些财产属于老李的遗产；（2）是否应当按照老李遗嘱的内容进行财产分割。

第一个焦点涉及的法律条文主要是《民法典》第1122条、第1153条。第二个焦点涉及的法律条文主要是《民法典》第1123条、第1136条、第1154条。

（一）登记在老李名下的财产都是老李的遗产吗

本案的被继承人是老李，确定老李遗产的范围是对遗产进行分割的前提。

根据我国法律规定，继承自被继承人死亡时开始，被继承人死亡时所遗留的个人合法财产是他的遗产。[①]但是在实际生活中，往往会出现多个家庭成员的财产混合在一起的情形，也就是说某一位家庭成员名下的财产，既可能是他的个人财产，也可能是家庭成员的共同财产。因此，被继承人名下的财产不一定全都是他的个人财产。在没有另行约定的情况下，应当将被继承人名下应属于其他家庭成员的财产先行析出，确定属于被继承人个人的财产部分（这部分是被继承人的遗产），然后再按照相关法律规定进行分割。[②]

① 《民法典》第1121条、第1122条。

② 《民法典》第1153条。

因为遗产是被继承人死亡时所留的个人合法财产，所以被继承人死亡后才形成的财产不属于遗产的范围。例如，抚恤金是发放给死者家属的精神抚慰和经济补偿，形成时间在死者去世之后，不属于死者的遗产范围；丧葬费是死者亲属处理丧葬事务的经济补助，形成时间也在死者去世之后，也不属于死者的遗产范围。

本案中，老李去世时在他名下登记有位于北京市西城区的楼房一套，京牌小汽车一辆，银行存款 30 万元，个人公积金账户余额 6 万元。这些财产虽然登记在老李个人名下或存储在老李的个人账户中，但都是老李与文君的婚姻关系存续期间获得的财产，老李和文君未就这些财产的归属有明确约定，因此均应确定为老李与文君的夫妻共同财产，其中的一半属于文君所有，另一半属于老李所有。属于老李的这一半财产是老李的遗产。因此，老李的遗产范围为：楼房的一半（450 万元）+ 汽车的一半（30 万元）+ 银行存款的一半（15 万元）+ 个人公积金账户余额的一半（3 万元）=498 万元。抚恤金 15 万元和丧葬费 5000 元形成于老李去世之后，因此不属于老李的遗产范围。

（二）老李的遗嘱是否有效

确定了老李遗产范围后，是否应按照老李在遗嘱中的安排对他的遗产进行分割是本案的关键问题。

根据我国法律规定，遗嘱或者遗赠的效力优先于法定继承。[①] 本案中，小李和小李奶奶向法院提交了一份由老李签名并注明日期的打印遗嘱，以证明老李在生前已经对他的遗产作出了处分，文君对此不予认可。那么法院是否应当按照遗嘱的内容执行，将老李的遗产全部分给小李和小李奶奶？

《民法典》第 1136 条规定："打印遗嘱应当有两个以上见证人在场见证。遗嘱人和见证人应当在遗嘱每一页签名，注明年、月、日。"根据该条的规定，打印遗嘱需要满足以下条件方为有效：（1）两名以上见证人在场见证；（2）遗嘱人在遗嘱每一页签名，注明年、月、日；（3）见证人在遗嘱每一

① 《民法典》第 1123 条。

页签名，注明年、月、日。

本案中，老李的遗嘱以打印的方式呈现，故应依据以上条文的内容来考量老李的遗嘱是否有效。老李的遗嘱仅有老李本人的签名，并没有两名以上见证人在场见证、签名，老李也未在该打印遗嘱的每一页进行签名，这份遗嘱不满足打印遗嘱的法定形式，应为无效遗嘱。

（三）老李的遗嘱无效怎么办

根据我国法律规定，当遗嘱部分无效或全部无效时，遗产中的有关部分按照法定继承的规定办理。[①]法定继承开始后，由第一顺序的继承人继承，第二顺序的继承人不继承。第一顺序的继承人包括被继承人的配偶、子女、父母。[②]本案中，文君是老李的配偶，小李奶奶是老李的母亲，小李是老李的女儿，老李的父亲已经先于老李去世，所以她们三个人是老李第一顺序的法定继承人，老李的遗产应当由文君、小李奶奶、小李三人进行继承分割。

处于同一顺序的继承人继承遗产的份额，一般应当均等。对被继承人尽了主要扶养义务或者与被继承人共同生活的继承人，在分配遗产时可以多分。[③]本案中，考虑到文君与老李长期共同生活，老李患病期间主要由文君进行照顾，因此法官对遗产进行分割时，在平均计算各继承人应继承份额的基础上，适当地多分给了文君一部分遗产（12 万元）。

在分割遗产时，应当遵循有利于生产和生活需要的原则，不损害遗产的效用和价值。[④]如果遗产不宜分割或分割后会减损其价值，可以确定相应遗产由某一个继承人继承，由该继承人给付其他继承人对应折价款。本案中，位于北京市西城区的楼房和京牌小汽车一直由老李和文君共同使用，老李的银行卡和个人公积金存折由文君保管，这些财产的一半属于文君所有，再加上文君继承老李的那部分遗产，文君已成为上述财产大多数产权份额的所有

---

① 《民法典》第 1154 条第 4 项。

② 《民法典》第 1127 条。

③ 《民法典》第 1130 条。

④ 《民法典》第 1156 条。

人，因此为了便于文君继续使用，法官将楼房、小汽车和老李的银行存款、个人公积金账户余额确认为文君所有，然后由文君给付小李和小李奶奶对应折价款。

对于遗产范围之外的抚恤金和丧葬费，抚恤金可以参照遗产进行合理分割，已经支出的丧葬费用可以在丧葬费中扣除，如果还有剩余，剩余部分可以参照遗产进行分割。本案中，法官参照遗产的分割原则对抚恤金进行了平均分割，同时考虑小李在老李的丧葬事宜中支出较多，确定丧葬费归小李一人所有。

本案思维导图如下。

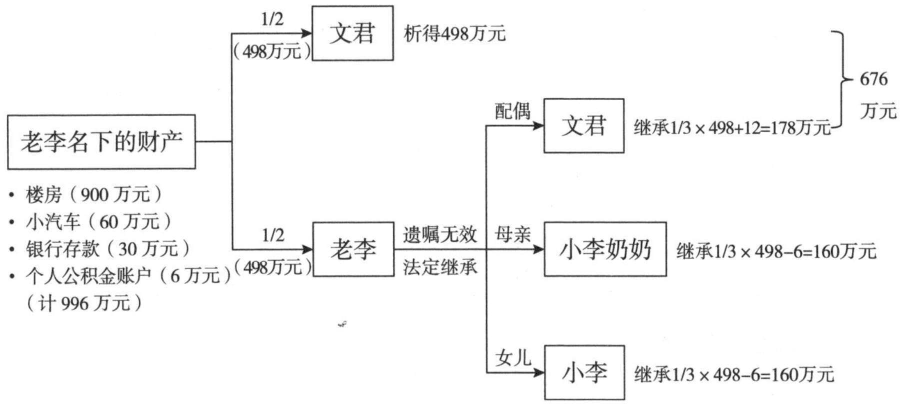

知识拓展

遗嘱作为遗嘱人的单方意思表示，应当在实质和形式上均为有效。遗嘱实质有效指的是遗嘱的内容合法有效，遗嘱形式有效指的是遗嘱的呈现形式没有瑕疵。本文我们主要讨论遗嘱的形式效力问题。

上文已经提到，为打印遗嘱“正名”的《民法典》已于 2021 年 1 月 1 日起开始施行，继承法同时废止。因此，这里我们将以民法典的出台为时间节点，来考察打印遗嘱的“前世”与“今生”。

（一）前民法典时代的打印遗嘱

订立遗嘱是遗嘱人生前对自己的个人财产作出的处分，在其死亡时才发生法律效力。因此，为了保护遗嘱人的合法权益，确保遗嘱内容体现遗嘱人的真实意思，我国法律采用了遗嘱形式法定原则，将订立遗嘱的行为规定为严格的要式行为。也就是说，遗嘱人只能按照法律规定的形式制作遗嘱，不符合法律规定的形式时，遗嘱将被评价为无效。

在民法典出台前，仅有继承法中规定的公证遗嘱、自书遗嘱、代书遗嘱、录音遗嘱、口头遗嘱属于法定的遗嘱类型。从“自书遗嘱”“代书遗嘱”的名称来看，在1985年我国继承法制定、实施时，由于受到社会发展水平的限制，“笔”是当时主流的遗嘱书写工具。而如今，随着计算机、手机的普遍应用，电子输入已成为我们生活中不可缺少的文字处理方式。虽然打印遗嘱在名称上不属于当时继承法规定的法定遗嘱类型，但其作为一种适应社会发展而出现的新型遗嘱书写形式，法官们只能从遗嘱形式法定原则的立法目的出发，去考量彼时打印遗嘱的效力问题。

规定遗嘱必须符合特定的形式，其目的是要确保遗嘱的“真”，二者之间是手段与目的的关系。无论是用笔还是用电脑、手机书写，实质上都是书写人将自己的内心意志在纸或者电子文档等介质中进行记载的过程。记载工具的更新换代并未阻碍确保遗嘱内容真实目的的实现。因此，打印作为一种新的遗嘱“书写”方式，在当时继承法的法定遗嘱类型体系中可以被解释为一种新型的“自书遗嘱”或“代书遗嘱”，在符合相应形式要件时也能被评价为有效遗嘱。但是，因为打印遗嘱的主要内容是机器打印在纸张上所形成，单从遗嘱本身出发无法完全体现遗嘱的制作过程，这就使得打印遗嘱极易被他人伪造，所以在民法典出台前，法官们认定打印遗嘱的有效性时会非常谨慎。

（二）民法典时代的打印遗嘱

《民法典》在第1136条中正式赋予了打印遗嘱以法定遗嘱类型的地位。该条规定：“打印遗嘱应当有两个以上见证人在场见证。遗嘱人和见证人应当在遗嘱每一页签名，注明年、月、日。”自此，我国法律体系中将正式存在六种法定的遗嘱类型，分别是自书遗嘱、代书遗嘱、打印遗嘱、录音录像遗嘱、口头遗嘱、公证遗嘱。

由于打印遗嘱极易被他人篡改，所以打印遗嘱应当满足以下形式要件方为有效：（1）两名以上见证人在场见证；（2）遗嘱人在遗嘱每一页签名，注明年、月、日；（3）见证人在遗嘱每一页签名，注明年、月、日。值得注意的是，相比于同以书面形式体现的自书遗嘱和代书遗嘱，民法典对打印遗嘱的形式要求更为严格，要求遗嘱人和见证人均应在遗嘱的每一页进行签名。

那么新的问题出现了，既然对打印遗嘱有新增规定的《民法典》于 2021 年 1 月 1 日起开始施行，对于《民法典》施行前已经订立的打印遗嘱，应当以什么标准去衡量其有效性呢？

对此，最高人民法院于 2020 年 12 月 29 日公布、自 2021 年 1 月 1 日起施行的《最高人民法院关于适用〈中华人民共和国民法典〉时间效力的若干规定》第 15 条进行了解答。该条规定，民法典施行前，遗嘱人以打印方式立的遗嘱，当事人对该遗嘱效力发生争议的，适用民法典第 1136 条的规定，但是遗产已经在民法典施行前处理完毕的除外。也就是说，在遗产尚未处理完毕的前提下，如果当事人对 2021 年 1 月 1 日前已经订立的打印遗嘱的效力有争议，那么就适用民法典中的新规定对该打印遗嘱进行评价，即需要满足有两名以上见证人在场见证、遗嘱人与见证人在遗嘱每一页进行签名等形式要件。

普法提示

那么，如何制作一份有效的打印遗嘱呢？

在民法典时代，制作打印遗嘱可以采用以下几种方式：（1）遗嘱人亲自录入遗嘱的内容，并有两名以上见证人在场见证，由遗嘱人、见证人在打印件每一页签名，注明日期；（2）遗嘱人向两名以上见证人表述遗产处理意愿，由其中一名见证人录入、打印，遗嘱人、见证人在打印件每一页签名，注明日期；（3）遗嘱人向两名以上见证人表述遗产处理意愿，由其他人进行录入、打印，遗嘱人、见证人在打印件每一页签名，注明日期。

需要提醒的是，无民事行为能力人、限制民事行为能力人以及其他不具有见证能力的人，继承人、受遗赠人，与继承人、受遗赠人有利害关系的人均不能作为遗嘱的见证人。

第六章

继承与其他法律关系

案例一

解析继承人主张履行出资义务后是否可以享有房屋所有权

张欢①

日常生活中，存在借名买房或者对所住房屋出资购买但房产证书载明所有权人为他人的情况。借名买房问题由来已久，争议不断，出于存在购房资格、银行贷款政策、税费成本等原因考虑，现实生活中，父母子女之间约定，一方（借名人）以另一方（出名人）名义购买房屋，并将房屋登记在另一方（出名人）名下，借名人实际享有房屋权益的情况十分常见。但是随着房屋价值的高涨及社会财产观念的变化，这种亲人之间借名买房的法律风险越发明显，如在继承纠纷中，继承人主张其出资并对房屋享有所有权的情况越来越多。

案情回顾

闫玉与任仁系夫妻关系，二人共育有闫1、闫2、闫3、闫4四名子女。任仁于1998年死亡，闫玉于2009年死亡。

闫玉生前作为买受人与出卖人北京房地产开发公司签订《房屋买卖合同》，购买涉诉房屋，并交纳了购房款及公共维修基金等。2000年，涉诉房屋转移登记至闫玉名下。闫1认为其出资购买了涉诉房屋，涉诉房屋虽登记在闫玉名下，但双方均知道闫1是以闫玉的名义购买的涉诉房屋，闫1亦能够提供《房屋买卖合同》及缴款凭证。现因与其他继承人就房屋继承问题协商未果，故诉至法院。

闫2、闫3、闫4共同辩称，涉诉房屋是父母遗产，父母从未表示过房屋由闫1一人继承，该房屋应由闫1与闫2、闫3、闫4各继承25%的份额。

---

① 北京市平谷区人民法院立案庭（诉讼服务中心）法官。

关于购房款，属于闫1为父母购房的垫资或借款，不能据此认定房屋即归其所有。关于赡养，在父母生前及病重期间，闫1夫妻均在外地，没有尽到长子职责，反而是闫2、闫3、闫4轮流陪伴照顾，闫2、闫3、闫4尽到了赡养义务，依法享有继承权。因父母去世后，闫1占用涉诉房屋近十年，侵犯了闫2、闫3、闫4的继承权利，故闫1应当予以腾退，并给付占用期间的房屋使用费。

经询，闫1与闫2、闫3、闫4均确认：1. 闫玉的父母均早于闫玉死亡，任仁的父母均早于任仁死亡；2. 闫玉与任仁无其他婚姻关系，也无其他婚生子女、非婚生子女、养子女或继子女；3. 涉诉房屋购买于任仁在世时，系闫玉与任仁的夫妻共同财产；4. 购房款系闫1出资；5. 任仁去世前与闫玉一同居住在涉诉房屋内，任仁去世后，闫玉单独居住在涉诉房屋内；6. 2010年起，涉诉房屋由闫1居住使用。

双方针对争议焦点提交了证据材料。闫1提供了《房屋买卖合同》、缴款凭证及两位证人宋某、王某出庭作证。宋某称其于1989年搬到涉诉房屋所在小区，与闫玉成为邻居，闫玉购买了涉诉房屋后，曾表示购房款系闫1出资，以后房子就留给闫1；王某称其此前居住在涉诉房屋所在小区，与闫玉、任仁关系都不错，在九几年时曾听闫玉表示涉诉房屋是闫1出钱买的，房子是谁买的，以后就留给谁。闫2、闫3、闫4对该证人证言均不认可。

法院经审理认为，涉诉房屋系闫玉作为买受人在其与任仁的夫妻关系存续期间购买，闫1虽负担了该房屋购房款，但并不影响涉诉房屋仍系闫玉、任仁夫妻共同财产的性质。闫玉、任仁去世后，该房屋应作为遗产予以继承。二位证人证言中虽然提及了闫玉生前曾表示将涉诉房屋留给闫1，但此种情形并不符合口头遗嘱的法定要件，故涉诉房屋应按法定继承进行分割。法律规定，同一顺序继承人继承遗产的份额，一般应当均等。对被继承人尽了主要扶养义务或者与被继承人共同生活的继承人，分配遗产时，可以多分。因上述继承人均未与闫玉、任仁共同生活，也均未举证证明尽到了主要扶养义务，故涉诉房屋应由四位继承人各继承25%的份额。综上所述，法院认定：1. 被继承人闫玉名下的北京市朝阳区某某房屋由闫1、闫2、闫3、闫4共同继承，每人各享有房屋 25% 的份额；2. 驳回闫 1 的其他诉讼请求。

法理分析

该案争议焦点：出资方与房屋所有权证书载明的产权不一致的情况下，出资方是否可以主张房屋所有权；出资多少在继承纠纷中是否影响对房屋的继承份额。《民法典》相关的条文在第 209 条、第 217 条、第 1130 条、第 1133 条、第 1138 条。

（一）出资多少是否影响房屋的所有权性质

1. 借名买房，是指双方签订合同或达成口头协议，由一方（出名人）以自己的名义与房屋的出卖人缔结房屋买卖合同并办理房产证书和房产登记、将房产所有权登记于其名下，再由另一方（借名人）支付购房款及其他费用，并由出名人协助借名人办理房屋过户登记的情况。判断借名买房关系是否成立的要件一般包括购房款的支付，借名买房的约定，购房票据、产权证的持有及房屋的占有使用等情况。《民法典》物权编规定，不动产物权的设立、变更、转让和消灭，经依法登记，发生效力；未经登记，不发生效力，但法律另有规定的除外。不动产权属证书是权利人享有该不动产物权的证明。要想对不动产权属证书载明的产权人提出异议，应在借名买房中详细显示出其用意，除了要约定借名人对房屋履行出资义务以外，还需要约定双方存在借名登记的意思表示，明确由借名人实际享有房屋权益，否则不构成借名买房的合意。现实生活中，存在借名买房行为的双方多半是亲属关系，不一定有书面协议，只要双方均认可借名买房的事实，也是能够认定双方存在口头借名买房协议的，且口头协议有效。如果法院确认协议有效，借名人可以主张出名人协助其办理过户手续，但现实生活中可能存在贷款买房或是其他抵押登记行为，不能满足过户、交房条件，无法支持借名人办理过户、交付房屋的诉求，这时候抵押登记导致过户受阻，出名人为了顺利办理过户，还可能代借名人偿还高额债务，为了避免日后产生纠纷，最好事先有个书面约定，对以上可能存在的风险进行明确约定，尽量减少自己的损失。

2. 闫 1 出资行为是否能够认定为借名买房。该案中，关于购房款的支付情况，根据闫 1 提供的证据显示，涉案房屋购房款系由闫 1 银行账户支付。关于购房相关票据，由闫 1 持有。闫 1 以其借闫玉之名购买该房屋，且当时家人都同意闫 1 购买为由主张涉诉房屋归闫 1 所有，考虑到房屋登记产权人为闫玉，且无关于借名购房或者同意购房等协议约定，闫 1 提交的证据无论从债权合意上还是不动产物权登记两个方面，均不足以认定涉诉房屋归属闫 1，故根据法律规定，涉诉房屋性质应认定为闫玉、任仁夫妻共同财产，二人去世后，该房屋应作为遗产予以继承。从以上几点可以看出，闫 1 是否出资不影响房屋的所有权性质。

（二）认定产权人后，出资是否影响继承份额

1. 首先，公民可以立遗嘱将个人财产指定由法定继承人的一人或者数人继承。公民可以立遗嘱将个人财产赠给国家、集体或者法定继承人以外的人。遗产按照下列顺序继承，第一顺序：配偶、子女、父母；第二顺序：兄弟姐妹、祖父母、外祖父母。继承开始后，由第一顺序继承人继承，第二顺序继承人不继承。没有第一顺序继承人继承的，由第二顺序继承人继承。子女包括婚生子女、非婚生子女、养子女和有扶养关系的继子女。本案中，不存在遗嘱继承或者遗赠的情形，故涉诉房屋应按法定继承进行分割，闫 1、闫 2、闫 3、闫 4 作为第一顺序继承人继承遗产。

2. 影响遗产份额的因素。在考虑遗产份额上，先考虑是否有遗嘱或遗赠扶养协议，因该案不存在上述情形，就要考虑法律规定。《民法典》第 1130 条规定，同一顺序继承人继承遗产的份额，一般应当均等。对生活有特殊困难又缺乏劳动能力的继承人，分配遗产时，应当予以照顾。对被继承人尽了主要扶养义务或者与被继承人共同生活的继承人，分配遗产时，可以多分。有扶养能力和有扶养条件的继承人，不尽扶养义务的，分配遗产时，应当不分或者少分。继承人协商同意的，也可以不均等。第 1131 条规定，对继承人以外的依靠被继承人扶养的人，或者继承人以外的对被继承人扶养较多的

人，可以分给适当的遗产。法律未明确规定对涉诉房产出资的继承人可以多分份额，故应当按照法律规定的影响遗产份额的因素处理，出资多少不是影响继承份额的必然因素。该案中，闫1称其出资购房，父母在世时，对父母尽到赡养义务，且父母去世后一直在涉诉房屋中居住；闫2、闫3、闫4称被继承人生前并未与闫1、闫2、闫3、闫4共同生活，闫1未尽赡养义务，因双方均未举证证明尽到了主要扶养义务，故涉案房屋应由四位继承人每人各继承25%的份额，闫1是否出资不能作为多分份额的要件。

3. 如出资多少对遗产份额分配不产生影响，出资方是否可以要求其他继承人分担出资款。首先，该案是关于闫玉遗产的继承纠纷，而闫1的该请求权基础可能涉及债权请求权，与本案并非同一法律关系；其次，各方对闫1交纳房款行为的性质争议较大且可能涉及案外人权益，故不宜在本案中一并处理，各方可另行解决。

4. 确认份额后，其他继承人是否可以要求占用该房屋的继承人腾退房屋并给付占用期间的房屋使用费。闫2、闫3、闫4辩称其父母去世后，闫1占用涉诉房屋近十年，侵犯了闫2、闫3、闫4的继承权利，故闫1应当予以腾退，且闫1占用期间的房屋使用费应从继承份额中对闫2、闫3、闫4进行补偿。法院认为：在被继承人去世后，继承完成前，涉诉房屋处于闫1与闫2、闫3、闫4共同共有状态，在此期间闫1作为继承人之一有权使用房屋，因闫1系自用，且闫2、闫3、闫4未举证证明闫1存在拒绝、阻碍闫2、闫3、闫4使用房屋的情形，故对于闫2、闫3、闫4要求闫1腾退房屋并以继承份额承担房屋使用费的主张不予支持。

知识拓展

我国目前房地产市场大热，随着房价攀升，房产已成为我国绝大部分家庭的主要财产，处理好所有权问题应引起重视。除了借名买房之外，婚前全款或是贷款买房引起的房屋归属也是一大争议。

（一）若认为自己借名买房，应怎么提起诉讼更好地维护其权益

司法实践中，有的人提起诉讼主张房屋归其所有，有人提起诉讼主张借名买房协议有效。2014年，北京高院在《关于审理房屋买卖合同纠纷案件若干疑难问题的会议纪要》（京高法发〔2014〕489号）第10条规定："借名人以出名人（登记人）为被告提起诉讼，要求确认房屋归其所有的，法院应当向其释明，告知其可以提起合同之诉，要求出名人为其办理房屋过户登记手续。"可见，借名人并不能仅凭借名买房的事实享有对房屋的物权，其享有请求出名人协助办理房屋过户登记手续的债权。司法实践中通常有这三种情况：（1）当事人约定一方以他人名义购买房屋，并将房屋登记在他人名下，借名人实际享有房屋权益，借名人依据合同约定要求出名人办理房屋所有权转移登记的，可予支持。但是，该房屋因登记人的债权人查封或其他原因依法不能办理转移登记，或者涉及善意交易第三人利益的除外。（2）当事人一方提供证据证明其对房屋的购买确实存在出资关系，但不足以证明双方之间存在借名登记的约定，其主张确认房屋归其所有或要求登记人办理房屋所有权转移登记的，不予支持；其向登记人另行主张出资债权的，应当根据出资的性质按照相关法律规定处理。（3）借名人违反相关政策、法规的规定，借名购买经济适用住房等政策性保障住房，并登记在他人名下，借名人主张确认房屋归其所有或者依据双方之间的约定要求登记人办理房屋所有权转移登记的，一般不予支持。

（二）对于父母出资购房应该如何处理

在处理离婚纠纷中父母为子女出资所购房屋归属问题时，应当区分父母出资购房的时间、出资比例及出资方式等因素确定房屋所有权的最终归属。（1）婚前父母出资购房的认定。《最高人民法院关于适用〈中华人民共和国民法典〉婚姻家庭编的解释（一）》第29条第1款规定，当事人结婚前，父母为双方购置房屋出资的，该出资应当认定为对自己子女个人的赠与，但父母明确表示赠与双方的除外。（2）婚后父母出全资购房的认定。《最高人民

法院关于适用〈中华人民共和国民法典〉婚姻家庭编的解释（一）》第 29 条第 2 款规定，当事人结婚后，父母为双方购置房屋出资的，依照约定处理；没有约定或者约定不明确的，按照民法典第 1062 条第 1 款第 4 项规定的原则处理。《民法典》第 1062 条第 1 款规定："夫妻在婚姻关系存续期间所得的下列财产，为夫妻的共同财产，归夫妻共同所有：（一）工资、奖金、劳务报酬；（二）生产、经营、投资的收益；（三）知识产权的收益；（四）继承或者受赠的财产，但是本法第一千零六十三条第三项规定的除外；（五）其他应当归共同所有的财产。"《民法典》第 1063 条规定："下列财产为夫妻一方的个人财产：（一）一方的婚前财产；（二）一方因受到人身损害获得的赔偿或者补偿；（三）遗嘱或者赠与合同中确定只归一方的财产；（四）一方专用的生活用品；（五）其他应当归一方的财产。"也就是说，子女婚后，父母出资购房的，无论是全额出资还是部分出资，无论登记在子女哪一方的名下，只要没有约定或者约定不明确的，均属于夫妻共同财产，归夫妻共同所有。因此，婚后父母出资购房只想给自己子女的，为避免产生争议，应该及时签订书面协议，明确约定只赠与自己子女。

普法提示

在日常生活中，尤其买房限购以来，以亲属名义买房的情况越来越多，最好提前签订《借名购房协议》，对上述房屋的所有权归属进行约定，不仅要约定借名人对房屋购买进行了出资，且需约定双方存在借名登记的意思表示，明确由借名人实际享有房屋权益，否则不构成借名买房的合意。对于父母财产的分配，尤其是涉及子女出资并承诺事后多分财产或是归其所有的情况，为避免日后出现纠纷，应在生前对子女进行明确告知或是采取其他书面措施，口头遗嘱也应注意必备的构成要件。

案例二

继承纠纷中的待分割房产的处理

——个别继承人私自处置待分割房产的效力问题

张敏①

案情回顾

本案系一起分家析产案件，在继承纠纷案件中较为常见，其中原告为李秀英、王笑，被告为王刘氏、王好三、王强。该案件中的家庭成员关系较为复杂，原告李秀英系原告王笑之母，王笑系被告王刘氏之孙女，被告王强系被告王好三之子。王刘氏与其夫王大宝生有四子二女，长子王好一、次子王好二、三子王好三、四子王好四、长女王玉英、次女王玉雪。

1982年，王刘氏、王大宝在文明村大街19号院建北房5间。1984年11月，李秀英与王好四结婚。同年，王刘氏、王大宝将位于文明村大街19号的房屋分给了王好四。李秀英与王好四婚后便居住在上述房屋内，且对该房屋予以修缮。1986年2月24日，王好四死亡。李秀英携王笑居住至其娘家。王刘氏、王大宝随即搬至文明村大街19号房屋居住。

2012年3月15日，王刘氏、王大宝与王强在文明村人民调解委员会干部主持下签订一份《房屋赠与协议书》，双方协议：王刘氏、王大宝将文明村大街19号房屋赠与王强。同年12月，王大宝死亡。

2014年，李秀英、王笑曾诉至一审法院，要求依法继承王好四分得的位于文明村大街19号属于王好四所有的房屋；且要求上述房屋归其二人所有，其给付王刘氏、王好二、王好三适当的房产折价款。

2014年9月29日，一审法院驳回了李秀英、王笑的诉讼请求。为此，李秀英、王笑再次诉至一审法院。

---

① 北京市平谷区人民法院综合审判庭法官助理。

原告李秀英、王笑诉称，我们系母女关系，李秀英与王刘氏系婆媳关系，王好三系王刘氏之子，王强系王好三之子。1984年11月，李秀英与王刘氏四子王好四登记结婚。同年底，王刘氏之子王好一、王好二、王好三、王好四在王刘氏之夫王大宝主持下分家，其中王好四分得位于文明村大街19号的房屋。

分家前，王刘氏夫妻一直在王好三家居住，且言明王好三分得的部分房屋为其养老房屋。1985年4月，李秀英与王好四共同将王好四分得的房屋予以装修，并将原有的土院墙改建为砖墙，且建了水泥晾台、房屋内的火炕及门楼。1986年2月23日，李秀英、王好四之女王笑出生。次日，王好四因病死亡。后李秀英便携女居住至其娘家。为不使文明村大街19号房屋空闲，王刘氏夫妻迁至该院居住。

2012年12月，王好四之父王大宝死亡。王刘氏仍在上述房屋居住至今。2014年5月，双方因上述房屋继承问题发生争议，我们曾诉至法院，庭审中得知王大宝私自将上述房屋赠与王强，且王刘氏、王好三否认已将文明村大街19号房屋分给王好四的事实。故起诉请求法院依法确认文明村大街19号房屋属于王好四的遗产。

被告王刘氏辩称，我系王好三之母，王强系王好三之子。位于文明村19号的房屋系我与我夫王大宝出资所建，我们夫妻从未将该房屋分给王好四。2012年3月15日，我们夫妻已将自己所有的上述房屋赠与我们之孙王强，现该房屋应归王强所有。故不同意李秀英、王笑的诉讼请求。

被告王好三、王强的答辩意见与王刘氏的答辩意见一致。

庭审中，李秀英、王笑变更了其诉讼请求，要求确认王刘氏、王大宝与王强签订的《房屋赠与协议书》无效；位于文明村大街19号房屋归其二人所有。王刘氏、王好三、王强以辩称所持理由不同意李秀英、王笑之诉讼请求。

经法院询问，王好一、王好二、王玉英、王玉雪均放弃继承上述房屋。

一审法院认为，1984年，王刘氏、王大宝将位于文明村大街19号的房屋分给了王好四后，王好四便系该房屋的所有权人。2012年3月15日，王刘氏、王大宝将已属于王好四的位于文明村19号房屋赠与王强，其行为违反了有关法律规定，属无效行为。王好四死亡后，其遗留的房屋应由其继承人予以继承。现李秀英、王笑要求确认王刘氏、王大宝与王强签订的《房屋赠与协议书》无效之诉讼请求，理由正当，一审法院予以支持。李秀英、王笑要求位于文明村大街 19 号房屋归其二人所有之诉讼请求，无法律依据，一审法院难以支持。王刘氏、王好三、王强之抗辩理由，因其未提供充分的证据加以证明，一审法院不予采信，故一审法院判决：1. 驳回原告李秀英、王笑要求位于文明村大街 19 号房屋归其二人所有的诉讼请求。2. 王大宝与原告王刘氏于 2012 年 3 月 15 日签订的《房屋赠与协议书》无效。

后，被告王刘氏、王好三、王强提出上诉，二审法院经审理查明的事实与一审法院一致，二审法院在审理查明后，判决驳回上诉，维持原判。

法理分析

（一）本案的关键是涉案房屋的权属问题

俗话说，儿大离家。在中国漫长的农业社会发展过程中，分家是一种常见的现象，即原有一个家庭解体的同时，完成几个新的家庭的建立或诞生。一般情况下，分家主要是涉及房屋等不动产。如著名的社会学家费孝通所言，分家的过程也就是父母将财产传递给下一代的最重要的步骤之一。通过这一过程，年青一代获得了对原属其父母的部分财产的法定权利，对这部分财产开始享有了专有权。

分家作为一个原有家庭分化的重要节点，除极少数采用口头约定的形式外，绝大多数分家都是比较正式、严肃的一种家族行为。一般都在父母的主持下进行，通过邀请比较有权威的村干部、亲戚等作为分家行为的见证人，将分家的内容落实在纸面上，并由父母、子女、中间人等人签字，形成书面的分家单、分家协议。正如张佩国先生所说，农民的家业、家产观念各有侧重，前者主要在父子的纵向传递上，后者主要在兄弟横向分割上，但均有机统一于分家析产的整体过程中。这种父母将其共同财产分给子女的行为实际上是一种赠与行为，无须征得子女的意见，并且在父母去世后，则转化为遗嘱继承，由子女分割这部分遗产。

二审法院认为，判断此问题的关键是王刘氏一家是否分家。分家是中国农村的一种传统风俗，也是社会历史发展的必然产物；就是把一个大家庭分拆成若干个小家庭，即一个大家庭解体，多个小家庭产生。分家并不是解除家庭关系，主要是确立新的各自独立的经济关系，主要内容是分房屋、分灶、分粮食等。

从实践中来看，农村的分家形式较为复杂，有口头约定的，也有签订书面协议的；从家庭成员分割的标的物来看，若标的物系家庭成员中父母一方所有，由其父母主持在其子女间进行分配，则该分家行为即具有赠与合同的性质，在其父母去世后，分家析产协议又具有了遗嘱的性质，在不同的阶段处理当事人就标的物的争议所适用的法律亦应有所区别；若标的物系家庭成员共同出资建造，或协议各方对标的物均有可以主张物权的贡献，在父母主持下的分家系家庭成员内部对共同共有财产的分割，具有合同性质。

在本案中，因没有书面的分家单存在，原告、被告双方对是否分家各持己见。原告认为涉案房屋已在 1984 年年底在王大宝夫妇主持下分给了王好四，而王大宝夫妇跟随王好三在另一处房屋居住生活。随后，王好四、李秀英对涉案房屋进行了修缮、新建火炕等设施，居住至王好四因病去世。被告则认为涉案房屋系王大宝夫妇所有，并未分给王好四，并以未立分家单为抗辩理由，认为王大宝夫妇将涉案房屋赠与给王强为合法行为。

就本案情况来看，当事人双方虽对是否分家这一事实存有争议，但根据庭审查明的事实和相关证据来看，王好四婚后即居住在涉案文明村大街 19 号房屋内，王好四夫妇也已与父母分灶自行生活，直至王好四去世；同时，王好四之兄王好二在原审中也称兄弟们之间已经分家。

原审法院依照上述证据，结合农村分家的传统习俗，得出各方已经实际分家，王好四即因分家取得了涉案房屋所有权的结论，定性正确；王好四死亡后，该房屋即转化为王好四之遗产，应由其继承人予以继承；在该房屋尚未在各继承人之间予以分割的情形下，王刘氏、王大宝与王强于 2012 年 3

月 15 日签订《房屋赠与协议书》，约定将涉案房屋赠与王强，该协议书显然处分了他人财产，应属无效；原审法院处理适当，应予维持。对于涉案房屋的继承分割问题，当事人各方可另案处理。

综上，二审法院驳回上诉，维持原判。

（二）关于待分割房屋的赠与协议效力问题

王好四因病去世后，涉案房屋即为王好四所遗留的财产。《民法典》第 1123 条规定："继承开始后，按照法定继承办理；有遗嘱的，按照遗嘱继承或者遗赠办理；有遗赠扶养协议的，按照协议办理。"本案中，根据查明的事实得知，王好四夫妇已跟王大宝夫妇分家，婚后居住在文明村大街 19 号房屋，在王好四去世后，这房屋应有李秀英等人的继承份额。因此，在王好四的继承人未对涉案房屋进行分割的情况下，王大宝夫妇作为个别继承人对该涉案房屋的所有权进行了处分，将涉案房屋以书面赠与的方式赠给了王强，这一私自处分含他人权益财产的行为侵犯了其他继承人的利益，系无权处分。根据原《合同法》（现已废止）第 51 条规定："无处分权的人处分他人财产，经权利人追认或者无处分权的人订立合同后取得处分权的，该合同有效。"法院在查明作为无权处分人的王大宝夫妇在未得到其他权利人的追认，也没有在跟王强签订《房屋赠与协议书》后取得涉案房屋处分权的情况下，确认《房屋赠与协议书》无效，自始没有法律约束力，也不能发生履行效力。

知识拓展

本案中，在王好四去世后，若涉案房屋系在两人婚姻关系存续期间所取得的共有财产，除有约定外，在分割遗产时，应当先将共有财产的一半分出为李秀英所有，其余的为被继承人的遗产。继承人可以维持共有关系，也可以请求分割该遗产。但不得私自处理该遗产，损害其他继承人的利益。本案中，李秀英、王笑、王刘氏、王大宝均属于王好四第一顺序继承人，其中各人应分得的财产份额，可以根据相应法律规定予以确认。因其他案例已谈及如何确定遗产、法定继承、遗嘱继承等相关法律知识，本文不再赘述。我们在此处重点谈论以下问题。

（一）赠与合同、撤销赠与

1. 赠与合同

根据《民法典》第657条规定：赠与合同是赠与人将自己的财产无偿给予受赠人，受赠人表示接受赠与的合同。第658条规定：赠与人在赠与财产的权利转移之前可以撤销赠与。经过公证的赠与合同或者依法不得撤销的具有救灾、扶贫、助残等公益、道德义务性质的赠与合同，不适用前款规定。本案中，王大宝、王刘氏夫妇把涉案的房屋通过签订《房屋赠与协议书》赠给孙子王强，就是采用赠与合同的处理方式。

2. 撤销赠与

根据《民法典》第663条规定："受赠人有下列情形之一的，赠与人可以撤销赠与：（一）严重侵害赠与人或者赠与人近亲属的合法权益；（二）对赠与人有扶养义务而不履行；（三）不履行赠与合同约定的义务。赠与人的撤销权，自知道或者应当知道撤销事由之日起一年内行使。"

举个例子，如果涉案的房屋系王大宝夫妇所有，两人通过签订《房屋赠与协议书》将房屋赠送给了王强，但后来王强经常虐待王大宝夫妇，且情节严重，那么王大宝夫妇可以通过撤销赠与协议的方式来维护自身的权益。

需要注意的是，在本文的案件中，涉案的《房屋赠与协议书》不是因为上述法条中列举的情形导致赠与人撤销赠与协议，而是因为该份赠与协议无权处分他人财产后，根据原《合同法》第51条的规定，被二审法院确认为无效。

（二）民法典修改"无权处分"的出发点及意义

2021年1月1日起施行的《民法典》将关于无权处分的规定，即原《合同法》第51条"无权处分他人财产，经权利人追认或者无处分权的人订立合同后取得处分权时，合同自始有效"删除了，那么立法者此举的出发点是为何？

孙宪忠教授应全国人大常委会法工委之邀，发表了《关于无权处分问题的几点看法》。该文从法理方面、实践方面、问题关键、区分原则的应用四个方面就无权处分制度进行了讨论。孙宪忠教授指出，原《合同法》第51条关于“无权处分”规定入法20年来，一直备受法学理论界和司法实务界争议。虽然最初入法，得到中国法学界主要学者的热捧，但是理论上一直难以自圆其说，实践上导致显著消极后果。故最高人民法院在2012年所做的司法解释，从实质上否定了这个制度。2015年开始民法典编纂工程后，法典合同编第二次审议稿也放弃了这一规定。这一做法，不但是我国民法立法“讲科学、讲法理”的体现，而且是立法体现司法实践要求、完善社会诚信建设的体现，是坚持民法科学性原则的体现。

《民法典》第597条规定，因出卖人未取得处分权致使标的物所有权不能转移的，买受人可以解除合同并请求出卖人承担违约责任，即无权处分有效说。法学家王利明教授认为，民法典没有沿用原有的无权处分效力待定方面的规定，而采纳有效说具有重要的意义，具体表现为：第一，有利于保护买受人。有效说可以与善意取得制度相衔接，善意取得的成立以合同有效为必要条件，这将有利于保护善意买受人的利益。第二，有利于保护善意买受人的利益。无权处分人将财产处分给他人，采用有效说，则买受人可以主张违约责任，请求出卖人赔偿其履行利益损失。第三，可以鼓励对未来获得的财产进行买卖。当事人采取订购的方式，约定买卖将来物，肯定合同的效力可以鼓励商人在不断变动的市场行情中，尽早地安排其交易行为。第四，是我国司法实践经验的总结。自从2012年《最高人民法院关于审理买卖合同纠纷案件适用法律问题的解释》第3条规定了有效说之后，司法实践基本上均采纳了有效说，符合了市场经济的需要，裁判的社会效果较好。第五，有效说符合合同法发展的趋势，像《国际商事合同通则》（PICC）、《欧洲合同法原则》（PECL）第4.102条采纳了相同观点。

（三）合同无效后的救济方式

有读者肯定会问，本文案例是根据原《合同法》关于无权处分的相关规定确认《房屋赠与协议书》无效，从而保护了相关权利人的利益。但是《民法典》没有沿用原《合同法》第 51 条的规定，那么我们该如何维护自身的合法利益呢？

根据《民法典》第 153 条关于“违反法律、行政法规的强制性规定的民事法律行为无效。但是，该强制性规定不导致该民事法律行为无效的除外。违背公序良俗的民事法律行为无效”以及第 154 条关于“行为人与相对人恶意串通，损害他人合法权益的民事法律行为无效”的规定，若存在上述情形，而合同双方当事人或其他利害关系人也无法协商一致，则相关权利人可以采用诉讼的方式，请求法院确认相关合同无效。

此外，确认合同无效后，根据《民法典》第 157 条“民事法律行为无效、被撤销或者确定不发生效力后，行为人因该行为取得的财产，应当予以返还；不能返还或者没有必要返还的，应当折价补偿。有过错的一方应当赔偿对方由此所受到的损失；各方都有过错的，应当各自承担相应的责任。法律另有规定的，依照其规定”以及第 311 条关于“无处分权人将不动产或者动产转让给受让人的，所有权人有权追回”等规定，相关权利人可以采取相应的措施来维护自身的合法权益。

普法提示

继承纠纷中，当事人之间大多存在亲情关系，所谓“血浓于水”，在遗产的分割出现分歧时，应本着友好、和平的方式进行处理，既要维护好自身的合法权益，又不能损害其他人的合法权益。

有读者肯定会问：那如何能保障原告李秀英和王笑的利益呢？根据《民法典》第 1127 条的规定，“遗产按照下列顺序继承：第一顺序：配偶、子女、父母”，涉案房屋含有王好四的遗产，在王大宝夫妇与王强之间签订的《房屋赠与协议书》被法院确认无效且未有合法有效遗嘱的情况下，李秀英、王笑、王刘氏等法定继承人可采用友好协商或者另行起诉的方式分割王好四的遗产。

最后，需要提醒读者一点，在处分不动产等大额财产时，尽可能地采用公证等方式保障自身的利益，以避免出现不必要的纷争。

图书在版编目 (CIP) 数据

继承纠纷典型案例解析 / 李艳红主编 .—北京：中国法制出版社，2021.9
（法官说法丛书）
ISBN 978-7-5216-2021-4

Ⅰ . ①继… Ⅱ . ①李… Ⅲ . ①继承法－民事纠纷－案例－分析－中国
Ⅳ . ① D923.55

中国版本图书馆 CIP 数据核字（2021）第 136919 号

责任编辑：李宏伟　　　　封面设计：杨泽江

继承纠纷典型案例解析
JICHENG JIUFEN DIANXING ANLI JIEXI
主编 / 李艳红
经销 / 新华书店
印刷 / 三河市国英印务有限公司
开本 / 710 毫米 ×1000 毫米　16 开　　　　印张 / 16.5　字数 / 236 千
版次 / 2021 年 9 月第 1 版　　　　2021 年 9 月第 1 次印刷

中国法制出版社出版
书号 ISBN 978-7-5216-2021-4　　　　定价：50.00 元

北京市西城区西便门西里甲 16 号西便门办公区
邮政编码 100053　　　　传真：010-63141852
网址：http://www.zgfzs.com　　　　**编辑部电话：010-63141804**
市场营销部电话：010-63141612　　　　**印务部电话：010-63141606**
（如有印装质量问题，请与本社印务部联系。）